Datenrendite

Tillmann Grupp

Datenrendite

Mit künstlicher Intelligenz, Machine
Learning und Data Science den
Unternehmenswert steigern

 Springer Gabler

Tillmann Grupp
Frankfurt, Deutschland

ISBN 978-3-658-35966-9   ISBN 978-3-658-35967-6 (eBook)
https://doi.org/10.1007/978-3-658-35967-6

Die Deutsche Nationalbibliothek verzeichnet diese Publikation in der Deutschen Nationalbibliografie; detaillierte bibliografische Daten sind im Internet über http://dnb.d-nb.de abrufbar.

Springer Gabler

Lektorat/Planung: Susanne Kramer
Springer Gabler ist ein Imprint der eingetragenen Gesellschaft Springer Fachmedien Wiesbaden GmbH und ist ein Teil von Springer Nature.
Die Anschrift der Gesellschaft ist: Abraham-Lincoln-Str. 46, 65189 Wiesbaden, Germany

Geleitwort

Ein Blick auf Google Trends zeigt: Data Science, Machine Learning, Artificial Intelligence und Big Data haben seit Mitte der 2010er-Jahre eine enorme Popularität erlangt. Nach dem Platzen der Dotcom-Blase und der Wirtschaftskrise im Jahr 2008 versprachen die neuen Möglichkeiten in der Phase des wirtschaftlichen Aufschwungs attraktive neue Märkte. Deshalb hatte damals bereits lediglich das Verwenden der oben genannten Begriffe in Pitch-Decks und Unternehmenspräsentation einen positiven Einfluss auf die Unternehmensbewertung.

Doch die Zeiten haben sich maßgeblich geändert. Vereinzelt mag das Verwenden von Buzzwords aus dem Datenbereich immer noch hilfreich sein, aber zu viele Unternehmen sind mit ihrer Datenstrategie gescheitert und Investoren durch ausbleibende Erfolge von Start-ups und Projekten mit dem populären und inflationär verwendeten Etikett „künstliche Intelligenz" enttäuscht worden. Deshalb ist es mittlerweile unabdingbar geworden, nachweislich Wert zu stiften.

Dem Hype um das Thema Daten ist dennoch keine Ernüchterung gefolgt, sondern eine Professionalisierung. Denn Unternehmen, die es verstehen, dieses Instrument erfolgreich zu spielen, erlangen oft große Wettbewerbsvorteile. So ist zwar eine Müdigkeit gegenüber Daten-Buzzwords entstanden, doch es wird heutzutage insgesamt mehr Wert daraufgelegt, welche Erfolge ein Unternehmen im Bereich Daten erzielt hat. Und trivial sind solche Erfolge nicht.

Ob die Implementierung einer Datenstrategie in einem Unternehmen gelingt, ist sehr oft von anderen Herausforderungen abhängig als den technischen. Es geht darum, Daten gut im Unternehmen zu verankern, Kollegen und Mitarbeiter mitzunehmen und zu begeistern, die Geschäftsführung zur Freigabe von Budgets und zur Priorisierung von Datenprojekten (mit entsprechenden Opportunitätskosten) zu überzeugen, die richtigen Mitarbeiter einzustellen usw.

Seit fünf Jahren arbeitet Dr. Tillmann Grupp als wesentlicher Treiber der Daten-Strategie als direkter Report bei Chrono24 für mich. Er verantwortet die Bereiche Data Science, Machine Learning, Analytics, Data Engineering und Business Intelligence und berät die Geschäftsführung in vielfältigen Daten-, Business- und Marktfragestellungen. Ich kann sagen, dass er die Implementierung einer Datenstrategie bei Chrono24 gemeinsam mit seinem Team und dem Management erfolgreich gelöst hat. Er hat es geschafft, dass unsere Mitarbeiter aus allen Abteilungen und allen Ebenen sehr gerne mit unseren Daten- teams zusammenarbeiten – diese sogar aktiv einbinden – da sie sich bewusst sind, dass sie so selbst erfolgreicher werden. Infolgedessen trifft das Unternehmen Chrono24 bessere Entscheidungen und hat viele datenbasierte Produkte entwickelt, die großen Wert stiften.

In diesem Buch hat er einen umfassenden Schatz an Vorgehensweisen, Erfahrungen und Instrumenten strukturiert und zusammengetragen, mit denen es gelingen kann, das Thema Daten im Unternehmen erfolgreich zu etablieren. Damit ist Dr. Tillmann Grupps Buch eines von denen, die einem sofort konkrete und pragmatische Impulse an die Hand geben, um das Thema wirksam auf den Boden zu bringen. Ich wünsche viel Spaß beim Lesen und viel Erfolg auf dem Weg zum datengetriebenen Unternehmen.

Chrono24 GmbH   Holger Felgner,
Karlsruhe, Deutschland

Vorwort

Am Markt wird kaum über die Konzepte hinter erfolgreichen Datenunternehmen gesprochen, sondern fast nur über Technologien, Tools und Algorithmen. Die erste Frage bei einem Austausch zu Daten ist fast immer: Mit welchen Technologien arbeitet ihr? Dies in der Hoffnung, dass sich durch die Wahl der richtigen Werkzeuge ein Erfolg einstellt. Um diesem Bild einen Gegenpol entgegenzustellen, habe ich dieses Buch geschrieben. Denn es gibt viele andere und oft auch weichere Faktoren zu beachten, um mit Daten erfolgreich zu sein. Diese Punkte finden nur selten ihren Platz in Datenbüchern und sind stattdessen über viele Disziplinen verteilt. Viele der Ideen in diesem Buch existieren schon einige Zeit oder haben sich im Laufe der Jahre in verschiedenen Unternehmen entwickelt. Doch mit diesem Werk möchte ich alle aus meiner Sicht wesentlichen Aspekte für einen Erfolg mit Datenmodellen an einer Stelle zusammentragen und um eigene Erfahrungen und Erfolgsmuster, die ich in vielen Projekten und in der Zusammenarbeit mit großartigen Menschen gesammelt habe, ergänzen.

Dieses Buch ist nur durch die Unterstützung zahlreicher Menschen möglich geworden. So ist das Wissen im Bereich Daten nur entstanden, weil mir Chrono24 die Chance eingeräumt hat, in diesem Bereich ein Team aufzubauen und damit im Unternehmen so weitreichend zu wirken. Es ist nur entstanden, weil sich mein großartiges Team, das Management, meine Peergroup, Sparingspartner und alle Mitarbeiter bei Chrono24 mit dem Thema auseinandergesetzt haben sowie ihre Impulse und Wirkungskraft mit eingebracht haben. Doch auch meine direkten Mentoren und das exekutive Management haben meine Erfahrungen im Bereich Daten stark mitgeprägt, sodass ich diese nun in abstrakter Form weitergeben kann. Ihnen allen möchte ich herzlich danken.

Aber ein solches Buch muss erst einmal geschrieben werden. An dieser Stelle bin ich meiner Familie in tiefster Verbundenheit dankbar. Denn nur so konnte ich den Raum bekommen, um in Urlauben, Wochenenden und Feierabenden Stunden vor dem entstehenden Werk zu verbringen. Da ich mir gleichzeitig der vollen Unterstützung bewusst sein konnte, hat mir diese Sicherheit den Antrieb gegeben, die Zeilen auf das Papier zu bekommen. Ein Mensch, der viel zu früh aus dem Leben gegangen ist, würde sich über das entstandene Ergebnis sehr freuen. Abschließend möchte ich dem Verlag Springer Gabler danken, der durch Feedback, Beratung und Umsetzung dafür gesorgt hat, dass das Buch entstehen konnte, wie es vor Ihnen liegt.

Liebe Leser, auch ihnen möchte ich danken, dass Sie sich mit dem Thema auseinandersetzen, mit dem Weitergeben des Wissens, Ihrem Feedback und Ihrer Empfehlung dafür sorgen, dass sich der Bereich Daten weiter professionalisiert und Erfolgsprinzipien weitergetragen werden. Übrigens: Mit diesem Buch werden selbstverständlich alle Geschlechter gleichberechtigt angesprochen, denn das Thema Diversität ist wichtiger denn je, um Diskriminierungen abzubauen, Chancengleichheit zu steigern und damit den gesellschaftlichen Zusammenhalt zu stärken. Aus Gründen der Lesbarkeit habe ich jedoch auf die entsprechenden Schreibweisen verzichtet und nur die männliche Form verwendet. Ich habe dieses Buch mit großer Sorgfalt für Sie geschrieben, doch es ist nicht auszuschließen, dass sich Fehler eingeschlichen haben, es weitere Blickwinkel auf Themen gibt, wertvolle Referenzen vergessen oder Dinge übersehen wurden. Sollte Ihnen etwas auffallen, freue ich mich über Ihr Feedback an datenrendite@gmail.com.

Frankfurt, Deutschland   Tillmann Grupp

Inhaltsverzeichnis

Abbildungsverzeichnis

Tabellenverzeichnis

Einleitung

Daten und deren Nutzung, durch beispielsweise künstliche Intelligenz, sind zu wichtigen Themen der Unternehmenswelt geworden. Denn vor vielen Unternehmen liegen neue Herausforderungen, die gelöst werden müssen: Kunden sind in fast allen Märkten in anspruchsvolle Positionen gerückt und möchten individuell hervorragende Erfahrungen machen. Die verschiedenen Kanäle, Technologien, und Märkte sind sehr komplex geworden und unterliegen einem schnellen Wandel. Es fällt deshalb immer schwerer, die modernen Anforderungen mit explizit beschreibbaren Prozessen und anhand von über Jahrzehnte etablierten Theorien gut zu bedienen.

Deshalb blicken viele Menschen auf die unglaublichen Erfolge, die von datengetriebenen Unternehmen erzielt werden. Es scheint auf einmal nicht mehr so wichtig, Dinge vollständig nachzuvollziehen und klar beschreiben zu müssen, um diese anschließend umsetzen zu können; sondern es können Problemstellungen einfach mit den richtigen Daten und einem Datenmodell automatisiert gelöst werden [1]. Und sobald eine gute datenbasierte Lösung im Einsatz ist, glänzen Unternehmen in der Lösung meistens gegenüber allen anderen. Der Weg dorthin ist nicht mehr so steinig wie ursprünglich, denn die notwendigen Grundlagentechnologien haben sich in den letzten zwei Dekaden so weit professionalisiert, dass das Zeitalter der Implementierung und Anwendung von Datenmodellen, und besonders künstlicher Intelligenz, begonnen hat. Die notwendigen Technologien und Algorithmen für einen Erfolg können mittlerweile einsatzbereit aus dem Regal genommen und auf Business Cases angewendet werden.

Ziel des Buches
Dieses Buch soll eine konkrete Hilfestellung geben, wie mit der richtigen Datenbasis und Datenmodellen der Wert von Daten für Unternehmen erschlossen werden kann. Dabei geht es hier nicht um fachliche und technische Details zu Algorithmen und Technologien, denn dazu gibt es bereits genügend Literatur. Das Ziel des Buches ist stattdessen, eine

T. Grupp, *Datenrendite*, https://doi.org/10.1007/978-3-658-35967-6_1

Anleitung zur Verfügung zu stellen, um Datenmodelle im Unternehmen richtig anzuwenden, um damit erfolgreiche Projekte umzusetzen (Abb. 1.1). Das Ziel des Buches ist damit im entfernteren Sinne vergleichbar mit der Nutzbarmachung von Elektrizität durch Edison nach der ursprünglichen Erfindung.

An wen ist das Buch gerichtet?
Der Fokus liegt auf der Umsetzung von Methoden und Wissen zur Nutzung von Datenmodellen in Unternehmen und nicht auf dem theoretischen Fundament. Das Buch bietet Anwendungswissen. Im Kern ist es für alle, die sich bereits ein wenig mit dem Thema auseinandergesetzt haben und jetzt einen Weg suchen, Datenmethoden erfolgreich in Anwendung zu bringen: wie zum Beispiel das gesamte Unternehmen besser auf Daten auszurichten oder sogar zu einer AI Company (Artificial Intelligence Company) zu transformieren. Das Buch ist kein Statistik- oder Software-Buch, sondern ein Handbuch für Initiatoren und Macher, für Führungskräfte und Anwender.

Zielgruppe des Buches sind deshalb alle, die sich mit dem professionellen Einsatz von künstlicher Intelligenz, Machine Learning und Data Science auseinandersetzen möchten: sowohl kleine Start-ups, mittelgroße Unternehmen und Konzerne, aber auch Bildungseinrichtungen, Non-Profit- und öffentliche Organisationen. Im Laufe des Buches werden besondere Unterschiede zwischen den verschiedenen Organisationsformen hervorgehoben, um auf die besonderen Anforderungen der verschiedenen Formen einzugehen. Mit dem Wissen in diesem Werk werden heranwachsende Nachwuchskräfte, Selbstständige und Angestellten im Daten-Umfeld adressiert, aber auch Führungskräfte, Berater, das obere Management, und Vorstands- oder Aufsichtsratsmitglieder.

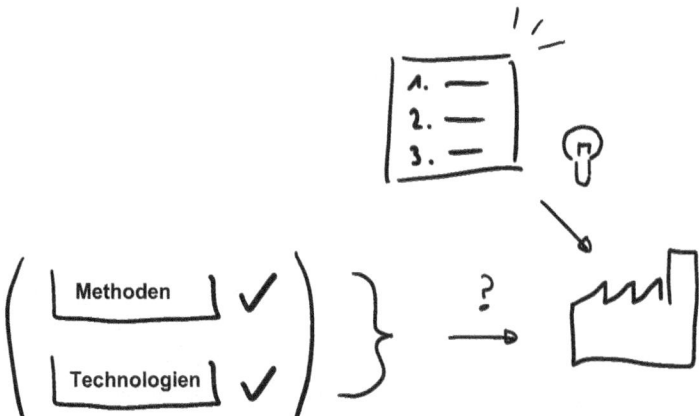

Abb. 1.1 Ziel des Buches: Wie werden Dateninitiativen erfolgreich?

Wie ist das Buch geschrieben?

Beim Verfassen des Buches wurden einige Prinzipien verfolgt, um einen unkomplizierten und gleichzeitig lösungsorientierten Leitfaden zu bieten:

- Aufzeigen von ehrlichen und einfachen Wegen zum Ziel
- Antworten auf echte Probleme in der Umsetzung
- Vorstellung schlanker Vorgehensweisen, die schnell gute Ergebnisse erzielen
- Bruch mit oberflächlichen Hypes und Mythen
- Kein Verkauf von Methoden, Tools oder Software
- Es wird stattdessen gezeigt, wie die Anwendung auf Basis mehrjähriger Erfahrung gelingen kann.

Diese Ausrichtung ist am Ende nur eine Sicht auf die Dinge und soll dem Leser wertvolle Anregungen auf dem Weg zum Erfolg liefern. Die Erkenntnisse und Empfehlungen aus diesem Werk müssen jedoch auf Basis der eigenen Anforderungen, dem eigenen Kontext und den eigenen Erfahrungen selbst eingeordnet werden.

Wie sind die Kapitel aufgebaut?

Jedes Kapitel stellt das Ziel vor, vermittelt anschließend alle wichtigen Inhalte, um das Ziel zu erreichen, und fassen am Ende die wichtigsten Aussagen zusammen. Im Rahmen der Zusammenfassung werden die Ergebnisse für verschiedene Organisationsformen eingeordnet, eine Checkliste der wichtigsten Maßnahmen aufgestellt und Erfolgsgeheimnisse verraten.

- Mit **wenig verfügbarer Zeit**, können gezielt einzelne Kapitel angesteuert werden, die den aktuellen Herausforderungen entsprechen. Die Zusammenfassung am Ende des Kapitels listet alle wesentlichen Take-Aways auf. Bei Bedarf kann der entsprechende Inhalt anschließend ausführlich nachgelesen werden.
- Für den **Einstieg in das Thema Daten** sind die Kapitel eins und zwei von Bedeutung. Das Kapitel drei ist dann etwas weniger wichtig, da es die konkrete Umsetzung beschreibt.
- Für **Aufsichtsrat- und Vorstandsmitglieder, Geschäftsführer, Manager und Führungskräfte** einer Organisation, die das Thema Daten initial strategisch aufsetzen möchten, ist insbesondere Kapitel eins von Bedeutung, da es den strategischen Rahmen legt, und die Makro-Effekte von datengetriebenen Unternehmen vermittelt. Kapitel zwei ist in Teilen relevant in Bezug auf die mögliche Operationalisierung. Kapitel drei ist in dieser Rolle nicht relevant.
- Wenn es um die **konkrete Umsetzung** von Projekten und Modellen geht, ist Kapitel drei ausschlaggebend, da es praktische Best Practices zur Umsetzung von Datenmodellen liefert, die in den typischen methodischen Büchern weniger präsent sind. Außerdem Teile des zweiten Kapitels, welches mögliche hilfreiche Elemente der Projektorganisation aufzeigt. Das erste Kapitel ist in diesem Fall kaum von Bedeutung.

Inhalt

Das Buch ist in drei große Kapitel unterteilt, die schrittweise zum Erfolg führen (Abb. 1.2). In den drei Kapiteln werden, von der strategischen über die taktische bis hin zur operativen Ebene, alle wichtigen Punkte beleuchtet, die dafür ausschlaggebend sind, dass aus Daten eine Rendite für das Unternehmen erzielen werden kann.

Zunächst wird die strategische Ebene besprochen. In diesem Kapitel wird alles Wichtige vermittelt, um das Thema Daten auf Management-Ebene im Unternehmen initiieren zu können (Kap. 2):

- Was sind grundsätzliche Erfolgsprinzipien?
- Wie kann der Nutzen von Daten erklärt werden und warum sind Daten so wichtig?
- Wie wird ein gemeinsames Verständnis in der Organisation geschaffen, eine Kultur etabliert und der Grundstein für den Erfolg gelegt?
- Welchen Wert können Daten generieren?
- Wie wirkt sich das auf die Unternehmensbewertung aus?

Anschließend werden alle wichtigen Punkte auf der taktischen Ebene betrachtet. Das zweite Kapitel zeigt deshalb, wie eine Struktur geschaffen und ein Vorgehen etabliert werden können, um wirksame Dateninitiativen aufzusetzen (Kap. 3):

- Wie können Daten von Anfang an wirken?
- Wie kann das Thema Daten am besten im Unternehmen eingebettet werden?
- Wie lässt sich das richtige Personal finden und entwickeln?
- Wie kann mit der hohen Unsicherheit bei Datenprojekten umgegangen werden?
- Wie können Projekte erfolgreich durchgeführt werden, um einen maximalen Nutzen zu erzielen?

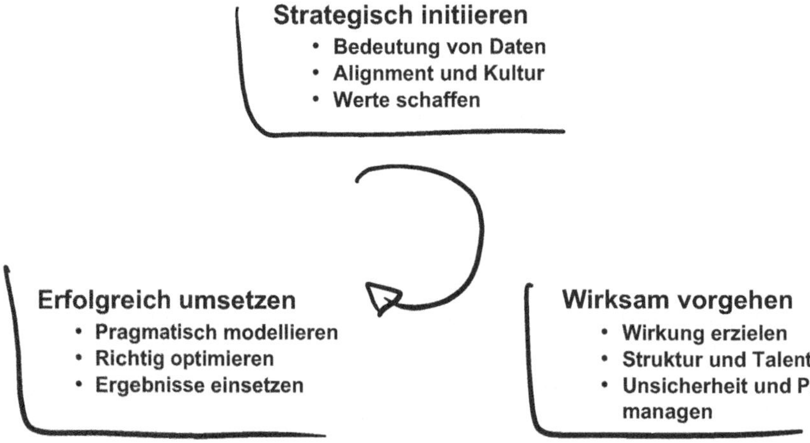

Strategisch initiieren
- Bedeutung von Daten
- Alignment und Kultur
- Werte schaffen

Erfolgreich umsetzen
- Pragmatisch modellieren
- Richtig optimieren
- Ergebnisse einsetzen

Wirksam vorgehen
- Wirkung erzielen
- Struktur und Talente
- Unsicherheit und Projekte managen

Abb. 1.2 Überblick Kapitel und Inhalte

Im letzten Kapitel wird die operative Ebene analysiert. In diesem Kapitel wird gezeigt, wie sich Erfolgsmuster einsetzen lassen, um konkrete Datenmodelle aussichtsreich umzusetzen. Dieses Kapitel setzt bereits etwas Verständnis für Datenmodelle voraus (Kap. 4):

- Wie kann ein hoher Business Value erzielt werden?
- Was ist bei der Datenbeschaffung zu beachten?
- Wie kann beim Modellieren zügig und zielgerichtet vorgegangen werden?
- Wie kann das Ergebnis validiert und die Qualität eingeschätzt werden?
- Wie können die Ergebnisse eingesetzt werden?
- Wie kann Sicherheit über die Wirksamkeit erlangt und maximal aus den Ergebnissen gelernt werden?

Schwerpunkte

Um zu verdeutlichen, welche organisatorischen Aspekte dieses Buch beleuchtet, wird nun ein vereinfachtes Organisationsmodell aufgestellt (Abb. 1.3). An dessen Komponenten entlang lassen sich die Inhalte des Buches einordnen:

- Daten müssen zunächst einmal erzeugt oder beschafft werden.
- Diese Daten werden dann durch Systeme gespeichert, verwaltet und genutzt.
- Es muss Prozesse geben, in denen die Daten eingesetzt werden.
- Die Ergebnisse der Prozesse müssen im Business wirken.
- Dadurch kann ein gemeinsames Ziel erreicht werden (Strategie).
- Das Ganze muss in der Organisation eingebettet werden (Aufbau-Organisation: Kultur, Werte, Personal, Fähigkeiten, Struktur, Risikomanagement und Governance)
- … und im Konkurrenz- und Marktumfeld betrachtet werden.

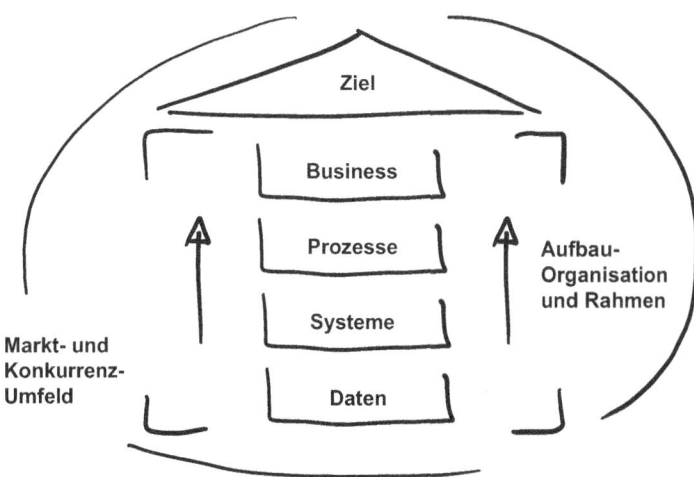

Abb. 1.3 Einbindung von Daten in das Unternehmen

Entlang dieses Konzeptes lässt sich leicht nachvollziehen, wie in diesem Buch die verschiedenen Aspekte berücksichtigt werden:

- Der fundamentale Bereich Daten wird ausgiebig erörtert und im ersten Kapitel ein Grundverständnis geschaffen, das in den folgenden Kapiteln ausgebaut wird.
- Der Bereich Systeme wird ausgeklammert, da es zu den einzelnen technischen Lösungen bereits sehr viel Literatur gibt und sich der Markt schnell verändert. Gleichzeitig sind Systeme nur ein Werkzeug zum Zweck der Datenverarbeitung und müssen ihr untergeordnet werden.
- Prozesse werden im zweiten und dritten Kapitel gestreift. Dabei wird gezeigt, wie gute Vorgehensweisen und Abläufe speziell für Datenprojekte aussehen können, um diese nah an Geschäftsprozessen zu entwickeln. Diese werden jedoch nicht zu strikt formalisiert, um die Integration in eigene Prozesse zu vereinfachen.
- Ziel und Business-Kontext spielen in allen drei Kapiteln eine große Rolle: im ersten Kapitel mit Blick auf den Nutzen, im zweiten Kapitel mit Blick auf eine wirksame Ausrichtung und im dritten Kapitel mit Blick auf die Umsetzung der messbaren Zielerreichung und Wirkung.
- Eine gesunde Aufbauorganisation wird im ersten Kapitel angerissen und mögliche Aufbaustrukturen und Einbettungen im zweiten Kapitel entwickelt.
- Der Blick auf Konkurrenz und Marktumfeld wird im ersten Kapitel aus strategischer Sicht vorgenommen.

Einordnung im Bereich der Methodik

Um ein besseres Verständnis der methodischen Inhalte zu geben, wird das Konzept der Daten-Bedürfnishierarchie herangezogen. Das ursprüngliche Konzept hat Monica Rogati [2] bei LinkedIn entwickelt. Das ursprüngliche Modell wurde für dieses Buch ein wenig vereinfacht (Abb. 1.4, in Anlehnung an Rogati [2], aipyramid.com):

Abb. 1.4 Daten-
Bedürfnishierarchie

- Die Daten-Bedürfnishierarchie besagt, dass eine Datenbasis die Grundvoraussetzung für jeden weiteren methodischen Schritt ist: **Datensammlung, -speicherung und -aufbereitung**. Deshalb muss eine Organisation erst das grundsätzliche Bedürfnis der Datenbasis befriedigen, bevor weitere Schritte angegangen werden können. Diese notwendige Basis wurde auch im Organisationsmodell eingeordnet.
- Anschließend können Kennzahlen gemessen und klassische **deskriptive Datenanalysen** durchgeführt werden. Damit kann das Bedürfnis des Unternehmens befriedigt werden, Vorgänge größentechnisch zu messen, zu beschreiben und zu erfassen.
- Sobald eine gute Analyse-Basis vorhanden ist, können **Experimente** angegangen werden. Durch Experimente wird das Bedürfnis befriedigt, echte Auswirkungen von Handlung festzustellen und insbesondere aus Handlungen zu lernen.
- Erst wenn diese Kapazitäten im Unternehmen zufriedenstellend entwickelt wurden, macht es Sinn, Datenmodelle – beispielsweise mit Hilfe von künstlicher Intelligenz – zu entwickeln. Mit **Datenmodelle**n können weitere Erkenntnisse gewonnen, automatisiert, und Datenprodukte an den Markt gebracht werden. Damit wird das Bedürfnis befriedigt, durch Daten Prozesse zu automatisieren, neue Lösungen am Markt anbieten zu können und komplexe Zusammenhänge zu modellieren.

Dieses Buch fokussiert sich im Kern auf Datenmodelle und damit geschaffene Datenprodukte und deren Wert. Inhalte aus den darunterliegenden Ebenen werden nur eingebunden, um die notwendigen Voraussetzungen erklären und schaffen zu können. Übrigens: das umsetzbare Wertschöpfungspotenzial läuft in der Regel entgegengesetzt zu dieser Pyramide von oben nach unten. Datenmodelle können bei Erfolg daher die größten Werte erzeugen, auch wenn sie stark mit Unsicherheit behaftet sind; im Vergleich zu Datengrundlagen, die an sich zunächst kaum direkte Werte schaffen, jedoch eine kontrollierbare Voraussetzung sind, die als Basis für alle weiteren Schritte dient.

Literatur

1. Temek, K. (2020). *Machine-Learning-Anwendungen im Banking: Wie aus Daten Produkte werden.* http://www.ki-note.de/einzelansicht/machine-learning-anwendungen-im-banking-wie-aus-daten-produkte-werden-1. Zugegriffen am 31.12.2020.
2. Rogati, M. (2017). *The AI hierarchy of needs.* https://hackernoon.com/the-ai-hierarchy-of-needs-18f111fcc007. Zugegriffen am 09.02.2020.

Strategisch initiieren

2

Zitat

„Ein großer Wert aus Daten entsteht allein dadurch, dass sie zugreifbar gemacht und strukturiert werden. Denn wenn Daten erst einmal einfach abgerufen werden können, dann entsteht schon ein riesiger Nutzen. Das habe ich beispielsweise bei der Impfsuche in großem Maßstab erfahren. Es verhält sich in Unternehmen ebenso: mit einfach zugreifbaren und gut strukturierten Daten entstehen massive Vorteile, die sich direkt in Unternehmenswert übersetzen lassen."

André Exner, Director Group Marketing, Sales & Common Analytics TUI, Gründer Impfsuche.de

---

In diesem Kapitel wird auf strategischer Ebene erörtert, wie Daten und Datenmodelle helfen können, Werte für Unternehmen zu schaffen und sogar positiv auf die Unternehmensbewertung wirken können. Dazu wird ein Abriss geben, mit welchen Prinzipien und mit welchem grundsätzlichen Verständnis Dateninitiativen im Unternehmen zum Erfolg geführt werden können, und was dafür aus strategischer Sicht mindestens notwendig ist.

Anschließend werden einzelne Schritte auf diesem Weg verdeutlicht: wie das richtige Verständnis für Daten im Unternehmen geschaffen werden kann, warum Daten heutzutage so wichtig sind und wie mit dem richtigen Grundverständnis und einem gemeinsamen Blick im Unternehmen auf das Thema der Grundstein für den Erfolg gelegt werden kann. Außerdem wird gezeigt, wie dieser gemeinsame Blick zu einer ausgewachsenen Datenstrategie weiterentwickelt werden kann.

Im Laufe des Kapitels wird weiter erläutert, wie Daten in herausragende Werte und Wettbewerbsvorteile umgewandelt werden können. Dafür wird verdeutlicht, welche Arten von Werten für das Unternehmen geschaffen werden können. Dieses Wissen ist entscheidend, um Initiativen richtig einordnen und bewerten zu können. Dabei werden das notwendige Vertrauen und die Nachhaltigkeit in Bezug auf Daten als Thema gestreift, denn sie spielen eine unterschätzte Rolle für den Erfolg.

© Der/die Autor(en), exklusiv lizenziert durch Springer Fachmedien Wiesbaden GmbH, ein Teil von Springer Nature 2022
T. Grupp, *Datenrendite*, https://doi.org/10.1007/978-3-658-35967-6_2

Abschließend wird verdeutlicht, warum und wie Daten auf die Unternehmensbewertung einen positiven Einfluss nehmen und sogar zu einem relevanten Baustein in der Unternehmensbewertung avancieren können. Denn aus Daten kann ein nicht nachahmbares Asset im Unternehmen entstehen, dem in der Vergangenheit aufgrund mangelnder Nutzungstechnologie zu wenig Aufmerksamkeit zuteilgeworden ist.

2.1   Ein realistischer Weg zum Ziel

Wissen zu den Themen künstliche Intelligenz, Machine Learning und Data Science ist mittlerweile überall verfügbar. Doch Strategien, um von dem neuen Gold zu profitieren, müssen oft als nebenläufig und wenig zielgerichtet beschrieben werden. Sie bleiben oft erfolglos, sodass Initiativen wieder einschlafen. Entweder werden Data Labs aufgesetzt, die nicht wirken und neben der Kernorganisation herlaufen, oder es werden Berater ins Haus geholt, die Projekte umsetzen, aber die Organisation nicht in die Lage versetzen, selbst zu agieren. Um es auf den Punkt zu bringen: Statt einer Daten-Bewegung fehlt es in Unternehmen oft an Bewegung bezüglich Daten.

Dieses Kapitel zeigt, mit welchen grundsätzlichen Denkmustern Unternehmen mit den neuen und komplexen Möglichkeiten erfolgreich sein können. Es beschreibt, wie und auf welcher Erfahrungsbasis der Aufbau eines datengetriebenen Unternehmens zum Erfolg führen kann. Dazu werden einige frühe Kernprinzipien aufgezeigt, die dem Erfolgsprinzip zugrunde liegen. Anschließend wird darauf eingegangen, mit welcher Systematik die vermittelten Inhalte richtig auf die jeweilige Situation und den eigenen Kontext angewendet werden können.

2.1.1   Erfolgsprinzipien

Lernen am Beispiel
Typischerweise würden die meisten Unternehmen ihre Reise in Richtung eines datengetriebenen Unternehmens folgendermaßen beginnen: Sie würden Wissen oder Beratung einkaufen, daraufhin ihren Stand analysieren, eine Strategie mit vielen unklaren Annahmen entwickeln, anschließend daraus einen Plan ableiten. Der Plan würde dann, nach einer Grundsatzentscheidung, umgesetzt und bei neuen Erkenntnissen kaum noch angepasst werden – bis der Plan als erfolgreich oder nicht erfolgreich abgehakt wird. Doch häufig sind gerade die ersten Erkenntnisse beim Thema Daten sehr wichtig und können anfängliche ungewisse Annahmen über den Haufen werfen. Außerdem wird der theoretische Plan von jedem Beteiligten in eigene Vorstellungen von Lösungen übersetzt, die häufig nicht mit der ursprünglichen Intention übereinstimmen oder nicht den gewünschten Wandel auslösen.

Wesentlich hilfreicher kann es sein, zu versuchen, zu Beginn ein paar wohlüberlegte einzelne Business Cases zu knacken (Abb. 2.1). Statt komplexer Pläne mit vielen un-

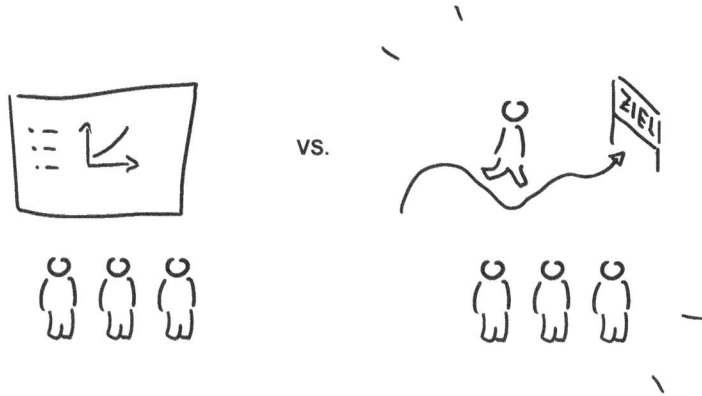

Abb. 2.1 Planungsprozess versus Lernen am Beispiel

sicheren Annahmen, können dann direkt Erkenntnisse geschaffen und Erfahrungen gewonnen werden. Pilotprojekte entwickeln sehr viel Momentum und können wesentlich stärker für eine Initiative sprechen als die besten Kommunikationsexperten. Sichtbare Lösungen werden zum Vorbild genommen und helfen, das Thema zu verbreiten und den Weg zu bereiten, ohne gezwungenes „Durchdrücken". Aber auch für erste Piloten benötigt es einen Buy-In. Und für diesen können ein paar schlaue Strategieüberlegungen der erste Schritt sein (solange spätere Weg-Entscheidungen offengelassen werden und der Start nicht verkompliziert wird).

Um diesen Punkt zu bestärken: Eine real eingesetzte Datenlösung ist etwas ganz Anderes als eine Insight aus einem unabhängigen Data Lab oder von einem Wissensträger. Denn ein operierendes Modell zeigt, welche Wirkung es entfalten kann und ermöglicht, das komplexe Thema greifbar zu machen. Das ist wesentlich stärker als bloße Überlieferungen. Für den ersten Erfolg kann es zwar hilfreich sein, viel Input von außen zu holen, von Menschen, die etwas Entsprechendes schon umgesetzt haben, sodass Fallstricke umgangen werden können. Doch für diesen Schritt ist es erforderlich, selbst etwas in Produktion zu bekommen, daraus zu lernen und damit zu agieren. Und dazu ist es meistens nicht notwendig, die bestmögliche Lösung auszurollen.

Möglicher Ablauf

Welche generellen Schritte empfehlen sich, um zum Erfolg zu gelangen?

1. Das oberste Ziel für den Erfolg mit Daten muss von Anfang an sein, Erfolgsbeispiele zu schaffen, die für sich sprechen, um daraus zu lernen (Projekte, die funktionieren, sprechen sich herum und helfen, den Appetit und Umgang des Unternehmens mit Daten zu verstehen).
2. Dafür müssen einsetzbare Daten vorhanden sein, oder geschaffen werden, sonst verlaufen sich Initiativen im Sand. Eine Datenbasis muss erst über eine gewisse Zeit gesammelt werden. Außerdem müssen Schutzmechanismen von Anfang an mitgedacht werden.

3. Deshalb muss zuerst ein guter Nährboden erzeugt werden: es muss ein Verständnis gefördert, eine Kultur geschaffen, ein möglicher Nutzen aufgezeigt und ein gemeinsames Bild und ein Wunsch entwickelt werden, um mit Daten durchstarten zu können.

4. Dafür benötigt es fast immer eine klare Entscheidung der Investoren, des Aufsichtsrates, des Vorstandes, der Geschäftsführung und des Managements, ein datengetriebenes Unternehmen werden zu wollen.

5. Anschließend müssen erste Initiativen, Tests und Maßnahmen aufgesetzt und auf eine Problemlösung ausgerichtet werden (schlank und fokussiert, keine „goldenen Henkel"). Das kann über eine Strategie erfolgen, aber es reicht auch eine Shortlist mit den wichtigsten ersten Einstichen in das Thema.

6. Außerdem müssen Fähigkeiten sowie Personal aufgebaut (smarte Macher und Low-Ego- Charaktere mit einer hohen Dienstleistungsorientierung) und diese innerhalb der Organisation gut vernetzt werden (Austausch und Einbindung ist das Wichtigste).

7. Um Projekte erfolgreich umzusetzen, muss in den Projekten mit der hohen Unsicherheit und Komplexität von Datenprojekten richtig umgegangen werden. Die Projekte müssen zunächst richtig ausgewählt und dann am besten interdisziplinär und in kleinen, iterativen Schritten mit Blick auf das Ziel umgesetzt werden. Pragmatismus und die richtige Tiefe sind wichtige Kriterien.

8. Die Lösungen müssen immer wieder Feld-Tests unterzogen werden, um reales Feedback zur Verbesserung zu erhalten, um festzustellen, ob der Weg noch der richtige ist, aber auch, um mit den Ergebnissen den Erfolg belegen zu können. Das ist besonders wichtig, um Andere zu erreichen und eine Daten-Kultur zu stärken.

Um den genannten Punkten gerecht zu werden, versucht dieses Buch, ein pragmatisches Vorgehen nahezulegen und beruft sich auf gesunden Menschenverstand. Es empfiehlt, individuell und angemessen für die jeweilige Situation zu handeln, um nicht in abstrakter Formalisierung ohne Ergebnis zu versanden. Die notwendige Struktur kann bei Gelegenheit schrittweise nach den ersten Learnings nachgezogen werden. Deshalb ist es wichtig, die unterschiedlichen Auffassungen, die am Markt kursieren, für sich zu bewerten. Sich in ersten Projekten selbst zu versuchen, um herauszufinden, was im jeweiligen Fall für einen selbst funktioniert, um anschließend mehr davon zu tun. Es ist wichtig, nicht zu formal oder in großen Blöcken mit ewigen Strategieprozessen vorzugehen; sondern lieber zügig kleine, erste Schritte zu machen. Selbstverständlich schadet eine Vision oder Strategie nicht, um diese Schritte in die richtige Richtung zu lenken, solange damit nicht Optionen verschlossen oder Entscheidungen vorweggenommen werden.

2.1.2 Differenziert vorgehen

Häufig werden Erfahrungen von anderen mechanistisch auf das eigene Unternehmen übertragen. Irgendjemand erzählt, dass ein Projekt sehr erfolgreich war, alle sind Feuer und Flamme. Das Projekt wird im eigenen Unternehmen umgesetzt und zu einem schallenden Misserfolg. Manchmal funktioniert ein CopyCat zwar, häufiger geht ein solches Vorgehen jedoch schief. Denn es gibt drei wichtige Aspekte zu beachten:

1. Ein erfolgreiches Projekt in einem Kontext (beispielsweise die Bilderkennung von systematisch abfotografierten Bildern aus einem Fotostudio) kann in einem anderen Kontext auf ganz andere Herausforderungen oder Wirkungsmöglichkeiten stoßen (beispielsweise die Bilderkennung von Fotos, die mit Mobiltelefonen bei Dunkelheit aufgenommen wurden).
2. Ein erfolgreiches Projektvorgehen in einer gewissen Unternehmensgröße und -struktur (z. B. Start-up) kann in einer anderen Unternehmensgröße (z. B. globaler Konzern) völlig abweichend gut funktionieren.
3. Ein Projekt kann je nach Entwicklungsphase eines Unternehmens und je nach vorhandenem Daten-Reifegrad unterschiedlich angebracht sein (z. B. Unternehmen, das seit Jahren mit Daten arbeitet, entwickelt eine sportliche künstliche Intelligenz, verglichen mit einem Unternehmen, das mit Datenprojekten beginnt und sich daran versucht) [1].

Deshalb ist es wichtig, Vorgehen und Best Practices nicht blind zu kopieren, sondern individuell für den Kontext, die Unternehmensform und -größe sowie für den jeweiligen Reifegrad kritisch zu prüfen. Es hilft nicht, Maßnahmen dogmatisch über alles zu stülpen oder zu stark zu abstrahieren.

Unternehmensgröße
Es wird nun die Unternehmensgröße und -form genauer beleuchtet (Abb. 2.2). Größe und Art eines Unternehmens können durch unterschiedliche Anforderungen, Strukturen und Kulturen einen großen Einfluss darauf nehmen, welche Vorgehensweisen erfolgreich sind. Es ist deshalb wichtig, genau zu prüfen, was beispielsweise in kleinen Unternehmen funk-

Kleine Unternehmen
- **Kurze Wege**
- **Pragmatisch**
- **Wenig Formalität**

Große Unternehmen
- **Ressourcenstark**
- **Strukturstark**
- **Fragmentiert**

NPOs /
Regierungsunternehmen
- **Prozessfokus**
- **Sicherheitsbedürfnis**
- **Regulatorik**

Abb. 2.2 Unternehmensgröße und Datenherausforderungen

tioniert, mit wenigen Ressourcen, aber geringen Abstimmungsaufwänden; und was in großen, ressourcenstarken, aber weniger flexiblen Unternehmen möglich ist.

Begonnen wird mit **kleinen Unternehmen**: Hier sind Strukturen oft wesentlich weniger
stark etabliert, es wird auf kurzem Weg agiert. Teilweise haben sich Prozesse etabliert, es
herrscht aber häufig eine hohe Dynamik durch Wachstum oder Bewegungen am Markt. Um
Ziele zu erreichen, werden größere Risiken als in etablierten Unternehmen eingegangen. Die
Themen Digitalisierung, künstliche Intelligenz und Daten sind häufig in der Unternehmens-
DNA von Anfang an verankert und Technologie wird als ein zentrales Werkzeug verstanden,
um das Unternehmen voranzubringen, zu gestalten und Arbeit zu erleichtern.

Manchmal gibt es in kleinen Unternehmen allerdings nur wenige oder keine zentralen
Punkte, an denen datentechnisches Wissen vorhanden ist, und Daten zusammengeführt
werden könnten. In diesen Unternehmen ist es dann zunächst schwierig, Akzeptanz für das
Thema zu erreichen und in einem Umfang ins Handeln in Bezug auf Daten zu gelangen,
indem es sich rentiert.

Insgesamt gibt es in kleineren Unternehmen oft wenig Bereichsdenken, sondern die
Mitarbeiter sehen sich als ein Unternehmensteam. Das Geschäft wird oft ganzheitlich zu-
sammengehalten. Es wird häufig versucht, das Unternehmen auf pragmatische Art und
Weise weiterzuentwickeln.

Häufig sind außerdem mehr Generalisten als Spezialisten in kleineren Unternehmen
tätig, und die Ressourcendecke ist dünner. Dieser Rahmen bietet meistens einen guten
Nährboden, um schnell und viel zu lernen und um viele Freiheitsgrade rund um Daten und
Experimente zu nutzen; aber es existieren weniger Möglichkeiten, kapitalintensive,
ressourcenfressende oder strukturerfordernde Themen umzusetzen.

In **großen Unternehmen** sind häufig viele Divisionen vorhanden. Es gibt etablierte
und eingeforderte Prozesse, die Strukturen sind sauber durchdefiniert, und es müssen viele
Stakeholder bei Abstimmungen einbezogen werden. Das Geschäft ist oft bereits hoch-
gradig optimiert und skaliert, wächst nur noch wenig (im Kern durch Zukäufe und Diversi-
fizierung), und es werden deshalb weniger Risiken eingegangen, um Reputation, Umsätze
und Marke nicht zu gefährden.

Die einzelnen Funktionsbereiche sind häufig autark und fokussieren sich auf eigene
Ziele. Dadurch sind einige Bereiche zwar stark auf den Kunden ausgerichtet, aber die
technologische Komponente wird meistens nicht als Treiber für Wachstum oder die Vor-
reiterstellung des Unternehmens genutzt, sondern als Unterstützungsfunktion, durch die
Prozesse abgewickelt werden können (Konzerne sehen sich seltener als Tech-Company,
mit Ausnahme derer, die bereits als Tech-Company entstanden sind). Es gibt oft sehr verteilte technologische Insellösungen in unterschiedlichen Qualitäten, viele Legacy-
Lösungen und keine zentrale Datenlage.

Oft gibt es in Konzernstrukturen die Funktionsgruppe oder Rolle für Daten noch nicht,
deshalb ist es erst einmal schwer, das Thema zu etablieren. Außerdem ist die Struktur oft
sehr fragmentiert und starr, sodass unklar ist, wo solche Themen gut und handlungsfähig

angesiedelt werden können und wer dafür zusammenarbeiten muss. Dafür existieren solide Cashflows und viele Ressourcen, durch die große und aufwändige Projekte umgesetzt werden können.

Es müssen aber zunächst einige Abstimmungen durchgeführt und strategische Konzepte entwickelt werden, um ein Projekt aufzusetzen. Auch dann ist nicht gewährleistet, dass alle Stränge zusammenarbeiten und Akzeptanz entsteht. Häufig sind weitere Herausforderungen, Know-how im Bereich Daten aufzubauen und im Unternehmen weiterzugeben. Dem entgegen steht meistens eine Vormachtstellung und der Zugang zu Märkten, Produkten, Kunden und damit in einem weitreichenden Ausmaß an Daten [2].

Abschließend seien Non-Profit-Organisationen (**NPOs**) und **Regierungsunternehmen** genannt. Diese Unternehmen sind häufig durch viele regulatorische Anforderungen, traditionelle Prozesse und ein hohes Sicherheitsbedürfnis gekennzeichnet. Investitionen sind schwierig bereitzustellen und nur langwierig mit Hilfe von Beantragungsprozessen zu erlangen.

Diese Unternehmen sind häufig weniger effektiv in der Lage, Projekte umzusetzen, da diese meistens mit den gut strukturierten und etablierten Abläufen kollidieren. Technologisches Wissen ist hier oft weniger vorhanden oder in einzelne kleine und isolierte Teilbereiche als Support-Funktion ausgelagert. In diesen Organisationsformen stehen Regulatorik, Ethik, Sicherheit und Schutz von Daten an erster Stelle.

Gleichzeitig bietet sich oft ein immenses Potenzial, um aus Daten Mehrwerte zu schöpfen, da Prozesse digital massiv verbessert und unterstützt sowie durch Erkenntnisse wesentliche Verbesserungen und Kosteneinsparungen erzielt werden könnten. So zeigt sich gerade im Bereich von Unternehmen im Social-Impact-Bereich, dass Daten ein unglaubliches Potenzial zur Verbesserung der positiven Wirkung von Unternehmen im sozialen Sektor haben [3].

Reifegrad

Aber auch der Reifegrad von Unternehmen spielt eine wichtige Rolle (Abb. 2.3). Denn die Entwicklung eines datengetriebenen Unternehmens oder einer AI Company schreitet in vier grundsätzlichen Phasen voran, in denen unterschiedliche Schwerpunkte gesetzt werden sollten. Diese spielen eine große Rolle dafür, welche Maßnahmen Sinn ergeben und welche nicht. Übrigens: Für dieses Werk wird davon ausgegangen, dass ein Unternehmen bereits gewisse deskriptive, analytische Daten- und Testing-Kapazitäten entwickelt hat, denn diese sollten zeitlich vor dem Umsetzen von Datenmodellen und künstlicher Intelligenz angegangen werden:

1. In einer frühen Phase „**Understand**" werden erste Gehversuche unternommen: Es werden erste Gespräche im Unternehmen geführt und Testprojekte aufgesetzt. Vielleicht wird ein erstes kleines Modell umgesetzt. Das Modell wird unter Umständen sogar von einem Proof-of-Concept in eine Pilotphase überführt. Es wird damit ein wenig gearbeitet, um Erfahrung zu sammeln. In dieser Phase gibt es noch keine feste Struktur und nur wenig Wissen und Erfahrung zu Datenmodellen. Wichtig ist es, möglichst un-

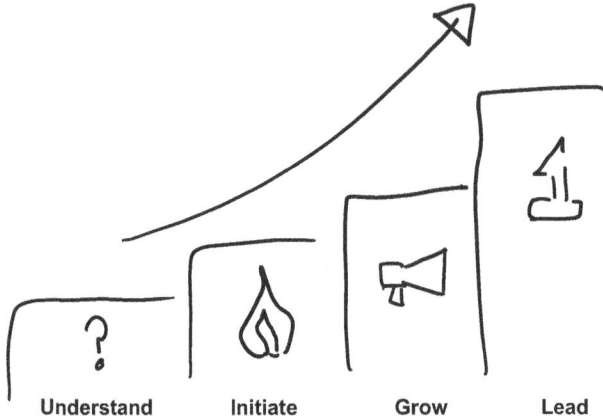

Abb. 2.3 Wachstumsphasen einer AI Company

kompliziert den Appetit des Unternehmens auf Datenmodelle zu prüfen und am besten in einem kleinen, überschaubaren Umfeld erste Erfolge zu erzielen oder Wirkungsmöglichkeiten zu verstehen und zu zeigen.

2. In der anschließenden Phase „**Initiate**" werden bessere Voraussetzungen geschaffen: Es wird eine größere Initiative ausgerufen, einige werden Projekte aufgesetzt, Leute eingestellt und das Thema offiziell angegangen. In dieser Phase ist meistens bereits ein Teil der notwendigen Grundlagen vorhanden. Es gibt pragmatische Pläne für den Umgang mit Daten und erste produktive Modelle. Damit sind zwar erste Erfahrungen vorhanden, aber es müssen noch weitere Pilotprojekte in größerem Umfang geschaffen werden. Häufig wird sinnvollerweise stark opportunistisch gehandelt. Wichtig ist es in dieser Phase, eine gute Kultur zu etablieren, die vielversprechendsten Punkte in der Wertschöpfungskette mit Piloten zu versehen, ein klares Commitment zu schaffen und alle relevanten Stakeholder mitzunehmen.

3. In der Phase „**Grow**" werden Vorgehensweisen besser strukturiert und systematisiert, um sie großflächig weiter ausrollen zu können: Es werden Rollen sauber ausdefiniert und vielfach nachrekrutiert. Außerdem werden Werte, Skills, Methoden von Datenteams und Daten-Rollen harmonisiert, das Tooling wird aufgeräumt. Außerdem werden systematisch Modelle umgesetzt und Vorgehensweisen auf ein Standard-Level gehoben. In dieser Phase ist meistens eine gewachsene Struktur vorhanden, die konsolidiert wird, und es soll nun klare Prozesse, ein Portfoliomanagement und Governance geben. Dabei ist es wichtig, das Thema Daten vollständig „in die Organisation zu übergeben" und zu einem Selbstläufer zu machen und mit viel Bildung, Aufklärung und Wissen alle relevanten Stakeholder zu empowern sowie gleichzeitig nichts zu verkomplizieren. Gleichzeitig ist es in dieser Phase essenziell, den Weg „raus aus den Piloten" zu finden, sodass die Datenlösungen einen ernst zu nehmenden Reifegrad erreichen.

4. Der letzte Schritt ist die Phase „**Lead**": Hier ist das Unternehmen zu einem führenden, datengetriebenen Unternehmen oder sogar einer AI Company geworden. In dieser Phase

werden in einem Unternehmen einzigartige neue Datenlösungen entwickelt. Es wird datengetrieben gesteuert, es gibt eine Datenabdeckung über die ganze Wertschöpfungskette hinweg, die Kultur ist vollständig datengetrieben und das Unternehmen ist zu einem führenden Datenunternehmen geworden. In dieser Phase ist es wichtig, ein gutes Ökosystem von Partnerschaften und viel Austausch zu Daten zu haben, sodass der Vorsprung ausgebaut werden kann und weiterhin erstklassige Werte zu liefern.

Immer wieder werden die ersten Schritte „Understand" und „Initiate" übersprungen. Dann fehlen erste reale Learnings, wie Daten im Unternehmen anzusiedeln sind, bevor große Schritte angegangen werden sollten [4]. Oft wird mit hoher Unsicherheit zum Thema Daten im Unternehmen direkt eine Struktur aufgesetzt, Tools eingekauft, und Standards ausgesprochen. Damit wird unter Umständen eine nicht richtig zum Unternehmen passende Form der Datenstrategie zementiert, deren Rahmen später nur schwer anzupassen ist. Um solche Auswirkungen besser zu verstehen, werden im Folgenden Empfehlungen nach den Phasen gegliedert, sodass klar ist, was wann empfehlenswert ist und für die unterschiedlichen Unternehmensformen mit zusätzlichen Hinweisen versehen.

2.2 Daten richtig aufgreifen

Wie bereits in der Einleitung dargestellt wurde, gibt es eine große Veränderung in der heutigen Gesellschaft. Denn durch die aktuellen technischen Möglichkeiten können Daten mittlerweile massiv für Entscheidungen und für den wirtschaftlichen Fortschritt eingesetzt werden [5]. Deshalb ist es wichtig, sich nicht zu spät als Unternehmen mit dem Thema Daten auseinanderzusetzen, bevor sich Märkte bereits verändert und andere Unternehmen positioniert haben [6].

Dieses Kapitel zeigt, wie Daten aufgefasst werden können, sodass Dateninitiativen später ihren Wert richtig entfalten und frühzeitig zum Vorteil des Unternehmens genutzt werden können. Außerdem wird vermittelt, welche Datenmengen für welchen Zweck benötigt werden. Anschließend wird gezeigt, wie sich eine gemeinschaftliche Datenkultur etablieren lässt. Zum Abschluss des Kapitels wird darauf eingegangen, warum der Datenschutz bei allen Fragen eine so große Rolle spielt.

2.2.1 Strategische Bedeutung

Warum sind Daten von so großer Bedeutung? In den kommenden Jahren wird es eine große Transformation geben. Denn Daten helfen, objektiv zu verstehen, wie gute Lösungswege aussehen. Sie helfen, qualitative Learnings mit Mengengerüsten auszustatten. Sie helfen, Beobachtungen und Feedback aus Märkten, von Kunden und aus der gesamten Welt zu quantifizieren und direkt nutzbar zu machen [7]. Damit kann die eigene Intuition durch Daten systematisiert und überprüft werden. So können typische menschliche Fehleinschätzungen umgangen werden. Aber noch viel weitreichender: Daten helfen, Entscheidungen in unendlichem Ausmaß objektiv zu reproduzieren und zu automatisieren und ganz neue Lösungen am Markt anzubieten.

Mit Hilfe von Daten ergibt sich eine neue Art, technische Lösungen zu entwickeln. Viele bisherigen Fortschritte wurden in akribischer Ingenieurskunst und Forschung errungen. Es wurden sachlich nachvollziehbare und belegte Verständnisse von Zusammenhängen entwickelt und anschließend explizite Entwürfe für Lösungen mit faktisch beschriebenen Regeln erstellt, die dann umgesetzt wurden und die Aufgabenstellung gelöst haben [8].

Durch Daten ergibt sich jetzt eine neue Möglichkeit, Lösungen zu entwickeln: Es müssen lediglich genügend Beispiele für vorherige Entscheidungen herangezogen werden, und schon kann ein Black-Box-Algorithmus die Entscheidungen auf gleiche Art und Weise, wie in den Trainingsbeispielen abgebildet, treffen [8]. Das ermöglicht ein Abkürzen des Entwicklungsprozesses, und hilft Probleme zu lösen, die sich vorher aufgrund von Kleinteiligkeit oder für einen Computer schwer beschreibbaren Regeln nicht gut lösen ließen (beispielsweise zu erkennen, was auf einem Bild abgebildet ist). Durch Daten werden sich deshalb viele Tätigkeiten automatisieren und verbessern lassen [9]. Gleichzeitig heißt es aber auch, dass dieselben Bedürfnisse eines Nutzers durch Datenlösungen befriedigt werden können, die vorher durch langjährige Entwicklungen oder hohen manuellen Aufwand mit einer großen Wertschöpfung erfüllt wurden. Es treten damit konkurrierende Lösungsmöglichkeiten in Märkte ein.

2.2.2 Grundvoraussetzung Daten

Der Begriff „Daten" bedeutet in seiner ursprünglichen Form im Lateinischen „was gegeben ist". Leider sind Daten jedoch oft nicht gegeben, da sie nicht systematisch erfasst wurden. Daten erfassen Grundwahrheiten, die Stimme des Kunden, und sind der Rohstoff der nächsten Dekaden [5]. In Zukunft wird es zum großen Teil darum gehen, welche Daten ein Unternehmen besitzt, wie gut deren Qualität ist bzw. dürfen und können diese verwendet werden (siehe auch Abschn. 2.4.2). Häufig ist es heutzutage sogar wichtiger, an den Daten selbst zu arbeiten und Daten zu verbessern, als an irgendwelchen Algorithmen. Und der Datenschutz hat glücklicherweise eine so bedeutende Stellung erreicht, dass er besser als Wettbewerbsvorteil bereits in der Datenbasis vorausgedacht wird, als im Nachhinein injiziert. Letztendlich muss dann noch der einfache Zugang zu Daten möglich sein, sonst kann die Organisation nicht effizient mit den Daten arbeiten und die Wirkung wird gehemmt.

Doch um den strategischen Vorteil, der sich aus Daten ergeben kann, überhaupt nutzen zu können, müssen die Daten meistens in einer bestimmten strukturierten Form vorliegen (nicht für alle Zwecke und Verfahren, aber für den wichtigsten Teil). Denn für alle überwachte Lernverfahren werden Daten in einer besonderen Form benötigt: In einer Kombination aus Sachlage und Bezeichnung bzw. Ergebnis (Abb. 2.4). Alternativ ausgedrückt:

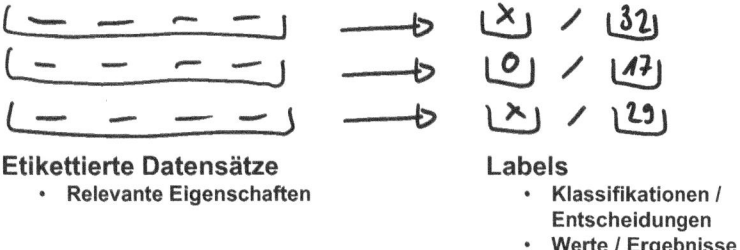

Etikettierte Datensätze   **Labels**
• **Relevante Eigenschaften**   • **Klassifikationen /**
                                                  Entscheidungen
                                               • **Werte / Ergebnisse**

Abb. 2.4 Etikettierte Daten

Es werden Eingangsdaten und zugehörige Entscheidungen oder Ergebniswerte benötigt. Eine Form von etikettierten Daten also, die – wie im vorherigen Abschnitt gezeigt – als neue Ingenieurskunst einem Algorithmus als Lernbasis dienen können, um Entscheidungen oder Ergebnisse automatisch und millionenfach vorhersagen zu können.

Und damit entsteht ein grundsätzliches Problem: Möglicherweise muss noch ohne einen Business Case in Daten investiert werden (um möglichst früh viele Informationen zu sammeln). Außerdem ist es wichtig, dass konform zu den Datenschutzbestimmungen gearbeitet wird. Wenn Datenvoraussetzungen nicht früh geschaffen werden, ist es schwierig, einen Vorsprung anderer später wieder aufzuholen. Doch viele Unternehmen stolpern bereits bei diesem ersten Schritt, die Daten strukturiert zu erfassen, zu verwalten, zu verteilen und zugänglich zu machen. Aber Daten werden die Zukunft entscheiden. Denn viele Branchen und Tätigkeiten, die sich in Daten abbilden lassen, werden durch Daten verändert.

Warum ist es so wichtig, frühzeitig die Grundvoraussetzung Daten sicherzustellen? Wer früh beginnt, Daten zu erfassen, ist kaum mehr einzuholen (Abb. 2.5). Denn durch Daten werden Produkte und Unternehmen kontinuierlich besser, bekommen dadurch mehr Nutzer und es entstehen wiederum automatisch mehr Daten. Es entsteht ein Erfolgszyklus, auf den später noch genauer eingegangen wird [10–12]. Selbst ein Mitbewerber, der es in gleichem Maße schafft, Daten zu sammeln, aber später startet, wird das führende Unternehmen nicht mehr einholen können. Deshalb ist es so wichtig, früh eine datengetriebene Kultur zu etablieren und aus dieser Bewegung heraus Grundlagen sicherzustellen. In Abschn. 2.4.2 wird genauer gezeigt, dass Unternehmen wie Google, Apple, Amazon und Facebook um die Vorherrschaft in verschiedenen Datendomänen ringen, um langfristig Märkte dominieren zu können (Abschn. 2.4.2).

Benötigte Datenmengen

Statt Probleme vollständig zu durchdringen, und mit dem Wissen darüber eine perfekte Lösung durch Anwendung von Theorien zu schaffen, ist nun also eine neue Möglichkeit entstanden: Durch genügend Daten können komplexe und schwer beschreibbare Probleme mit vielen Abhängigkeiten einfach durch Beispiele gelöst werden. Dafür müssen Entscheidungen und Verhaltensregeln nicht mehr vollständig durchdrungen und regelbasiert

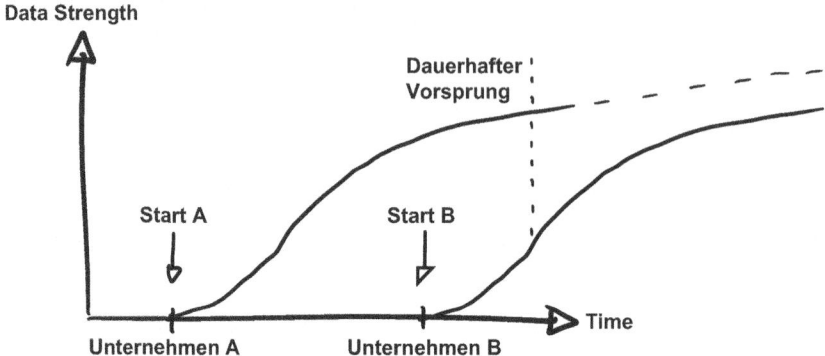

Abb. 2.5 Daten als Wettbewerbsvorsprung

in ein System implementiert werden, wurden die Daten erst einmal erfasst [2]. Das kann einen immensen Geschwindigkeitsgewinn bedeuten. Doch dafür benötigt es genügend Daten, sodass die Ergebnisse in den Daten in allen Facetten abgebildet sind. Denn nur dann können real getroffene Entscheidungen beliebig oft und automatisiert wiederholt werden.

Das führt so weit, dass in Dateninitiativen mittlerweile oft nicht mehr darauf fokussiert wird, gute Datenmodelle zu entwickeln, sondern darauf, gute Daten für das Training zu entwickeln (Abschn. 4.1.2). Es ist in der Tat sogar so, das bessere Daten in mittelguten Modellen fast immer die besten KI-Ingenieure mit mittelguten Daten schlagen. Denn die ursprünglich in den Daten abgebildete Realität entspricht oft gar nicht den gewünschten Geschäftsregeln, da Regeln nicht immer stringent angewandt wurden, es Fehler gab oder unterschiedliche Entscheidungen wegen verschiedener persönlicher Interpretationen getroffen wurden.

Doch die meisten Verfahren benötigen eine große Anzahl an Datenpunkten. Wie viele Datenpunkte genau benötigt werden, kommt sehr darauf an, welche Entscheidungsart durch Daten abgebildet werden sollen. Außerdem auch darauf, wie kleinteilig und differenziert das Problem beschaffen ist [5]. Grundsätzlich kann zunächst einmal in die Anzahl der Entscheidungen unterteilt werden, die getroffen werden müssen. Soll lediglich die Lage beobachtet werden? Dann ist nur eine deskriptive Betrachtung notwendig. Sollen einzelne Entscheidungen getroffen oder verifiziert werden? Dann wird Statistik benötigt. Muss eine große Anzahl an Entscheidungen automatisiert werden? Dann werden klassische Machine-Learning-Verfahren oder komplexere Deep-Learning-Verfahren benötigt. Oder soll sogar ein selbstverbesserndes System geschaffen werden, das Entscheidungen selbst lernt? Dann werden sogenannte Reinforcement-Learning-Verfahren gesucht. Alle genannten Kategorien erfordern unterschiedliche Fallzahlen und zeichnen sich durch unterschiedliche Komplexität und Leistungsfähigkeit aus (Abb. 2.6):

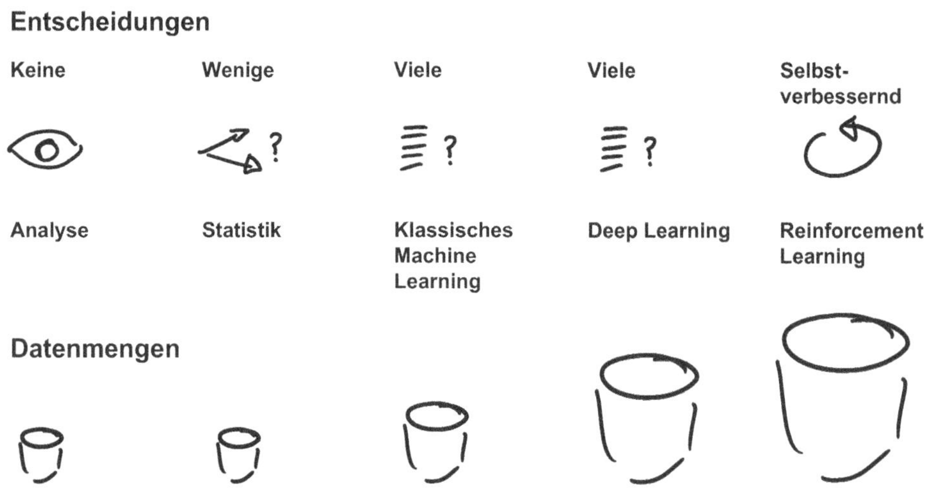

Entscheidungen

Keine	Wenige	Viele	Viele	Selbst-verbessernd

Analyse	Statistik	Klassisches Machine Learning	Deep Learning	Reinforcement Learning

Datenmengen

Abb. 2.6 Benötigte Datenmengen

1. **Deskriptive Analysen**: Es sind keine Entscheidungen zu treffen, es handelt sich nur um eine deskriptive Betrachtung. Benötigt werden kaum Datenpunkte (i. d. R. mindestens eine zweistellige Anzahl, beispielsweise 10–20, aber auch schon bei einzelnen Datenpunkten möglich).
2. **Statistik:** Wenige Entscheidungen sind manuell zu treffen. Benötigt werden wenige Datenpunkte (i. d. R. mindestens eine zwei- bis dreistellige Anzahl, typischerweise >50 pro Gruppe, bei mehreren Vergleichsgruppen entsprechend mehr; für selten auftretende Ereignisse jedoch ein bis zwei Zehnerpotenzen mehr).
3. **Klassisches Machine Learning:** Viele Entscheidungen sollen automatisiert werden. Benötigt wird eine mittlere Anzahl Datenpunkte (i. d. R. mindestens eine vierstellige Anzahl, beispielsweise 1000, je nach Kleinteiligkeit des Problems wesentlich mehr, häufig gibt es jedoch eine Sättigung; die klassischen Modelle lernen ab einer Grenze bei vielen Datenpunkten nicht mehr dazu).
4. **Deep Learning**: Viele Entscheidungen sollen automatisiert werden. Es werden viele Datenpunkte benötigt (i. d. R. mindestens eine fünfstellige Anzahl, beispielsweise 10.000, je nach Kleinteiligkeit und Umfang des Problems wesentlich mehr. Das Modell kann skaliert werden, sodass es mit größeren Datenmengen zunehmend besser wird und damit 1–3 Zehnerpotenzen größere Datenmengen gut konsumieren kann, wie beispielsweise bei selbstfahrenden Autos, Vgl. O'Kane 2018 [13]).
5. **Reinforcement Learning**: Viele Entscheidungen sollen selbstlernend automatisiert werden. Es werden sehr viele Datenpunkte benötigt (i. d. R. mehrere Millionen)

Wichtig ist, zu verstehen, dass es nicht hilft, komplexe Werkzeuge für große Datenmengen zu verwenden, wenn nicht genügend Daten vorhanden sind, oder das Problem in den Daten nicht genügend abgebildet ist (es keine konkreten Hinweise auf das zu erwartende Ergebnis in den Daten gibt) [2]. Deshalb ist es von Bedeutung, zunächst einfache Verfahren einzusetzen und parallel eine Struktur zu schaffen, um möglichst früh eine größere und bessere Datenbasis aufzubauen (Abschn. 4.1.4). Das heißt, möglichst früh parallel viele gute Daten zu erheben, solange die Daten nicht nur zum Selbstzweck gespeichert werden und den Datenschutzanforderungen entsprochen werden kann (siehe auch Abschn. 4.1.2).

2.2.3 Daten-Alignment und -Kultur

Die Basis, um mit Datenmodellen erfolgreich zu sein, ist ein gemeinsames Verständnis für die Vorzüge von Daten im Unternehmen [14]. Ansonsten laufen Projekte immer gegen eine Wand aus Abtun als Alchemie oder Bagatelle. Außerdem ist es erforderlich, die benötigten Datenpools frühzeitig aufzubauen. Dafür sind alle Stellen des Unternehmens relevant. In vielen Branchen und Funktionen wird mittlerweile (fast) alles mit Daten unterstützt, sowohl um die Qualität zu steigern als auch die Effektivität und Effizienz zu verbessern besser zu monetarisieren, den Umsatz zu steigern oder neue Möglichkeiten zu schaffen. Und hierfür wird ein gemeinsamer Blick im Unternehmen benötigt (Abb. 2.7), um die notwendigen Grundvoraussetzungen und Rahmenbedingungen schaffen zu können und Initiativen erfolgreich zu machen.

Es herrscht kein Alignment, wenn einige Bereiche Daten für sich haben, ein paar halbherzige Experimente damit durchführen, aber andere Bereiche Daten verteufeln oder keinen Zugang haben. Denn so kann auch kein querschnittlicher Blick entstehen. Oft entfalten Daten ihre Wirkung nur, wenn verschiedene Datentöpfe verknüpft und systematisch übergreifend erfasst werden. Deshalb ist es wichtig, das Mindset und alle Bemühungen in Einklang zu bringen, mit dem, was als Unternehmen erreicht werden soll. Nur mit einer übereinstimmenden Sicht auf das Thema in allen Ebenen, seien es Mitarbeiter, Aufsichtsrat, Vorstand, Geschäftsführung oder Management, kann die richtige Kultur entwickelt

Abb. 2.7 Alignment zu Daten

werden, die als Nährboden für eine erfolgreiche Transformation dient. Um das Alignment zu erreichen, ist ein gutes Werkzeug, eine gemeinsame Vision zu besitzen, die das Grundverständnis und Zielbild aufgreift, vermittelt und darstellt.

Alignment durch eine Vision

Häufig wird von Anfang an keine große und systematische Datenstrategie benötigt, sondern stattdessen eine gemeinsame Vorstellung zu den wichtigsten Rahmenbedingungen und dem gesamten Potenzial von Daten. Es ist ein sehr wirksamer Weg, mit einigen abgestimmten Leitlinien, einer Entscheidung für Daten und einer Vision (sodass die Idee, die wichtigsten Ziele und Leitplanken definiert sind) direkt etwas umzusetzen. Anschließend können diese Beispiele für sich sprechen, um daraus zu lernen und eine Kultur zu formen [15]. Die Ergebnisse aus solchen ersten Schritten können später in eine ausgearbeitete Datenstrategie überführt werden. In größeren Unternehmen sollte eine solche Vision gemeinsam mit Mitarbeitern und Management entwickelt und die Entscheidung für Daten im Vorstand und der Geschäftsführung getroffen werden, sodass Rückendeckung auf höchster Ebene existiert (siehe auch Abschn. 3.2.2). Nur dann können entsprechende Stellen und Pilotprojekte richtig geschaffen werden. In kleineren Unternehmen ist es meistens bereits ausreichend, eine einfache gemeinsame Entscheidung für Daten zu treffen und Datenwerte aufbauen zu wollen. Mit einer solchen gemeinsamen Vorstellung und Entscheidung für Daten können die folgenden Punkte erreicht werden:

- Es sollte ein Zielbild projiziert werden (Wohin können uns Daten als Unternehmen führen?).
- Es sollte Nachfrage erzeugt werden, also die Mitarbeiter vom Nutzen und Grundgedanken überzeugt werden. Außerdem sollten weitere Projekte fazilitiert und Handlungen ausgelöst werden (Warum sollte etwas mit Daten umgesetzt werden? Was sollte umgesetzt werden?)
- Es sollte ein gemeinsames Mindset geschaffen werden (Wie wird über Daten gedacht? Welche Prinzipien und Werte werden angelegt?).
- Es sollte dafür gesorgt werden, dass Datenbasis und Zugang zu Daten geschaffen werden (übergreifend und vorausschauend).
- Es sollten Rahmenbedingungen befördert werden (Was ist denkbar? Was ist überhaupt nicht denkbar? Was muss auf jeden Fall beachtet werden?).

Eine Vision zum gemeinsamen Ausrichten kann also dabei helfen, ein Zukunftsbild zu transportieren, wohin Daten das Unternehmen führen können. Um eine gemeinsame Sicht zu entwickeln, sollten alle wichtigen Stakeholder bei einem Findungsprozess eingebunden werden. Ein guter Weg zu einer Vision sind Befragungen, Workshops oder Interviews, in welchen die Bedürfnisse und Gedanken aller Beteiligten abgefragt werden, um anschließend eine gemeinsame Vorstellung abzuleiten und diese dann zu spiegeln. Dadurch kann insbesondere die Frage nach dem: „Warum sollen wir Daten nutzen" aus Sicht mehrerer Stakeholder beantwortet werden, aber auch viele der oben genannten weiteren Frage-

stellungen. Durch eine aus dem Feedback abgeleitete zentrale Vision und durch ein gemeinsames Zukunftsbild, können anschließend Befürwortungen und Reaktanzen
identifiziert und auf alle Teilnehmer besser eingegangen werden. So kann ein Unternehmen zu einem gemeinsam akzeptierten Zielbild – echtem Alignment – gelangen.

Einer der wichtigsten Punkte dieses Alignments ist das Verständnis, dass Daten ein
Schatz des gesamten Unternehmens sind, welche der Organisation im Ganzen und im Zusammenhang gesehen gehören (natürlich unter Berücksichtigung der notwendigen Schutzmaßnahmen), von denen alle profitieren können. Es dürfen keine Silos geschaffen werden.
Denn oft sind Unternehmen durchaus komplex strukturiert. Um in der Wertschöpfung mit
Daten erfolgreich zu sein, müssen Daten über alle Kontaktpunkte, Artefakte und Wertschöpfungsstufen hinweg im Zusammenhang betrachtet werden können. Unter Umständen spielen dabei auch externe Datenquellen eine große Rolle. Das heißt, ein zentrales
Data-Repository in Unternehmen kann viel Wert schaffen, oder es muss die Möglichkeit
geschaffen werden, verteilte Datenpools zu verbinden und darauf zugreifen zu können und
zu dürfen.

Der zweite wichtige Punkt ist, von Anfang an über die Datenerfassung und den Wert
von Daten „an sich" nachzudenken. Oft ist es zu spät, wenn bemerkt wird, dass Daten für
einen Anwendungsfall benötigt werden. Denn dann fehlt die Historie oder eine initial
ausreichende Datenmenge oder Einverständnisse, um mit den Daten arbeiten zu dürfen.
Deshalb muss früh genug über Datenerfassung und Einverständnisse nachgedacht werden,
immer dann, wenn für einen Bereich Daten-Anwendungsfälle grundsätzlich denkbar sind.
Selbstverständlich macht es keinen Sinn, unüberlegt massenweise wertlose Daten zu sammeln, denn das bindet lediglich unnötige Ressourcen. Aber sobald ein späterer Nutzen
vermutet werden kann, sollte über eine Datenerfassung nachgedacht werden, solange das
im Einklang mit den Datenschutzerfordernissen, der Zweckgebundenheit und der Daten-
sparsamkeit möglich ist.

Der wichtigste Punkt ist jedoch, aus dem Alignment-Prozess mit einer klaren Entscheidung, hinter der alle stehen, herauszugehen: „Wir wollen ein datengetriebenes Unternehmen werden" (oder sogar eine AI Company). Unter Umständen muss für eine solche
Entscheidung schon der erste Business Case mit Convenience-Daten umgesetzt worden
sein, um die Unsicherheit im Unternehmen zu minimieren, um den Nutzen plastisch aufzeigen zu können und um eine greifbare Story präsentieren zu können.

Eine Datenkultur etablieren

Ein weiterer Kernpunkt ist es, eine Datenkultur zu entwickeln. Häufig wird eine Datenkultur als sehr schwer umzusetzen eingeordnet. Denn eine Kultur schafft man nicht, sondern man handelt sich diese ein. Doch dafür gibt es eine Lösung. Denn wenn erst einmal
ein gemeinsames Verständnis durch Alignment herrscht und eine Entscheidung für Daten
im Unternehmen getroffen wurde, gibt es einen wirksamen Weg, daraus eine solide Datenkultur zu entwickeln. Zum einen müssen Grundvoraussetzungen getroffen werden, das
heißt, es muss zu dem Thema ausgebildet und Anlaufstellen geschaffen werden. Doch

dann ist das stärkste Instrument für einen Erfolg „Vorleben und Einfordern." Das bedeutet konkret, dass Vorstand, Aufsichtsrat, Geschäftsführung, Management und Mitarbeiter dauerhaft und immer wieder Punkte ähnlich zu den folgenden einfordern und vorleben müssen:

- An jeder Stelle/bei jedem Projekt sollte gefragt werden: Werden diese Daten später vielleicht helfen? Können an dieser Stelle Daten gewonnen werden, um einen Wettbewerbsvorteil zu erzielen?
- Bei Diskussionen über Produkte und Lösungen: Kann das Produkt oder die Lösung durch künstliche Intelligenz, Machine Learning oder Data Science weiterentwickelt oder ergänzt werden?
- Bei der Suche nach Problemlösungen: Wurde in Betracht gezogen, dafür eine Datenlösung zu entwickeln? Kann mit Daten ein (neuer) Mehrwert geschaffen werden? Wurde versucht, mit einem Modell die Lösung zu optimieren, zu automatisieren oder zu ergänzen?
- Bei Vorlage eines Vorschlags oder Konzeptes sollte allgemein gefragt werden: Gibt es dazu Daten? Gibt es eine Analyse? Wie wurden die zugrunde liegenden Hypothesen abgeleitet? Woher stammen die zugrunde liegenden Annahmen? Kann die Grundlage dazu durch Daten überprüft werden? Es sollten immer Daten über Intuition gestellt werden oder beides herangezogen werden, sofern es im Rahmen des Machbaren liegt und der Aufwand vertretbar ist.
- Bei ambivalenten Fragen an das Management, die auf Fakten basieren, sollten keine Entscheidungen getroffen werden, sondern die eigene Intuition durch Daten hinterfragt werden: Kann das auf Basis von Daten überprüft werden?
- Bei aufwändigen Prozessen: Kann das durch künstliche Intelligenz automatisiert oder unterstützt werden?
- In Bezug auf Maßnahmen, Initiativen und deren Effekte: Welchen Key-Performance-Indikator wird das verändern? Wird das in einem Experiment auf den realen Effekt hin getestet werden? Lässt sich der Effekt anderweitig durch Daten bestimmen? Ist das inkrementell oder eine Verschiebung? Etc.

Insgesamt ist es wichtig, Daten und daraus gewonnene Einsichten nicht wegzureden, sondern deren Potenzial auszunutzen, und damit Entscheidungen objektiv zu skalieren und zu verbessern. Dazu gehört es, sich der Realität und den Erkenntnissen aus den Daten zu stellen, um langfristiges Datendenken aufzubauen. Im Zweifelsfall ist es besser, lieber einmal mehr bei ein paar Kunden, Lieferanten, Stakeholdern für qualitative Aussagen nachzuhaken und alle möglichen quantitativen Datenquellen heranzuziehen und am Ende auch Entscheidungen zu revidieren. Dafür muss das Unternehmen entwickelt und die Mitarbeiter ausgebildet werden. Aber es müssen auch oben genannte Prinzipien vorgelebt werden, um schlussendlich zu einer entsprechenden Kultur zu gelangen.

2.2.4 Datenstrategie

Im Prinzip gibt es zwei Wege zum Umgang mit einer Datenstrategie: Die eine Denk-weise besteht darin, dass zunächst keine ausgewachsene Datenstrategie von Anfang an benötigt wird, sondern ein gemeinsames Bild, eine Vision und eine Entscheidung für Daten ausreichen, um an den vielversprechendsten Einstichpunkten direkt loszulaufen. Das ist gerade für kleinere Unternehmen als „Strategie" ausreichend und wesentlich schneller zielführend. Denn dann können mit ersten Erkenntnissen aus den frühen Ver-suchen schnell die nächsten Bausteine bestimmt werden, es gibt dann bereits reales Feedback, was funktioniert und was nicht, und welchen Appetit das Unternehmen auf Daten hat, bevor große Ausrichtungsentscheidungen getroffen wurden. Außerdem passt sich ein solches iteratives Vorgehen ohne viel formalen Überbau und ohne den Versuch, Unsicherheit mit einer Scheingenauigkeit planbar zu machen, besser den Gegeben-heiten an. Das bietet der Organisation viel Flexibilität, sich dem Markt anzupassen. Die Strategiekomponenten füllen hier eher eine Art Backlog mit den nächsten Maßnahmen auf, die schrittweise nacheinander angegangen werden sollen und jederzeit angepasst werden können (Abschn. 3.5.4). Die einzelnen Ergebnisse und Erfahrungen können nach einem Review dann zu einer soliden Strategie ausgebaut werden, wenn sich ab-zeichnet, welcher Modus gut funktioniert, an welchen Stellen es vielleicht mehr Struk-tur benötigt, an welchen Stellen mehr Fokus gelegt werden sollte, und was nicht funk-tioniert hat.

Die zweite Denkweise besteht darin, von vornherein eine solide Datenstrategie zu ent-wickeln, und direkt damit zu starten, sodass alles auf ein klares Ziel einzahlt und alle Maß-nahmen orchestriert werden können. Grundsätzlich legt eine allgemeine Strategie fest, welches mittel- bis langfristiges Unternehmensziel erreicht werden soll und auf welchem Weg. Dazu beinhaltet eine Strategie oft einige Komponenten, wie Vision, Mission, Werte, SWOT, langfristiges Ziel, mittelfristige Ziele, Modus Operandi, Aufbau- und Ablauf-organisation, Maßnahmenplan und/oder häufig auch einen Business-Model-Canvas. Die Strategie soll damit ähnlich eines Alignments alle Bemühungen in eine Richtung bündeln, und festlegen, was getan wird, und was nicht getan wird und auf welche Art und Weise.

Zunächst muss sich eine Datenstrategie klar der Unternehmensstrategie unterordnen. Denn hieraus ergeben sich die langfristigen Gesamtziele des Unternehmens und Rahmen-bedingungen für Werte oder Prinzipien, die anschließend in der Datenstrategie weiter-gedacht werden können. In einer Datenstrategie gilt es grundsätzlich die Frage zu klären, wie als Unternehmen mit Daten umgegangen werden soll: ob offensiv, also Daten zum aktiven Vorteil genutzt werden sollen; oder defensiv, d. h. Schutzmaßnahmen werden im Datenumfeld geschaffen und das Nötigste nachgezogen, um keine Risiken einzugehen [16] und nur auf wichtige Entwicklungen reagiert. Die Datenstrategie ist also eine Funk-tion der Unternehmensstrategie und legt den grundsätzlichen Vorgehensmodus mit Daten fest.

Da Strategien mit vielen Tools entwickelt und beschrieben werden können, wird nun versucht, vor allem die inhaltlichen Kernelemente darzustellen. Im Mittelpunkt einer

Datenstrategie steht demnach die Beschreibung eines gewünschten Zielzustandes. Eine Datenstrategie enthält deshalb – wie oben beschrieben – oft eine Vision oder ein Zielbild als wichtige Komponente. Die Zielzustandsbeschreibung kann aber ebenso daraus entstehen, indem der aktuelle Zustand des Unternehmens in Hinblick auf Daten mittelfristig bis langfristig weitergedacht wird (hier gibt es oft Streitigkeiten – wird vom Ziel zurückgedacht oder vom Status quo vorwärtsgedacht – beides ist wertvoll und kann ganz unterschiedliche Ergebnisse liefern). Der dafür benötigte aktuelle Zustand des Unternehmens im Hinblick auf Daten und die sich daraus ergebenden Handlungsmöglichkeiten stammen meistens aus einer ausgiebigen Analyse, wie beispielsweise einer SWOT-Analyse. Dabei sollte dringend die Markt- und Konkurrenzsituation ausführlich berücksichtigt werden. Der in der Datenstrategie abgebildete gewünschte Zielzustand wird anschließend auf alle relevanten Ebenen heruntergebrochen (Abb. 2.8).

Eine Datenstrategie schärft dann als weitere Komponente den notwendigen Rahmen, um die mittel- und langfristigen Ziele zu erreichen: Welche organisatorischen Rahmenbedingungen werden benötigt? In welchem grundsätzlichen Modus sollte vorgegangen werden? Wie muss das Thema vom Risikomanagement ausgehend berücksichtigt werden? Welchen Einfluss haben Daten und künstliche Intelligenz auf Arbeitskräfte? Welche Rolle spielen ethische Rahmenbedingungen? Welche Rolle spielen Konkurrenz und der Markt? Wie sollen die Datenbemühungen innerhalb des Unternehmens strukturiert sein (Aufbauorganisation)? Welche Leitlinien, Regeln, Prinzipien und Werte sollen vertreten werden (Governance)? Wie wird dadurch eine wünschenswerte Datenkultur etabliert? Auch der Punkt Talente und Fähigkeiten sollten hier ausgiebig berücksichtigt werden. Welches Personal wird genau benötigt? Wie wird weitergebildet? Wie werden notwendige Fähigkeiten in der gesamten Organisation weiterentwickelt – Stichwort Data-Literacy?

Anschließend werden die Ziele und Rahmenbedingungen in Handlungsstränge der verschiedenen Ebenen übersetzt (Abb. 2.8):

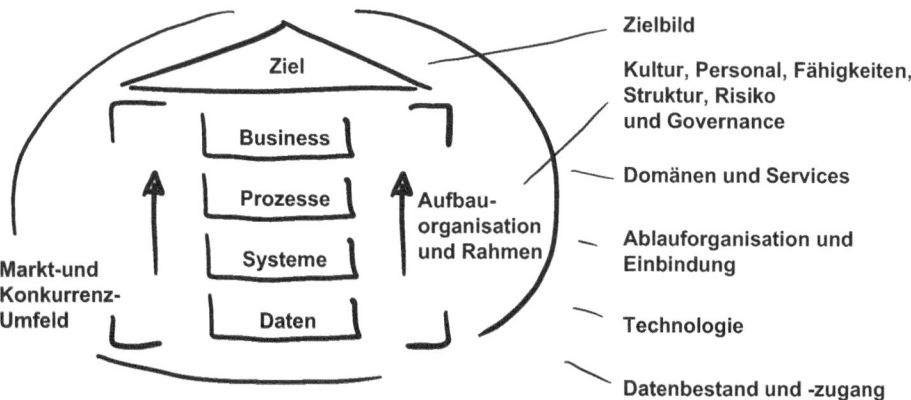

Abb. 2.8 Inhalte einer Datenstrategie

- Welche Business-Domänen oder Teile von Wertschöpfungsketten sollen mit Datenmodellen gestützt werden? Welche Bereiche sind am vielversprechendsten bzw. wo ist
  die Wertschöpfung voraussichtlich am höchsten? Welche Unternehmensprozesse sollen unterstützt werden? Entsprechend können Datenservices (z. B. Auftragsanalysen,
  Experimente, Modellentwicklung, Beratung) konzipiert werden, die im Unternehmen
  etabliert und angeboten werden sollen, aber auch die inhaltlichen Vorbereitungen für
  einzelne Domänen getroffen werden.
- Wie sehen Prozesse für die Zusammenarbeit und die Einbindung von Datenprojekten
  im Unternehmen aus? Wie sehen Prozesse für Datenservices aus (Ablauforganisation)?
  Anschließend können die Prozesse entsprechend aufgesetzt, angeboten und kommuniziert werden.
- Welche technischen Voraussetzungen müssen erfüllt werden? Welcher Softwarestack
  wird benötigt? Wie soll die Architektur aussehen? Anschließend können Projekte aufgesetzt werden, um die richtige Architektur und Plattform zu schaffen bzw. die dortigen
  Bemühungen auf einen Zielzustand hin auszurichten.
- Welcher Datenbestand soll geschaffen werden? Welcher Datenbestand ist bereits vorhanden? In welcher Qualität? An welchen Stellen? Wer soll Zugang haben und wer
  nicht? Aus den vorab festgelegten Domänen ergeben sich gewünschte Schwerpunkte,
  und anschließend kann die Datenqualität und Menge entsprechend der avisierten Domänen und Wertvorstellungen richtig entwickelt werden.

Final werden die verschiedenen Stränge der Datenstrategie meistens auf eine Mission
zur Zielerreichung heruntergebrochen und damit ein konkreter Maßnahmenplan entwickelt. Dieser zeigt, welche Projekte zu welchem Zeitpunkt in welchem Bereich durchgeführt werden müssen. Die Projekte werden dann in den einzelnen Teilsträngen auf den
Weg gebracht.

In der Erfahrung hat sich gezeigt, dass es empfehlenswert sein kann, in einer Datenstrategie keinen solch starren Weg einzuschlagen und zu vieles konkret festzulegen. Es
kann zwar organisatorische Anforderungen geben, eine hohe Planbarkeit herzustellen und
Projekte zu koordinieren. Aber gerade, wenn frühe Erfahrungen zum Umgang mit Daten
im Unternehmen fehlen, schafft ein solcher Plan nur Scheingenauigkeit. Es ist oft ein
besserer Weg, sich über Teilziele und nächste Schritte klar zu werden, sich nur auf diese
Schritte zu fokussieren und wenig Kraft auf das zu verschwenden, was noch unscharf in
der Zukunft liegt. Also besser auf eine lösungsoffene Art und Weise klar festlegen, was die
ersten Zwischenziele sind, mit denen ein Unternehmen als erstes zufrieden wäre, und dann
ein Backlog an ersten Aufgaben zu diesen Zwischenzielen anzulegen. Alles andere sollte
zunächst ausgeblendet und zur Seite gelegt werden. Mit den wichtigsten ersten Inhalten
kann in einer ersten Runde ins Rennen gegangen werden. Anschließend wird nach einer
kurzen Zeit idealerweise ein Review durchgeführt, was davon wie erreicht wurde, welche
positiven und negativen Erfahrungen es gab. Anschließend kann die Datenstrategie auf
Basis dieser Erkenntnisse formaler aufgestellt und weiterentwickelt werden, wenn es erste
Experimente und Erfahrungen gab.

2.2.5   Datenschutz

Die größten Bedenken zum Thema Daten entstehen häufig beim Datenschutz. Doch Datenschutz wird kein kritisches Thema sein, wenn von vornherein in Kundennutzen und daraus folgendem Unternehmensnutzen gedacht wird. Denn wenn Lösungen einen klaren Wert für den Kunde bieten, werden sie dafür ihr Einverständnis geben [17]. Und wenn von vornherein Transparenz, Interessensabwägung und Sorgfalt walten, sind die aktuell gültigen Datenschutzbestimmungen eine logische Konsequenz von gesundem Menschenverstand und einem modernen Wertesystem. Selbstverständlich erzeugen die zusätzlich notwendigen Selbstbestimmungsoptionen, Informationspflichten, Schutzmechanismen, Abwägungen und rechtlichen Klärungen Aufwände. Dennoch kann es klug sein, in diesem Feld eine Vorreiterrolle einzunehmen, um Ängste von Anfang an zu reduzieren und Vertrauen aufzubauen (Abb. 2.9).

Es kann sogar zu einem Wettbewerbsvorteil werden, wenn Datenschutz von Anfang an durchgängig gut integriert und mitgedacht wurde, Stichwort „Privacy-by-design". Proaktiv zu handeln, die Daten zu schützen und den Nutzen des Ganzen zu erkennen, kann in Zukunft ein großer Vorteil werden. Unternehmen wie Apple machen es vor und platzieren seit einiger Zeit den Datenschutz als Wettbewerbsvorteile der eigenen Produkte. Es gibt genügend Wege, durch Anonymisierung, Aggregation von Daten und föderierten Lernalgorithmen, den Personenbezug zu schützen und gleichzeitig mit Daten Nutzen schaffen zu können. So bieten sich vielfältige Chancen, mit smarten Lösungen Wettbewerbsvorteile gegenüber anderen aufzubauen, was eine vorteilhafte Strategie sein kann.

Ein Beispiel: Wenn für ein Datenprodukt von Anfang an Einverständnisse für geschäftsrelevante Daten und Kontaktmöglichkeiten von den Kunden zum Zwecke der Personalisierung erhoben wurden, besteht bereits ein großer Stamm an Einverständnissen. Damit kann anschließend die Personalisierung verbessert werden. Außerdem können aus den anonymisierten und aggregierten Daten Marktentwicklungen analysiert werden und beispielsweise als Content an die Community zurückgegeben werden. Ein Konkurrent, der über keine solchen Daten und Einverständnisse verfügt, ist dazu mittelfristig nicht in der Lage. Die Datenschutzbestimmungen eröffnen also neue Möglichkeiten, vorteilhafte Chancen aufzubauen und zu ergreifen und sich am Markt damit zu positionieren, wie es

Abb. 2.9 Datenschutz als
Wettbewerbsvorteil

Uniquet-Selling-Proposition Datenschutz

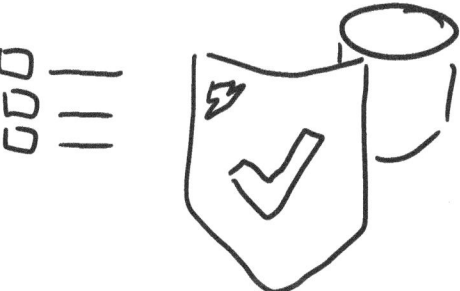

beispielsweise Apple als White-Knight mit einem sehr sicheren Safari-Browser und iOS
u. a. gegenüber Android, Facebook, Amazon, Google umsetzt.

2.2.6 Zusammenfassung

In diesem Unterkapitel wurde dargestellt, von welchen Vorzügen ein datengetriebenes
Unternehmen profitiert. Es wurde gezeigt, welche wichtige Rolle Daten und der Zugang
zu Daten spielen. Anschließend wurde gezeigt, wie durch ein unternehmensweites Alignment zu Daten, beispielsweise mit Hilfe einer Vision, alle Bemühungen auf ein Zielbild
hin ausgerichtet werden können. Außerdem wurde gezeigt, welche Rolle eine aktive Entscheidung für Daten spielt. Dieses Alignment und eine aktive Entscheidung sind wichtig,
um eine grundsätzliche Bereitschaft aufzubauen, um stärker mit Daten zu arbeiten, aber
auch, um einen soliden Nährboden für eine datengetriebene Kultur zu legen. Daraufhin
wurde gezeigt, welche Rolle eine Strategie in diesem Prozess spielt und wie durch eine
schlanke Datenstrategie schnell ins Handeln gewechselt werden kann. Zuletzt wurde die
strategische Komponente des Datenschutzes gezeigt und wie dieser zu einem Wettbewerbsvorteil erhoben werden kann.

Herausforderungen für Unternehmen
In kleinen Unternehmen wird es leichtfallen, ein gemeinsames Verständnis zum Thema
Daten aufzubauen. Dieser Schritt benötigt kaum Formalität. Mit ein wenig Input und etwas
Vorbereitung können schnell alle relevanten Stakeholder an einen Tisch gebracht werden
und eine Schlagrichtung für das Thema Daten abgestimmt werden. Eventuell muss etwas
Überzeugungsarbeit geleistet werden, doch das alles ist auf kurzem Wege möglich. Gibt es
erst eine Entscheidung für eine Richtung, können anschließend alle Weichen gestellt und mit
ersten Datenprojekten begonnen werden. Herausforderungen liegen eher im weiteren Verlauf, wenn Ressourcen fehlen oder dediziertes Personal mit Spezialwissen nicht eingestellt
werden kann und eine kleine Belegschaft zusätzliche Aufgaben mit übernehmen muss.

In großen Unternehmen müssen viele Bereiche, unterschiedliche Stakeholder mit
unterschiedlichen Zielen und eine fragmentierte Struktur zusammengebracht werden. In
solchen Kontexten läuft ein Alignment-Prozess wesentlich formaler ab. Es erfordert mehr
Vorbereitung und es müssen viele Stakeholder abgeholt werden. Außerdem muss hervorragend kommuniziert und für Daten klare Rahmenbedingungen festgelegt werden. Um die
Daten an wichtigen Stellen zu erfassen, den Zugang sicherzustellen und diese verknüpfen
zu können, müssen einige wichtige Weichen gestellt werden. Hier hilft es, zu parallelisieren und früh in einen Alignment- oder Strategie-Prozess zu gehen, um den offiziellen
Grundstein zu legen. So können bereits früh Datenbestände aufgebaut und parallel dazu in
erste experimentale Projekte gegangen werden, sodass die Basis und Projekte sich neben-
einander entwickeln, um nicht zu viel Zeit zu verlieren und erste Erfahrungen in den formalen Prozess zurückführen zu können.

In NPOs und Regierungsunternehmen ist der erste Schritt der schwierigste – die Tür erst einmal für Überlegungen zum Thema Daten zu öffnen. Denn da diese Unternehmen häufig nicht so stark vom Markt-, Kunden- oder Umsatz getrieben sind, sind die äußeren Zwänge nicht so groß, sich dem Thema zu nähern. Jedoch schlummert in dem Feld Datenlösungen gerade für diese Form von Unternehmen ein großes Potenzial, effektiver und effizienter zu werden, und damit ihren Auftrag wesentlich besser zu erfüllen. Erste Schritte müssen hier wesentlich formaler abgestimmt werden und klarer ein- und abgegrenzt werden. Hier kann eine Strategie sehr wichtig sein, um alle bisher bedachten Schritte explizit zu machen und um den Beteiligten Sicherheit zu geben, dass etwaige Eventualitäten und Risiken bedacht wurden (Tab. 2.1).

Checkliste

▶   Um Daten richtig im Unternehmen zu etablieren, ist eine grundsätzliche Entscheidung für das Thema ausschlaggebend und kann Türen öffnen. Häufig gewinnt der pragmatische Ansatz, diese Entscheidung zu treffen und dann gleich ein paar vielversprechende Schritte zu gehen, ohne einen zu großen

Tab. 2.1 Checkliste „Daten richtig aufgreifen"

Maßnahme	Understand	Initiate	Grow	Lead
Es muss ein Verständnis dafür entwickelt werden, dass Datenlösungen einen immensen Wert bieten.	X	X	---	---
So früh wie möglich müssen alle möglicherweise wertvollen Datenbestände in der richtigen Form erfasst werden, um historische Datenpools aufzubauen.	X	X	X	X
Es muss ein gemeinsames Verständnis zum Thema Daten im Unternehmen und insbesondere bei den Entscheidern geschaffen werden, damit sich mittelfristig eine förderliche Kultur etablieren kann.	X	X	X	---
Im Unternehmen muss zum Thema Daten ausgebildet und ermächtigt werden.	(X)	X	X	---
Es muss eine aktive Entscheidung für das Thema Daten getroffen werden.	X	X	---	---
Eine Datenstrategie kann dafür Klarheit über Vorgehen, Erfordernisse und Themen schaffen, sollte aber nicht zu starr sein, denn es ist besser, früh an konkreten Erfolgsbeispielen zu lernen.	---	(X)	X	X
In einer Datenstrategie sollte deshalb keine falsche Planungssicherheit geschaffen werden. Besser ist es, einen Fahrplan oder Backlog für die nächsten vielversprechenden Schritte aufzustellen.	X	X	X	---
Datenschutz kann zu einem Wettbewerbsvorteil werden, wenn er konsequent und von vornherein proaktiv an jeder Stelle mitgedacht wird.	X	X	X	X

formalen Überbau zu schaffen. Außerdem wächst eine solche Initiative dann organisch im Unternehmen heran und die Kultur kann sich mitentwickeln. Diese ersten Experimente können iterativ zu einer stärker formalisierten Strategie ausgebaut werden. Und sobald die grundsätzlichen Learnings vorhanden sind, kann ein großer Wurf angegangen werden, um eine starke Veränderung zu erzielen. Das Unternehmen steuert damit zielgerichtet aus der Phase der Proof-of-Concepts und Piloten in eine etablierte Phase.

2.3   Daten in Werte umwandeln

Würde in einem Unternehmen in ein Projekt investiert werden, dessen Wert unklar ist? Häufig werden Projekte aus intuitiver Überzeugung begonnen. Ein paar bohrende Fragen später kommt zum Vorschein, dass der wirkliche Nutzen nicht klar ist. Dann ist der Plan schnell entkräftet oder verworfen. Die Ursache ist häufig, dass Menschen eher eine Verbesserungskompetenz als Erschaffungskompetenz aufweisen. Das bedeutet, ihnen fällt es leichter, ein bestehendes Konzept kritisch zu analysieren, als wirksame neue Lösungswege zu entwickeln. Deshalb ist der Start von neuen Projekten schwierig und kommt nur schleppend voran, wenn der Nutzen nicht deutlich durch eine Hypothese verargumentiert ist.

In diesem Abschnitt wird beschrieben, welchen Wert Datenprojekte für ein Unternehmen schaffen können. Häufig haben Start-ups und kleine Unternehmen in dieser Hinsicht Großunternehmen und Regierungsunternehmen etwas voraus. Denn sie denken bereits aus ihrer Unternehmens-DNA heraus stark und direkt in Kundenbedürfnissen und Technologien als Chancen zur kontinuierlichen Lösungsentwicklung. Während in anderen Unternehmen zwar in Kundenbedürfnissen gedacht wird, die Distanz zum Marktgeschehen jedoch größer ist und das Verständnis von Technologie eher einem statischen Betriebsmittel gleicht. Mit einer klaren Sicht auf den Wert von Datenprojekten kann in beiden Fällen leichter einen Buy-In für das Vorhaben erlangt werden. Denn um erfolgreich zu sein, müssen die Initiativen Commitment von allen Beteiligten erhalten. Dafür muss der Nutzen klar erkennbar sein.

2.3.1   Wertbasiertes Vorgehen

Um neue Projekte anzugehen, muss deshalb verdeutlicht werden, warum diese wertvoll für ein Unternehmen sind. Denn offen und ehrlich auf die Sachlage geblickt: Bei den meisten Unternehmen gibt es eine riesige Kluft zwischen dem potenziellen Wert von Daten und der Zeit und den Gedanken, die im Unternehmen in Daten investiert werden. Deshalb muss in der Unternehmensführung zunächst ein Gespür für die unternehmenswertsteigernde Wirkung von Daten entwickelt werden. Der einfachste Weg dorthin führt über erfolgreiche Beispiele (Abschn. 2.1.1). Doch häufig ist das Fehlen solcher die größte

Einstiegshürde. Dann müssen Vergleichswerte und andere Marktbeispiele ausreichen, die auf den jeweiligen Kontext übertragen werden können.

Deshalb muss sich zuerst eingängig veranschaulicht werden, dass Daten und künstliche Intelligenz für Unternehmen entscheidend sind, um sich in modernen Märkten behaupten zu können. Denn dann kann jedem unmissverständlich der Wert klargemacht werden: Daten und Datenalgorithmen helfen, sich dem Markt besser anzupassen, objektiv zu steuern, Entscheidungsverhalten zu skalieren, schneller umzulenken, Produktvorteile und Effizienzgewinne zu schaffen und ganz neue Leistungen zu entwickeln. Dadurch entstehen nicht nur Werte in Unternehmen, sondern auch die Produktivität und das Wachstum von Volkswirtschaften wird beschleunigt [18]. In den nächsten Absätzen werden die vielfältigen Aspekte genauer betrachtet.

Ein Vorgriff: Um den potenziellen Nutzen aus Daten in der Umsetzung zu realisieren, muss das gesamte Vorgehen auf das Ziel ausgerichtet sein, das Business zu verbessern, zu ergänzen, zu beschleunigen und zu verändern – das Vorgehen kann als nutzengetriebene Datenprojekte „Value Driven Data Projects" bezeichnet werden – und es muss davon Abstand genommen werden, Projekte nur aus Prestigegründen umzusetzen, oder um etwas mit künstlicher Intelligenz zu tun. Erste Erfolgsbeispiele werden ein immenser Beschleuniger für alle Folgeprojekte sein, und so können einzelne Tests die Tür für weitere Dateninitiativen öffnen. Wie genau nutzengetriebene Datenprojekte ablaufen können, wird in den späteren Kapiteln gezeigt (Kap. 3 und 4). Zunächst werden jetzt die vier Werte-Felder von Datenprojekten im Detail vorgestellt.

2.3.2 Vier Arten Wert zu generieren

Wie im vorherigen Kapitel gezeigt wurde, sind Daten die Voraussetzung, um anschließend Werte für das Unternehmen aus ihnen erzeugen zu können. Doch durch das alleinige Erfassen entsteht nur in besonderen Situationen Wert. Damit Daten eine maximale Wirkung entfalten, müssen sie sinnvoll verwendet werden. Wie sich Daten einsetzen lassen, um einen möglichst hohen Nutzen zu erzeugen, lässt sich durch vier grundsätzliche Felder beschreiben (Abb. 2.10):

A. **Strategisch**: Durch Daten kann das Unternehmen Wettbewerbsvorteile erzielen, indem bessere Entscheidungen getroffen werden, Marktentwicklungen gewissenhafter gefolgt, schneller gelernt, besser geplant und gesteuert und sich durch moderne Vorgehensweisen differenziert wird. Ein Beispiel ist die objektive Entscheidungsfindung für ein neues Produktfeature auf Basis von Key-Performance-Indikatoren, die in einem Feldtest am Markt erhoben wurden – im Vergleich zu einer rein intuitiv getroffenen Entscheidung [Provost und Fawcett 2013, S. 317ff 18].

B. **Top-Line**: Durch Daten kann der Umsatz gesteigert werden, indem die Leistungserstellung verbessert wird. Ein Beispiel ist die personalisierte Empfehlung des Next Best Products für einen Kunden. Diese verbessert die Kundenerfahrung, steigert den Kundennutzen, den Absatz und in Folge den Umsatz.

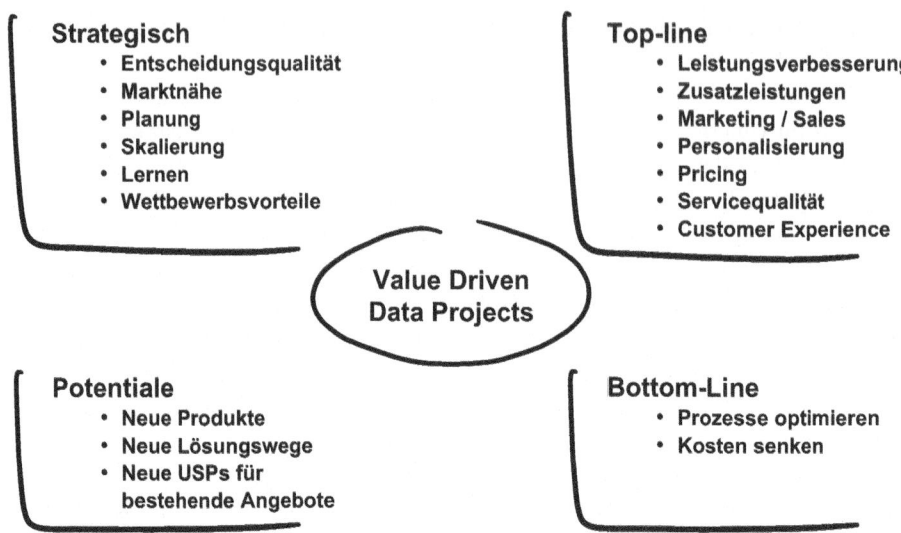

Abb. 2.10 Werte aus Daten: Strategisch, Top-Line, Bottom-Line und Potenziale

C. **Bottom-Line**: Durch Daten können Kosten eingespart werden, indem Prozesse teil-automatisiert oder Kosten optimiert werden. Ein Beispiel ist die Unterstützung eines manuellen Bearbeitungsprozesses durch die automatische Erkennung und Klassifizierung von Anträgen, durch welche die manuellen Aufgaben auf höher-wertige Tätigkeiten verlagert wird und das Bearbeitungsvolumen skaliert wer-den kann.

D. **Potenziale**: durch Daten können neuartige Lösungen und Features am Markt an-geboten werden, die in Zukunft einen Vorteil verschaffen, einzigartig und nicht einhol-bar sind und zusätzliche Umsätze generieren. Ein Beispiel ist ein Innenarchitektur-planer, der, basierend auf Fotos von einer Wohnung, durch künstliche Intelligenz ein automatisiertes 3D-Modell erzeugt, welches anschließend virtuell eingerichtet wer-den kann.

Im Folgenden werden die vier Felder genauer erläutert.

Strategisch

Innerhalb des strategischen Feldes entsteht der Wert aus Daten dadurch, dass das Unter-nehmen Vorteile in der Unternehmenssteuerung erzielt, indem Erkenntnisse aus Daten als Grundlage für Entscheidungen, Verbesserungen und Steuerungsimpulse verwendet wer-den. Nun werden wichtige Werttreiber im strategischen Feld vertieft (aus dem strategi-schen Feld wurden bewusst Wettbewerbsvorteile aus datenbasierten neuen Lösungen am Markt ausgeklammert, denn diese werden zur klaren Abgrenzung im eigen Feld Poten-ziale berücksichtigt):

- Durch Daten werden bessere Entscheidungen getroffen (indem sie objektiviert werden). Empirie ersetzt damit Intuition. Ein Beispiel ist das Testen von Maßnahmen am Markt, um deren Wirksamkeit zu prüfen und zu verbessern.
- Durch Daten kann schneller auf Marktänderungen reagiert und Fehlentwicklungen früher erkannt werden. Außerdem werden durch Daten Kundenstimmen quantifizierbar, sodass Unternehmen Produkte nahe am Markt entwickeln können.
- Durch Forecasting-Methoden, Makro-Daten zur Marktlage und Simulationen kann die Planung verbessert werden. Dadurch kann die Unternehmenssteuerung proaktiv gestalten werden und muss nicht reaktiven Zwängen folgen.
- Die Produkt- und Unternehmensentwicklung kann auf viele unterschiedliche Personen skaliert werden, da sich objektive Entscheidungen besser replizieren lassen als die individuelle Intuition.
- Indem Daten retrospektiv betrachtet werden, kann das Unternehmen schneller aus Erfolgen und Misserfolgen lernen, damit zukünftiges Vorgehen anpassen, auf einem besseren Erfahrungs-Niveau weiteragieren und so einen Erfolgszyklus aufbauen.
- Insgesamt können so bessere Entscheidungen getroffen, proaktiv geplant und näher am Markt gewirkt werden. Da das Unternehmen deshalb schneller lernt und sich verbessert, entstehen kaum einholbare Wettbewerbsvorteile für das Unternehmen als Ganzes [„Vgl. Provost und Fawcett 2013, S. 317ff" 18].

Der gesamte Wert von Daten auf strategischer Ebene ist meistens schwer zu quantifizieren. Es werden in der Regel indirekte, aber große und wesentliche Vorsprünge gegenüber dem Markt aufgebaut. Beispielsweise wurde in einer länger zurückliegenden Studie gezeigt, dass eine datenbasierte Entscheidungsfindung bei Aktienunternehmen die Eigenkapitalrendite um ca. 6–7 % dauerhaft steigert [19]. In der modernen Unternehmenslandschaft und beschleunigten Marktentwicklung wird der Nutzen mit Sicherheit ein relevantes Stück höher liegen, wenn nicht sogar in Einzelfällen über massives Wachstum oder die Bedrohung der Existenz von Unternehmen entscheiden. Insbesondere in öffentlichen Unternehmen kann das strategische Feld große zukünftige Vorteile aufbauen, denn dort wird häufig eine kaum empirisch überprüfte Strukturtreue verfolgt. Die Wirkungsperspektive strategischer Datenwerte ist mittel bis langfristig.

Top-Line
Innerhalb des Top-Line-Feldes entsteht der Wert aus Daten dadurch, dass das Unternehmen die Umsätze steigert, indem durch Daten die Reichweite, Leistungserstellung, Servicequalität und das Angebot verbessert werden. Im Folgenden werden die wichtigsten Werttreiber im Top-Line-Feld dargestellt:

- Durch Daten können die Kernleistungen und der Nutzen der Produkte des Unternehmens gegenüber den Kunden erhöht werden. Beispielsweise steigert die Rechtschreibkorrektur in Textverarbeitungsprogrammen den Wert der Software für den Kunden.

- Durch Daten können Zusatzservices angeboten werden, durch die neue Einnahme-quellen entstehen.
- Durch Daten können Marketing und Sales verbessert und das Angebot personalisiert werden. Beispielsweise wird eine durch Daten optimierte Produktauswahl und ein ge-zieltes Angebot an individuellen Kunden den wahrgenommenen Wert und damit die Nachfrage und Zahlungsbereitschaft steigern.
- Durch Daten kann die Reichweite des Unternehmens verbessert werden, um neue Kun-den zu gewinnen und Bestandskunden zu reaktivieren.
- Durch Daten können die Preise der Produkte ideal auf den Markt, Kunden und den Nutzen zugeschnitten werden, sodass ein ideales Verhältnis aus Wert für Kunden, Kos-ten und Zahlungsbereitschaft entsteht.
- Durch Daten können die Servicequalität und Customer Experience erhöht werden, wo-durch die Zufriedenheit, Loyalität und das Wiederkaufverhalten verbessert werden.

Der Wert von Datenlösungen, die auf die Top-Line wirken, ist meistens bei Erfolg deut-lich sichtbar und in der Regel im Schnitt mittelgroß (Einen direkten Effekt zu erwirken, ist je nach Reifegrad allerdings nicht immer einfach und erfordert häufig mehrere unter-schiedliche Anläufe). Eine Studie von McKinsey beziffert typische Top-Line-Erfolge auf ca. 1,5–2 % Absatzsteigerung mit einem leichten zusätzlichen Effekt auf die Marge. Aller-dings wurden in der Studie langjährige etablierte und abgeschöpfte Märkte betrachtet [20]. In anderen Projekten in jungen Wachstumsmärkten werden häufig Wirkungen in der Größenordnung >5–10 % Umsatzsteigerung und darüber erzeugt [21]. Die Wirkungs-perspektive von Top-Line-Datenwerten ist kurz bis mittelfristig.

Bottom-Line
Innerhalb des Bottom-Line-Feldes entsteht der Wert aus Daten dadurch, dass das Unter-nehmen die Kosten senkt, indem durch Daten Prozesse teilautomatisiert oder Kosten opti-miert werden. Im Folgenden werden die wichtigsten Werttreiber im Bottom-Line-Feld konkretisiert:

- Interne Prozesse werden durch Daten unterstützt, optimiert und automatisiert. Gerade im Bereich der Robotik, der Bildverarbeitung und in der Verarbeitung von Sprache und Text ist mittlerweile sehr viel möglich. Ein Beispiel ist die Einschätzung von Schufa-Auskünften über eine KI, in der nur noch außergewöhnliche Fälle manuell geprüft werden müssen. Ein weiteres Beispiel ist die automatisierte Freigabe von Rechnungen nach einer datenbasierten Erkennung und Prüfung, aber auch automatische Einsatz-planungen oder Betrugserkennung sind weitere Anwendungsfälle, um Prozesskosten zu reduzieren.
- Durch datengestützte Allokation können Budgets besser genutzt oder Kosten direkt reduziert werden. Ein Beispiel ist die automatische Zulieferer-Selektion und Einkaufs-steuerung durch Absatzprognosen, um Lagerbestände zu reduzieren und Margen zu optimieren. Ein weiteres Beispiel ist die automatisierte Aussteuerung von Marketing-

Budgets, um die Kosten für Akquise zu minimieren. Aber auch Zahlungsausfälle zu reduzieren oder Wartungsfälle vorherzusagen, zählt zu möglichen Werttreibern, die Kosten senken.

Der Wert von Datenlösungen, die auf die Bottom-Line wirken, ist meistens einigermaßen gut quantifizierbar und sicher sowie in der Regel mittelgroß (Effizienzgewinne skalieren mit dem Wachstum des Unternehmens mit, aber häufig sind die Optimierungshebel nicht ganz so groß wie ein neues Produkt am Markt; dafür ist das Risiko wesentlich geringer bzw. der Nutzen gewiss). McKinsey schätzt die Effektgrößen je nach Anwendungsgebiet auf die Kosten im Bereich von 10–25 % [20, 21]. Gerade bei Unternehmen, in denen die Prozesskosten eine große Rolle spielen (NPOs, öffentliche Unternehmen) oder die Strukturen groß und gewachsen sind, spielen Bottom-Line-Werttreiber eine große Rolle. Die Wirkungsperspektive von Bottom-Line-Datenwerten ist kurz bis mittelfristig.

Potenziale
Im Feld Potenziale entsteht der Wert aus Daten, indem ein Unternehmen neuartige Lösungen, Produkte und Features entwickelt und am Markt platziert (New Business Development). Diese verschaffen dem Unternehmen in Zukunft Vorteile oder zusätzliche Umsätze und lassen sich in der Regel gut gegen Nachahmer absichern. Im Folgenden werden wichtige Werttreiber im Feld Potenziale im Detail dargestellt:

- Durch Daten können neue (disruptive) Produkte entwickelt werden, die ein neues Geschäftsfeld auftun. Das können Robo-Advisor für automatisiertes Investieren, vollständig datenbasierte Diagnosesysteme in der Medizintechnik oder selbstfahrende Autos sein.
- Anhand von Daten können neue Möglichkeiten entwickelt werden, um Herausforderungen zu lösen, die ansonsten als gesetzt hingenommen wurden. So können durch Daten manuelle Prozessketten komplett digital umgesetzt werden und dadurch Teile, die vorher nicht möglich waren, gelöst werden. Beispielsweise eine digitale Vorabauskunft über den Wert einer Wareneinsendung an einen Ankäufer, bevor die Ware eingegangen ist, oder eine automatisierte Sprachsteuerung für vorher manuelle Prozesse.
- Es können neue Alleinstellungsmerkmale von Produkten entwickelt werden: Durch datenbasierte Features werden bestehende Produkte aufgewertet und bekommen neue Unique Selling Propositions. Ein Beispiel hierfür ist FaceId von Apple.

Der genaue Wert von neuen Potenzialen ist nur schwer vorab quantifizierbar, aber in der Regel sehr groß. Deshalb kann hier keine Abschätzung gegeben werden, denn häufig werden durch neue Datenprodukte oder Lösungswege komplett neue Geschäftsfelder aufgetan oder die bisherigen mindestens massiv beschleunigt. Solche Lösungen haben das Potenzial, den Markt zu verändern und damit große Wirkungen zu erzielen. Sie sind dafür

stark risikobehaftet, deshalb ist der Erfolg vorab schwer abzuschätzen. In einem Erfolgsfall erzeugen solche Lösungen schnell mehr Daten und verbessern sich damit weiter.
Damit entstehen für First Mover uneinholbare Vorteile. Die Wirkungsperspektive von
Potenzialen aus Datenlösungen ist langfristig, da die Ansätze häufig zunächst größere Investitionen und eine Diffusion in die Märkte erfordern.

2.3.3   Vertrauen und Nachhaltigkeit

In den vorherigen Abschnitten wurde gezeigt, dass Daten, und besonders künstliche Intelligenz, einen großen Wert erzeugen können. Der richtige Einsatz spielt dafür eine große
Rolle. Aber das Vertrauen in Daten im Unternehmen definiert am Ende den abschöpfbaren
Wert. Denn erst durch das Vertrauen von Entscheidern in Daten, wird der Wert auch im
Unternehmen umgesetzt. Das heißt, es muss zum Teil der Bemühungen werden, Vertrauen
zu Datenlösungen und deren möglichen Konsequenzen aufzubauen (Abschn. 3.2.3). Dafür
ist es wichtig, glaubhafte Beispielszenarien aufzubauen und durch integres Handeln zu
bestärken. Aber auch die Lösungen an sich müssen verlässlich sein, also verlässlich entwickelt und getestet worden sein (Abschn. 4.2.2). Da Vertrauen ein sehr emotionales
Thema ist, müssen insbesondere alle beteiligten Stakeholder gut abgeholt und dafür gesorgt werden, dass Daten zu einem nachhaltigen Thema werden. Es ist wichtig, früh Unsicherheiten abzufragen, die in Führungskreisen im Zusammenhang mit Daten gesehen
werden. Anschließend muss dafür gesorgt werden, dass diese Themen sicher adressiert
und gute Lösungen angeboten werden. Themen, mit denen so häufig umgegangen werden
muss, sind: Selbstschutz, Datenethik [5], Datenfolgenabschätzungen und Datenschutz.
    Häufig wird beispielsweise argumentiert, dass künstliche Intelligenz und moderne
Datenlösungen Arbeitsplätze gefährden. Heutzutage steht sehr sicher fest, dass künstliche
Intelligenz die Arbeitswelt verändern wird. Gerade deshalb sollte ein proaktiver Umgang
damit zum Teil der Strategie werden [4]. Es kann damit zum Beispiel eine Verbesserung
der Tätigkeitsfelder von Arbeitskräften erreicht werden und keinen Ersatz, wenn Lösungen sinnvoll konzipiert werden [22]. Es ist wichtig, Betroffene in die Überlegungen zu
integrieren und Wege zu schaffen, um mit diesen Werkzeugen die Betroffenen bei ihrer
Arbeit zu unterstützen, sodass sie sich dadurch weiterentwickeln können. Erreicht werden
muss, dass sich Mitarbeiter durch die Technologie bestärkt fühlen und davon profitieren,
indem sie Freiräume für anspruchsvollere Tätigkeiten erhalten. Das heißt, Betroffene müssen gut abgeholt werden, Rollen zukunftsträchtig definiert und Mitarbeiter genügend geschult werden, um sie auf diesem Weg zu unterstützen.
    Ein anderes bedeutendes Thema mit Blick auf Vertrauen und Nachhaltigkeit ist die er-
forderliche Neutralität bzw. das Risiko von „Bias" in Datenmodellen, von verzerrten auto-
matisierten Entscheidungen zugunsten einzelner Gruppen. In einigen Datenmodellen, die
in den letzten Jahren entwickelt wurden, konnte immer wieder Unfairness festgestellt werden. Das hat Ängste geschürt und zu PR-Desastern geführt. Doch häufig ist Folgendes
passiert: Für das Training wurden historische Daten genutzt oder Trainingsdaten aus

Datenausschnitten erstellt. Das Datenmodell hat dann die in den historischen Daten vorhandene Verzerrung gelernt und sichtbar gemacht oder nur aus einzelnen Ausschnitten gelernt und diese bevorzugt behandelt. In beiden Fällen wurde die bereits vorhandene Verzerrung in den Daten durch die nun gegebene Reproduzierbarkeit sichtbar und quantifizierbar. Aber damit wird die Verzerrung ebenfalls korrigierbar. Das ist eine große Chance. Deshalb muss der rigorose Umgang mit solchen Verzerrungen zu einem wichtigen Teil eines Projektes gemacht werden, bietet aber auch eine nie dagewesene Möglichkeit, faire Entscheidungsmodelle zu entwickeln und millionenfach anzuwenden [22].

2.3.4 Zusammenfassung

In diesem Unterkapitel wurde gezeigt, warum es für den Erfolg einer Initiative wichtig ist, den Wert von Datenprojekten verargumentieren und belegen zu können. Es wurde ausgeführt, dass so das Commitment von Stakeholdern erlangt werden kann. Anschließend wurde gezeigt, dass dafür gesorgt werden muss, diese Werte mit einer möglichst hohen Erfolgswahrscheinlichkeit abzuliefern, um Vertrauen und Erfolgsbeispiele aufzubauen. Dann wurden die vier Felder beleuchtet, in denen Daten Wert generieren können: Strategisch, Top-Line, Bottom-Line und neue Potenziale. Für diese Felder wurden konkrete Anwendungsbeispiele gegeben und auf die Größenordnung von Effekten und den erwarteten Wirkungshorizont eingegangen. Abschließend wurde dargelegt, warum es wichtig ist, bei Datenlösungen auf Vertrauen und Nachhaltigkeit zu setzen, um keine Abschläge des Nutzens durch Zweifel hinnehmen zu müssen.

Herausforderungen für Unternehmen
In kleineren Unternehmen liegen die Hebel besonders bei Top-Line-Effekten und dem Aufbau von Potenzialen. Denn der Umsatz spielt eine große Rolle und es sind häufig gute Ansatzpunkte in Märkten vorhanden. Durch schnelles Agieren können außerdem opportunistisch Potenziale gesichert werden (solange keine ausgefallenen finanziellen oder strukturellen Investitionen erforderlich werden). Da Intuition als Entscheidungsgrundlage in kleinen Unternehmen häufig noch sehr gut skaliert und ein Pragmatismus aufgrund dünner Personalstrukturen bereits wichtig ist, sind im strategischen Feld nur einzelne Punkte von Bedeutung. Eine durchgängige Objektivierung ist es noch nicht unbedingt, auch wenn diese an vielen Stellen helfen kann, den Markt richtig zu durchdringen. Wegen flacher Strukturen und Volumen von Prozessen sind Bottom-Line-Hebel aus der Aufwand-Nutzenbetrachtung heraus häufig nicht von Bedeutung.

In großen Unternehmen spielen strategische Werttreiber eine große Rolle, um den langfristigen Erfolg sicherzustellen und mit dem Markt und den Kunden Schritt zu halten. In der Top-Line fallen Hebel häufig prozentual gering aus, da sie nur Teile der Einkommensströme betreffen und die Märkte oft gesättigt sind. Absolut betrachtet, können sie dennoch eine bedeutende Rolle spielen, da die Umsätze oft auf hohem Niveau liegen und kleine

Steigerungen die Marge deutlich verändern können. Wichtiger sind jedoch Bottom-Line-Effekte. Denn Prozesse bewältigen oft große Durchsatzvolumen, sind stark gewachsen und Verbesserungen können einen maximalen Effekt erwirtschaften sowie Skaleneffekte verstärken. An dieser Stelle kann häufig erfolgreich gewirkt werden. Durch eine starke Ressourcenlage können im Feld Potenziale investitionsintensive neue Lösungen aufgebaut werden, die für spätere Umsätze sorgen, die kleinere Unternehmen nicht stemmen können. Solche Potenziale können als taktischer Vorteil eingesetzt werden.

Im Bereich von NPOs und Regierungsunternehmen können Objektivität, Markt- und Kundennähe eine große Rolle spielen. Es gibt häufig ein immenses Potenzial, Daten anzuwenden. Diese Werte sind fast immer noch nicht gehoben. Doch Netzwerke wie Correlaid [3] und ähnliche beginnen, diese Perspektive in NPOs einzubringen. Der Bereich Top-Line steht zwar nur aus Sicht von Fundraising oder einer Lösungsverbreitung im Fokus für solche Unternehmen, es können hier aber dennoch häufig Erfolge erzielt werden. Doch die Bottom-Line spielt eine wesentlich bedeutendere Rolle. Diese Institutionen operieren häufig als Cost Center und haben massive Prozessaufwände. Deshalb spielt Effizienz eine zentrale Rolle. Datenlösungen im Bereich Bottom-Line können große Wirkungen entfalten. Neue Potenziale werden in diesen Institutionen nicht unbedingt strukturiert gesucht, können bei Bedarf aber eine Rolle für die Weiterentwicklung und Modernisierung spielen (Tab. 2.2).

Tab. 2.2 Checkliste „Daten in Werte umwandeln"

Maßnahme	Understand	Initiate	Grow	Lead
Der Wert von Daten muss bekannt sein und verargumentiert werden, um erfolgreich Projekte aufzusetzen.	X	X	X	(X)
Bemühungen müssen darauf ausgerichtet werden, echten Wert zu schaffen, der dann im Unternehmen auch spürbar wird (Value Driven Data Projects).	X	X	X	(X)
Es können strategische Werte generiert werden, indem durch Daten objektive Entscheidungen skaliert, Marktnähe geschaffen, die Planung verbessert und schneller gelernt wird.	X	X	X	X
Es können Top-Line-Werte geschaffen werden, indem Umsätze durch eine datengetriebene Leistungsverbesserung von Services, Produkten, Marketing und Pricing erzielt und die Reichweite gesteigert werden.	X	X	X	(X)
Es können Bottom-Line-Werte erzeugt werden, indem durch Daten Prozesse unterstützt und automatisiert oder Kosten gesenkt werden.	X	X	X	(X)
Es können neue Potenziale geschaffen werden, indem durch Daten neue Produkte, neue Lösungswege oder zusätzliche Unique Selling Propositions entwickelt werden.		(X)	X	X
Es ist wichtig, darauf zu achten, dass Werte, die aus Daten generiert werden, verlässlich und nachhaltig sind, über längere Zeit tragen, und Stakeholder wie Betroffene in die Lösungsentwicklung eingebunden werden.	X	X	X	X

Checkliste

▶ Es gibt einen besseren Weg, als argumentativ und langwierig den Wert von Daten zu erklären – ein Beispiel, das den Wert zeigt und sich herumspricht. Ein solches Beispiel zu schaffen, ist mit Sicherheit nicht einfach, aber wenn es gelingt, wird der Wert der Maßnahmen greifbar und es entsteht Nachfrage. Erste Beispiele können entstehen, indem Versuche ohne zu starke Erwartungshaltungen von außen als erste Maßnahmen einer Dateninitiative angegangen werden. Alternativ kann der Zugang zu Unternehmen für einen Austausch geschaffen werden, die bereits erfolgreich Projekte umgesetzt haben. Daraus kann viel gelernt werden, ohne die ersten Fehler selbst eingehen zu müssen. Allerdings muss darauf geachtet werden, dass Projekte häufig nicht auf dieselbe Art und Weise auf ein Unternehmen übertragbar sind. Auf den Punkt gebracht: Einen Pull nach Daten aus dem Unternehmen heraus auszulösen ist wesentlich hilfreicher und langfristig erfolgreicher als ein Push durch eine schlaue Nutzenargumentation, auch wenn diese ein Vorhaben immer unterstützen kann.

2.4 Unternehmensbewertung steigern

Immer wieder wird das Potenzial von Daten übersehen. Einige halten Daten für begleitende Statistiken ohne Bedeutung oder für reaktive Zahlen, die eher Beiwerk zu den eigenen Tätigkeiten sind, und am Ende in einer Schublade verschwinden. Dieser Fehler sollte nicht gemacht werden: Die selbstverbessernde Wirkung aus Handlungen, die durch gemessene reale Marktreaktionen als Bestätigung oder Reaktanz auf Basis von Daten nachjustiert werden können, darf nicht vergessen werden. Auch darf nicht vergessen werden, welchen Wert der Zugang zu einzigartigen Daten in Zukunft für die Unternehmensbewertung haben kann. Oder das Potenzial, das neue Produkte am Markt heben können, die auf Daten oder künstlicher Intelligenz basieren. Das alles sind Faktoren, die heutzutage von Investoren belohnt werden. Es darf nicht der Fehler gemacht werden, Rohdiamanten als ein Stück Steinkohle zu verkaufen.

In diesem Abschnitt wird gezeigt, warum Daten einen Einfluss auf die Unternehmensbewertung nehmen können und wie diese Eigenschaft genutzt werden kann. Es wird beschrieben, warum das Thema „datengetriebenes Unternehmen" und „AI Company" einen hohen Wert für Investoren darstellt, warum Daten „an sich" eine bewertungswirksame Eigenschaft besitzen, aber auch, warum konkrete Datenprojekte auf die Bewertung wirken können [23].

Insgesamt kann der größte positive Einfluss auf den Unternehmenswert genommen werden, wenn an folgendem Dreiklang gearbeitet wird: Das Unternehmen wird datengetrieben gesteuert. Es werden Datenvermögenswerte aufgebaut. Durch erfolgreiche Einzelprojekte werden der Wert von Daten und die Handlungskompetenz im Bereich Data

Abb. 2.11 Bewertungs-
bausteine

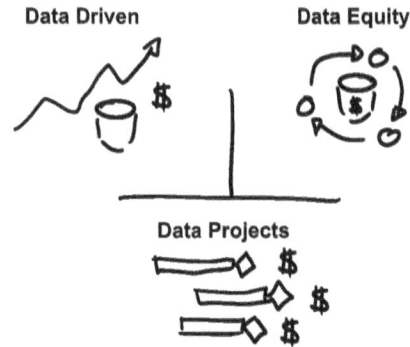

Science, Machine Learning und künstlicher Intelligenz beispielhaft manifestiert
(Abb. 2.11). In den folgenden drei Abschnitten werden die Bausteine Datengetriebenheit,
Datenwerte und Datenprojekte genauer betrachtet.

2.4.1 Datengetriebenes Unternehmen

In der heutigen Welt sind Daten salonfähig geworden. Es hat sich gezeigt, welchen Nutzen
Daten bieten. Viele sind auf den Zug bereits aufgesprungen. Dennoch gehören die Unternehmen, die das Potenzial von Daten bereits heben, immer noch zu den Vorreitern. Zurzeit
sind Daten damit noch ein Begeisterungsfaktor, auch wenn sie wohl irgendwann zum
Standard gehören werden. Und damit sind Daten ein strategischer Vorteil, der sich im Wert
eines Unternehmens niederschlagen kann [12]. Doch warum erzielt ein datengetriebenes
Unternehmen eine höhere Bewertung als ein nicht datengetriebenes Unternehmen?

In den vorherigen Abschnitten wurde gezeigt, welchen immensen strategischen Wert
Daten für ein Unternehmen generieren können. Im Kern entsteht der Wert durch objektivier-
bare und damit skalierbare Entscheidungen nahe am Markt und am Kunden: Denn durch
Daten kann mehr über Nutzer und Kunden gelernt und damit Produkte, Services, Kommunikation und Handeln objektiv verbessert werden [7]. Aber nicht nur datenbasierte Entscheidungen und Unternehmenssteuerung spielen eine Rolle. Es ist ebenfalls wichtig, dass
das Unternehmen in der Lage ist, solche Datenpools überhaupt aufzubauen, um diese
später auch durch Datenlösungen automatisiert nutzen zu können und nicht nur zur Entscheidungsfindung.

Dennoch spielen datenbasierte Entscheidungen eine zentrale Rolle. Denn ein Unternehmen, das sich nicht vor Erkenntnissen einigelt (was häufig der Fall ist), sondern Daten
als Voice-of-the-Customer versteht und dadurch sichtbar werdende Probleme löst, ist am
Markt mehr wert. Ein solches Unternehmen kann durch Daten seine Geschwindigkeit dem
Markt anpassen oder sogar vorauseilen, indem es früh auf Veränderungen reagiert und
wichtige Learnings schafft. Indem die Markt- und Kundenbedürfnisse besser getroffen
werden, erfährt das Unternehmen in der Regel solides Wachstum und kann die Vorteile

weiter ausbauen. Eine erfolgreiche datengetriebene Anpassungsfähigkeit ist damit häufig nicht mehr einzuholen. Viele Unternehmen verpassen diese Chance und verschließen regelmäßig die Augen vor ernst zu nehmenden Lageänderungen, die sich bereits in den Daten abzeichnen und werden langfristig obsolet oder büßen Marktanteile ein.

Aus diesem Grund kann an Unternehmenswert gewonnen werden, indem ein Unternehmen zu einem datengetriebenen Unternehmen wird. Die Voraussetzung ist jedoch, dass dieses Unterfangen und dessen Erfolge auch nach außen signalisiert werden [2]. Dem Markt und potenziellen Shareholdern muss unmissverständlich klar sein, dass das Unternehmen auf Daten basierend agiert, Daten im Unternehmen ein hoher Wert zugeschrieben wird, die Struktur auf Daten ausgerichtet ist und das Unternehmen auf Daten basierend handeln kann. Eine Maßnahme zur Zielerreichung kann sein, in der Pressearbeit konsequent auf Datenbelege und Datenprodukte zu setzen, Informationen aus Daten in den Markt zu kommunizieren und die Unternehmensstruktur mit einem deutlichen Datenfokus zu belegen. Aber auch ein Shareholder-Newsletter, der Datenerfolge aufzeigt, wird die Sichtbarkeit unterstützen. Wird dieses Verhalten sichtbar, wird eine steigende Unternehmensbewertung die Datengetriebenheit honorieren. Es können beispielsweise Marktkennzahlen herausgegeben, Markt- oder Datenrückblicke für das Jahr geschrieben, Einsichten und Analysen publiziert oder Kooperationen geschaffen werden, in denen interessanten Partnern Daten zur Verfügung gestellt werden.

Allerdings muss ein datengetriebenes Unternehmen zeigen, dass es relevante strategische Themen hieb- und stichfest mit Daten untermauern kann und die Daten im Griff hat. Das betrifft zum Beispiel (aber nicht abschließend) die folgenden Bereiche:

- **Datenbasiswerte aufbauen**: Das Unternehmen muss zeigen, dass es grundsätzlich in der Lage ist, wertvolle Datenpools aufzubauen. Das in einer einsetzbaren Form, in ausreichender Qualität und entsprechendem Umfang. Dieser Punkt wird im letzten Kapitel vertieft (Abschn. 4.1.2).
- **Markt, Wettbewerb und Monitoring**: Der Total Addressable Market (TAM), die zeitliche Entwicklung, die verschiedene Teilmärkte und die wichtigen Wettbewerber müssen strukturiert in Daten erfasst oder abgeschätzt werden, sodass Entscheidungen in einen Gesamtzusammenhang eingeordnet werden können, aber auch Markt-Veränderungen frühzeitig erkannt werden.
- **Unternehmenskennzahlen und Forecasting**: Die wichtigsten finanziellen (beispielsweise Umsatz, Rohertrag und EBITDA) und nicht finanziellen Unternehmenskennzahlen (beispielsweise Kundenzahlen, NPS, Conversion-Rates, Customer-Acquisition-Costs und Customer-Lifetime-Value) müssen bekannt sein, systematisch erfasst werden und idealerweise Entwicklungen abgeschätzt werden, sodass bei ungünstigen Zukunftslagen frühzeitig eingegriffen werden kann [15]. Das dynamische Lenkungsvermögen gibt Investoren Vertrauen und Sicherheit. Aber auch eine vollständige Messung der Kennzahlen in allen relevanten Bereichen (beispielsweise Marketing, Produktentwicklung, Customer-Relations, HR) stärkt das Vertrauen in die Datenfähigkeiten eines Unternehmens.

- **Unit Economics und Know-Your-Anything**: Es ist essenziell, die wichtigsten Stück-kennzahlenrechnungen und Erfolgsfaktoren im Unternehmen 100 %ig mit Daten zu unterlegen und durchgängig zu messen. So sollte für alle wichtigen Produkte, Services, Kunden oder Lieferanten ein einfach zugängliches Kennzahlensystem existieren, mit dem die Konstitution, der Erfolg und Wert pro Einheit heruntergebrochen und nach-vollzogen werden kann, aber auch Opportunitätskosten und marginaler zusätzlicher Wert deutlich werden. Allerdings geht es hier nicht nur um bloße Kennzahlen-rechnungen, die auch dem Controlling zugerechnet werden könnten, sondern um das qualitative und inhaltliche Wissen zu Kunden, Märkten und anderen Akteuren über deren Vorlieben, Eigenschaften, Verhaltensweisen und Erfolgstreibern. Dieses in Daten datenschutzkonform abzubilden, ist ein Schlüssel. Eine besondere Bedeutung kommt dabei den Kunden zu. Denn deren Kenntnis, deren Wert und der des gesamten Kunden-stamms – Customer Equity – ist immer mehr in den Mittelpunkt gerückt, nachdem der Zugang zu Kunden immer umkämpfter wird [24].
- **Effektgrößenmessung und Entscheidungen**: Es müssen objektive Tests durchgeführt und Entscheidungen darauf basiert werden, um zu zeigen, dass wahrlich inkrementelle und wirksame Maßnahmen gesucht und im Unternehmen umgesetzt werden. Ein experimenteller Beleg über einen kausalen Effekt von Handlungen auf den Key-Performance-Indikator, der bewegt werden soll, ist der Goldstandard von datenbasierten Entscheidungen. Die Inkrementalität spielt deshalb eine besondere Rolle, um zu zeigen, dass Maßnahmen einen externen realisierbaren zusätzlichen positiven Wert erzeugen.
- **Datenprodukte und -Lösungen „AI Company"**: Es muss gezeigt werden, dass das Unternehmen in der Lage ist, Projekte im Bereich der künstlichen Intelligenz, Machine Learning oder Data Science erfolgreich umzusetzen. Durch den Glauben an die Be-fähigung des Unternehmens, können sich Investoren sicher sein, dass das Unternehmen in der Zukunft nicht ins Hintertreffen gerät oder sogar proaktiv Vorteile erwirtschaften kann. Dieser Punkt wird im letzten Abschnitt dieses Kapitels vertieft (Kap. 4).

2.4.2 Data Equity

In den 80er-Jahren ist das Thema Brand Equity groß geworden, denn viele Konsumgüter-unternehmen haben starke Marken etabliert. Diese wurden in der Unternehmensbewertung und bei Unternehmenskäufen als Gegenwert anerkannt. Nur eine Dekade später beginnen sich die Überlegungen in Richtung Customer Equity zu verschieben [24–26]. Denn einzelne Kunden, die Beziehung und der Zugang zu ihnen spielen eine immer größere Rolle für den Einfluss und die Stabilität eines Unternehmens. Etablierte Marken werden in immer schneller werdenden Zyklen im Konsum ausgetauscht, aber an der Stelle des Kundenzugangs können Bedürfnisse durch alternative Lösungen ersetzt werden. Deshalb wird mittlerweile immer häufiger der zukünftige Wert des gesamten gebundenen Kunden-stamms – gemessen in Customer Lifetime Value – bei der Bewertung von Unternehmen mit herangezogen.

Doch auch dieses Konzept deckt nicht alle immateriellen Werte eines Unternehmens ab. Es gibt mittlerweile eine neue Währung am Markt – Daten – die schwer imitierbaren Wettbewerbsvorteile und einen relevanten Wertbaustein für ein Unternehmen darstellen können [23]. So ist es heutzutage immer häufig so, dass Unternehmen sogar versuchen in Märkten Produkte zu platzieren oder Unternehmen zu akquirieren, um als erster Datenbestände aufzubauen. Denn im Zeitalter von künstlicher Intelligenz können damit langfristig Märkte dominiert werden. Deshalb gibt es auch entsprechende Bemühungen, den Gegenwert von Daten als „Data Equity" zu bemessen. Es ist beispielsweise denkbar, dass ein relevanter Teil des Wertes eines Straßenbauunternehmens in Zukunft nicht mehr von den Aufträgen und der Kerntätigkeit – dem Straßenbau – herrührt, sondern aus den Daten über Straßen und das Gelände, über die Beschaffenheit und über den Verkehrsfluss.

Wie bereits am Anfang des Kapitels gezeigt wurde (Abschn. 2.2.2), ist ein Vorsprung an wertvollen Datenbeständen häufig nicht mehr aufzuholen und stellt einen echten strategischen Vorteil gegenüber anderen Unternehmen dar, der sich gut absichern lässt [11, 12]. Denn wer Daten hat, kann daraus bessere Lösungen und Produkte entwickeln und anbieten, dadurch mehr Kunden anziehen und wiederrum mehr Daten über die Nutzer generieren [10, 11]. Durch diesen Verstärkungszyklus (Abb. 2.12, [11], landing.ai) wird die Entwicklung des Datenbestandes und der Qualität beschleunigt und kann von einem Wettbewerber später nicht mehr aufgeholt werden (Abb. 2.5).

So besitzt beispielsweise Google durch Google Maps unglaubliche Datenmengen über lokale Begebenheiten und die Erdoberfläche. Maps ist in vielen Aspekten über andere Kartenanwendungen erhaben und gewinnt dadurch am schnellsten weitere Daten durch Nutzer, die Dinge markieren, Informationen hinterlegen und korrigieren. Apple versucht sich mit Kraft im Markt der Gesundheitsdaten breitzumachen und dort mit der Unique Selling Proposition des Datenschutzes Datenbestände aufzubauen. Auf ähnliche Art und Weise besitzt Amazon durch Alexa mittlerweile unglaubliche Mengen an Sprachdaten sowie Facebook Daten über 1 Mrd. Menschen, einem relevanten Anteil der gesamten Weltbevölkerung.

Der Datenbestand von Unternehmen kann die Produktivität im Durchschnitt um ca. 2 % steigern – aus einem gesamtwirtschaftlichen durchschnittlichen Kontext betrachtet [27] (damit in einzelnen Fällen, Branchen und für einzelne Unternehmen um ein Viel-

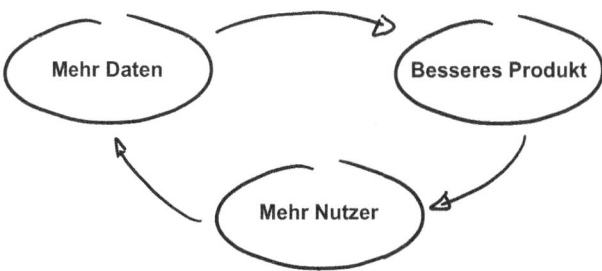

Abb. 2.12 Data Equity und Verstärkungszyklus

faches mehr). Die Bemessung ist alles andere als einfach, denn die Datenqualität, die Einzigartigkeit, der Nutzen, eventuell notwendige und bindende rechtliche Einverständnisse und wie stark der Nutzen der Daten vom Unternehmen und dem Kontext, in dem sie erhoben wurden, abhängt, spielen alle eine große Rolle für die Bewertung. Insgesamt können Daten einen großen Teil des Unternehmenswert ausmachen (beispielsweise bei Facebook oder Google). Deshalb macht es Sinn, solche kapitalen Werte bewusst zu kreieren und zu managen.

Um wertvolle Datenbestände aufzubauen, empfiehlt es sich, einmal die Wertschöpfungskette entlangzugehen und zu überlegen, an welchen Stellen zukünftig nützliche Daten gesammelt werden können. Außerdem sollte darüber nachgedacht werden, welche Daten für Kunden oder andere Akteure des Unternehmens interessant sind, also für diese eine große Rolle spielen. Lassen sich diese Daten strukturiert erheben und eine Historie aufbauen? Diese Daten werden mit Sicherheit ein wichtiges Asset werden. Aber es sollte auch darüber nachgedacht werden, wie im Einklang mit den Datenschutzbestimmungen mehr über Kunden, Lieferanten, Ressourcen, Produkte, Märkte, makro- und mikroökonomische Kräfte erfahren werden kann. Es muss ebenfalls im fernen Umfeld der Kern-Tätigkeitsfelder gesucht werden, denn dort können sich zukünftig smarte Erweiterungen eines Geschäftsfeldes ergeben. Auch können sekundäre Daten (aus anderen Unternehmen oder Bereichen) ebenfalls als wertvolle Quellen dienen. Anschließend sollten, einer groben Prioritätsschätzung folgend, an allen Stellen Daten gesammelt werden, an denen es sich vorstellen lässt, daraus später Werte erhalten zu können (Abschn. 4.1.2).

Um die Datenwerte für Investoren sichtbar zu machen, können erste prototypischen Projekte mit diesen Daten dienen (Abschn. 2.4.3). Aber es ist auch wichtig, diese Werte, solange sie noch nicht im Einsatz sind, zu schützen, um keine Nachahmer auf den Plan zu rufen. Deshalb muss mit der Kommunikation achtsam umgegangen werden. Sobald die Datenwerte bereits in ein Datenlösungen am Markt gegossen sind und abgeschöpft werden, kann offener damit umgegangen werden. Jedoch sollten die Vorteile der Datenwerte eher gegenüber potenziellen Investoren signalisiert werden als gegenüber dem gesamten Markt.

2.4.3 Wert aus Projekten

Es wurde dargelegt, wie die Datengetriebenheit eines Unternehmens den Unternehmenswert steigern kann, ebenso wie wertvolle Datenbestände die Bewertung steigern können oder sogar in Zukunft eventuell zu einem bewertbaren immateriellen Wertgegenstand avancieren könnten. Doch häufig ist das Potenzial dieser Eigenschaften nur schwer greifbar. Deshalb ist eine der wirksamsten Maßnahmen, um den Wert von Daten zu manifestieren, zu beweisen, dass das Unternehmen die Befähigung hat, erfolgreiche Datenprojekte damit umzusetzen.

Gleichzeitig ist ein Beweis der Handlungsfähigkeit in diesem Bereich eine Art Risiko-management für Investoren. Denn wenn sich beispielsweise durch den Einzug von künstlicher Intelligenz in ein Geschäftsfeld die Aufgaben von Arbeitskräften verändern oder verlagern und neue Konkurrenten in Geschäftsfelder eintreten, ist es wichtig, dass ein Unternehmen diesem Risiko durch eigene Lösungen entgegentreten kann [9]. Zu einer „AI Company" zu werden, und sich mit künstlicher Intelligenz, Machine Learning und Data Science frühzeitig zu beschäftigen, kann damit aus dieser Perspektive statt einer offensiven auch eine defensive Strategie darstellen (siehe auch Abschn. 2.2.4).

Um durch Datenprojekten Hebel für die Unternehmensbewertung zu finden, muss früh darauf abgezielt werden, durch smart ausgewählte Projekte die richtigen Business Cases zu entwickeln (Vgl. Abschn. 3.5.2). In diesen Fällen sollte gezeigt werden, wie der unternehmenseigene Datenschatz in echte Vorteile umgewandelt werden kann. Das darf ruhig auf prototypische Art und Weise erfolgen, denn dann bleibt weiteres Potenzial für einen zukünftigen Roll-Out. Das wird gerne als „Opportunity" bezeichnet. Dennoch sollte der Prototyp durch einen Feld-Test einen realen Uplift zeigen, hinter dem gestanden werden kann. An solchen konkreten Beispielen wird der Wert sofort greifbar, das Risiko wird reduziert und der Nutzen abschätzbar. Außerdem kann der Prototyp zur Argumentation und Vermarktung eingesetzt werden. Solche Erfolge werden in der Bewertung belohnt.

Was eignet sich für einen Beispiel-Case? In den vorherigen Abschnitten wurde gezeigt, wie Daten in strategische, Top-Line-, Bottom-Line-Werte oder in Potenziale umgesetzt werden können (Vgl. Abb. 2.10). Strategische Werte sind eher indirekter Natur, während Top- und Bottom-Line-Werte meistens direkt entstehen und sich damit für Prototypen sehr gut eignen. Projekte in der Kategorie „Potentiale" können in ersten Markterfolgen früh Anzeichen für die Größe des Wertes zeigen und sind deshalb sehr interessant, insbesondere da der Zugewinn häufig sehr weitreichend sein kann. Sie liefern am Anfang meistens aber keine harten Top- oder Bottom-Line-Erfolge ab, sondern generieren erst einmal Nutzerzufriedenheit oder Reichweite.

Es gibt Projekte, die den Umsatz oder Kosten im Bereich von 10–20 % gesteigert oder gesenkt haben. Manche Datenprodukte haben die Nutzeranzahl im zweistelligen Prozentbereich dauerhaft erhöht (Abschn. 2.3.2). Das ist selbstverständlich häufiger der Fall in wachsenden Märkten und nicht in saturierten, stabilen bzw. konservativen Märkten. Leider bringen die meisten Projekte jedoch keine Erfolge in dieser Größenordnung, sondern nur einzelne Prozentpunkte an Verbesserungen. Die Wahrheit ist, dass erst einige Versuche auf den Weg gebracht werden müssen, um auf ein einzelnes starkes Vorzeigebeispiel zu stoßen. Datenprojekte sind schwierig. Deshalb sollte die Lernkurve schnell und früh angegangen werden.

2.4.4 Zusammenfassung

In diesem Unterkapitel wurde vermittelt, wie die drei Komponenten datengetriebene Unternehmenssteuerung, wertvolle Datenbestände und Datenprojekte einen Einfluss auf die Unternehmensbewertung nehmen können. Es wurde dargestellt, dass ein Unternehmen, dass sich in seinen Entscheidungen nach objektiven Kriterien richtet, nah am Kunden und Markt handelt und das auch kommuniziert, als vorteilhaft gesehen wird. Weiter wurde betrachtet, wie Datenbestände, die bereits jetzt oder in Zukunft einen Nutzen für das Unternehmen bringen können, einen hohen Wert haben und einen uneinholbaren Wettbewerbsvorteil darstellen, der sich ebenfalls in der Unternehmensbewertung niederschlagen kann. Abschließend wurde gezeigt, warum es wichtig ist, durch einzelne Projekte zu demonstrieren, welchen Wert Daten erzeugen können und dass das Unternehmen der Datenklaviatur mächtig ist, um konkret auf die Bewertung zu wirken.

Herausforderungen für Unternehmen
Kleine Unternehmen haben häufig den Vorteil, dass sie offensiv beginnen können, zügig Datenbestände aufzubauen und Projekte durchzuführen. Zwar müssen sie auf Aufwände achten und sollten deshalb alle Prozesse so schlank wie möglich gestalten und nicht jedes Detail abbilden. Doch können kleine Unternehmen versuchen, viele Datenfelder ausreichend sauber zu erfassen, sodass in Zukunft viel experimentiert werden kann. Für kleine Unternehmen ist es oft in Ordnung, Verlässlichkeit und Qualität erst im weiteren Verlauf zu erhöhen, um Kosten zu sparen. Bei kleineren Unternehmen wird der Blick von Investoren mit Sicherheit darauf fallen, wie zügig vorgegangen und Hypothesen überprüft werden, welche wahrlich wertvollen Datenbestände vorhanden sind und welche interessanten Projekte und Kennzahlen (eventuell noch in kleiner Skala) ein solches Unternehmen zum Vorschein bringt.

In großen Unternehmen ist es wichtig, früh zu verstehen, welche Rolle die Datengetriebenheit spielt. Denn es herrscht eine große Gefahr durch Newcomer, die Märkte über Datenlösungen und -vorteile angreifen. Aber auch die objektive Skalierung der Entscheidungsqualität über das gesamte Unternehmen hat eine hohe Tragweite. Deshalb wird es in diesem Fall belohnt, als Unternehmen rechtzeitig eine hohe Datengetriebenheit aufzuweisen. Es wird eine große Rolle spielen, Datenbestände mit allen notwendigen Schutzmechanismen aufzubauen und diese solide und belastbar aufzulegen. Um die richtige Geschwindigkeit zu erreichen, kann es von Vorteil sein, das Aufbauen von Datenbeständen und Projekten zu parallelisieren; und in der Fülle der Möglichkeiten die entscheidenden Projekte gut zu priorisieren und die bedeutenden Projekte dann mit der richtigen Sichtbarkeit anzugehen sowie schnell mit belastbaren und objektiven Beispielen zu belegen.
In NPOs und Regierungsunternehmen spielt die Unternehmensbewertung keine zentrale Rolle. Wenn der Begriff „Unternehmensbewertung" in diesem Kapitel jedoch im Sinne von „Image für Effektivität und Wirksamkeit" gedeutet wird, kann die Argumentation analog erfolgen. Dann spielt es für diese Unternehmen zunächst eine große Rolle, den Regularien zu entsprechen. Außerdem wird mit großer Wahrscheinlichkeit eine defensive Strategie verfolgt. Aus diesem Ansinnen heraus ist es für diese Form von Unternehmen wichtig, überhaupt den Blick darauf einzunehmen, dass Daten einen großen Wert darstellen können. Die Zielgruppen und Märkte verändern sich, und deshalb werden Daten in

Tab. 2.3 Checkliste „Unternehmensbewertung steigern"

Maßnahme	Understand	Initiate	Grow	Lead
Das Grundverständnis muss entwickelt werden, dass durch Daten die Unternehmensbewertung gesteigert werden kann.	X	X		
Indem vom Unternehmen gezeigt wird, dass es datengetrieben operiert (objektive Entscheidungen auf Basis von Daten getroffen werden und das Unternehmen seine Daten im Griff hat), wird der Wert gesteigert.		X	X	X
Indem mit langfristigem Blick Datenbestände aufgebaut werden, sichert sich das Unternehmen Wettbewerbsvorteile, die sich in der Bewertung niederschlagen.	(X)	X	X	X
Indem die Handlungsfähigkeit in Bezug auf Daten durch Beispielprojekte belegt wird und auch der Wert von Daten dadurch sichtbar wird, steigt die Unternehmensbewertung.	X	X	X	X

Zukunft eine zunehmend bedeutendere Rolle einnehmen. Wenn Daten nun als Chance und nicht als Belastung aufgegriffen werden, kann so ein Vorteil in der Entscheidungsfindung, in der Reichweite, in der Ergebnisqualität und damit in der öffentlichen Wahrnehmung und Wirkung entstehen (Tab. 2.3).

Checkliste

▶ Die verschiedenen Aspekte anzugehen, um den Unternehmenswert durch Daten zu steigern, wird isoliert betrachtet nicht zum Erfolg führen. Es ist ebenso wichtig, diese Eigenschaften und Fähigkeiten glaubwürdig bei den Investoren zu signalisieren. Deshalb spielen für den Erfolg die Öffentlichkeitsarbeit und Investor Relations eine große Rolle. Es sollten zwar zuerst datengetriebene Strukturen geschaffen, Datenwerte aufgebaut und Beispielprojekte durchgeführt werden, aber dann müssen diese Elemente auch wirksam und im richtigen Umfeld kommuniziert werden.

Literatur

1. Kozyrkov, C. (2018). *The first step in AI might surprise you.* https://medium.com/hackernoon/the-first-step-in-ai-might-surprise-you-cbd17a35708a. Zugegriffen am 30.01.2021.
2. Lauterbach, S., & Bonime-Blanc, A. (2018). *The artificial intelligence imperative.* ABC-CLIO.
3. Correlaid. (2015). *Correlaid.* https://correlaid.org/about. Zugegriffen am 30.01.2021.
4. Ransbotham, S., & Michelman, P. (2020). *Why the 'just do something' strategy for AI won't work.* https://sloanreview.mit.edu/audio/why-the-just-do-something-strategy-for-ai-wont-work/. Zugegriffen am 07.03.2021.
5. Thamm, A., Gramlich, M., & Borek, A. (2020). *The ultimate data and AI guide.* Data AI Press.
6. Strauß, R. E. (2019). *Digitale Transformation, Strategie, Konzeption und Implementierung in der Unternehmenspraxis.* Schäffer-Poeschel.

7. Spiegelhalter, D. (2019). *The art of statistics, learning from data*. Pelican an imprint of Penguin Books.
8. Temek, K. (2020). *Machine-Learning-Anwendungen im Banking: Wie aus Daten Produkte werden*. http://www.ki-note.de/einzelansicht/machine-learning-anwendungen-im-banking-wie-aus-daten-produkte-werden-1. Zugegriffen am 31.12.2020.
9. Iansiti, M., & Lakhani, K. R. (January–February 2020). Competing in the age of AI, how amchine intelligence changes the rules of business. *Harvard Business Review*.
10. Lee, K.-F. (2018). *AI superpowers: China, Silicon Valley, and the new world order*. Houghton Mifflin Harcourt.
11. Ng, A. (2019). *AI Transformation Playbook, How to lead your company into the AI era*. Landing.ai.
12. Hagiu, A., & Wright, J. (January–February 2020). When data creates competititve advantage, and when it doesn't. *Harvard Business Review*.
13. O'Kane, S. (2018). *How Tesla and Waymo are tackling a major problem for self-driving cars: Data*. https://www.theverge.com/transportation/2018/4/19/17204044/tesla-waymo-self-driving-car-data-simulation. Zugegriffen am 30.01.2021.
14. Corritore, M., Goldberg, A., & Srivastava S. B. (January–February 2020). The new analytics of culture, what email, slack, and glassdoor reveal about your organization. *Harvard Business Review*.
15. Lorenz, M., Eichsteller, H., & Wecke, S. (2019). *Fit für die Geschäftsführung, Aufgaben und Verantwortung souverän meistern*. Campus.
16. Hagiu, A., & Wright, J. (Januar–Februar 2020). When data creates competitive advantage. *Harvard Business Review*.
17. Weigend, A. (2017). *Data for the people: How to make our post-privacy economy work for you*. Basic Books.
18. Buxmann, P., & Schmidt, H. J. (2018). *Künstliche Intelligenz, Mit Algorithmen zum wirtschaftlichen Erfolg*. Springer Gabler.
19. Brynjolfsson, E., Hitt, L. M., & Kim, H. H. (22 April 2011). Strength in numbers: How does data-driven decision making affect firm performance? https://ssrn.com/abstract=1819486. Zugegriffen am 06.03.2021.
20. Mohr, N., & Hürtgen, H. (2018). *Achieving business impact with data*. https://www.mckinsey.com/business-functions/mckinsey-analytics/our-insights/achieving-business-impact-with-data. Zugegriffen am 31.12.2020.
21. Cam, A., Chui, M., & Hall, B. (2019). *Global AI survey: AI proves its worth, but few scale impact*. https://www.mckinsey.com/featured-insights/artificial-intelligence/global-ai-survey-ai-proves-its-worth-but-few-scale-impact. Zugegriffen am 06.03.2021.
22. Rebhorn, D. (2019). *Digitalismus, Die Utopie einer neuen Gesellschaftsform in Zeiten der Digitalisierung*. Springer.
23. Provost, F., & Fawcett, T. (2013). *Data science for business, what you need to know about data mining and data-analytic thinking*. O'Reilly.
24. Fader, P., & Toms, S. (2018). *The customer centricity playbook, implement a winning strategy driven by customer lifetime value*. Wharton School Press.
25. McCarthy, D., & Fader, P. (January–February 2020). How to value a company by analyzing its customers. *Harvard Business Review*.
26. Markey, R. (January–February 2020). Are you Undervaluing your Customers? It's time to start measuring and managing their worth. *Harvard Business Review*.
27. SAS. (2016). *The value of big data and the Internet of things to the UK economy*. https://www.sas.com/content/dam/SAS/en_gb/doc/analystreport/cebr-value-of-big-data.pdf. Zugegriffen am 01.02.2021.

Wirksam vorgehen

3

> **Zitat**
>
> „Eine große Herausforderung für Führungskräfte und für moderne Führung in der heutigen Zeit ist die Geschwindigkeit des Digitalismus. Durch die Auswirkungen der Pandemie beschleunigt, ist es nie wichtiger gewesen, durch operative Exzellenz bei der Umsetzung von Datenprojekten im Rahmen der digitalen Transformation zu glänzen, und mit dem sich daraus ergebenden Wandel hervorragend umzugehen, um in Zukunft fortbestehen zu können. Denn der Markt und die Gesellschaften werden sich in diese Richtung massiv verändern."
>
> Daniel Rebhorn, Managing Director diconium, Autor von Digitalismus – Die Utopie einer neuen Gesellschaftsform in Zeiten der Digitalisierung

In diesem Kapitel wird die taktische Ebene genauer betrachtet. Es soll gezeigt werden, wie es geschafft werden kann, dass künstliche Intelligenz, Machine Learning und Data Science langfristig in die Unternehmens-DNA einfließen und genutzt werden, um echte Werte und einen Wettbewerbsvorsprung zu generieren.

Zunächst wird dazu beschrieben, wie mit viel Fokus und einer Ausrichtung auf Wirkung der richtige Rahmen für das Unterfangen gesetzt wird. Anschließend wird gezeigt, wie das Thema Datenmodelle im Unternehmen strukturell aufgesetzt, in Aktion gebracht und eingebunden werden kann. Dabei wird deutlich, welche Fähigkeiten und welches Personal erforderlich sind und welche bedeutsame Rolle ein Datenteam spielen kann. Im Laufe des Kapitels wird dann dargelegt, wie die besten Talente gewonnen und ein Team und Daten-Rollen weiterentwickelt werden können. Denn nur so können die Rollen mit wachsender Erfahrung und Größe des Unternehmens im Laufe der Daten-Reise mit den Anforderungen mitskalieren.

© Der/die Autor(en), exklusiv lizenziert durch Springer Fachmedien Wiesbaden
GmbH, ein Teil von Springer Nature 2022
T. Grupp, *Datenrendite*, https://doi.org/10.1007/978-3-658-35967-6_3

Im weiteren Verlauf wird erörtert, wie mit der hohen Unsicherheit, die sich aus der Komplexität von Datenprojekten ergibt, umgegangen werden kann. Dies, indem bewusste Entscheidungen getroffen und Erwartungen richtig gemanagt werden, das Risiko in Teilschritte zerlegt und durch ein Portfolio differenziert wird.

Im letzten Unterkapitel wird gezeigt, wie bei der Umsetzung von Projekten organisatorisch vorgegangen werden kann, um den speziellen Charakteristika von Datenprojekten besser gerecht zu werden. Dabei werden keine Frameworks zum Projektvorgehen herangezogen, sondern die dahinterliegenden wichtigen Prinzipien, spezielle für Datenprojekte, dargestellt, sodass die Ergebnisse mit einer möglichst großen Vielzahl an Projektmethoden verbunden werden können.

3.1 Auf Problemlösung ausrichten

Häufig werden Datenprojekte als Prestige-Projekte begonnen, ohne dass sich der Nutzen richtig absehen lässt. Diese Projekte werden manchmal nur deshalb begonnen, weil andere solche Projekte umzusetzen scheinen und davon berichten. Es wird dann darauf gehofft, dass sich das Projekt auf magische Weise am Ende auszahlen wird. Oder es wird ein Datenprojekt begonnen und während der Umsetzung verläuft sich das Team mit einem guten Gefühl der starken Bewegung darin, hippe Methoden der künstlichen Intelligenz einzusetzen, ohne das Projekt jemals abzuschließen. Außerdem werden Datenprojekte oft isoliert aufgesetzt, und am Ende ist die Verwunderung groß, wenn diese keine Wirkung im Unternehmen entfalten.

In diesem Unterkapitel wird gezeigt, wie sich Datenprojekte darauf ausrichten lassen, wirklich etwas zu verändern. Die Projekte werden in diesem Werk als Value Driven Data Projects bezeichnet. Es wird näher darauf eingegangen, warum ablenkendes Rauschen weggeschnitten werden muss, um die eigenen Ziele besser zu erreichen. In diesem Kapitel wird deutlich, warum sich ein Blick hinter die Kulissen eines Datenprojektes lohnt, um zu verstehen, was damit erreicht werden kann. Denn am Ende zählt bei einem Datenprojekt im Kern nur, dass mit dem Handeln etwas bewirkt wird, oder für die nächsten notwendigen Schritte schwache oder starke Belege und Erkenntnisse gefunden werden, sodass der nächste Anlauf besser ausgerichtet werden kann.

3.1.1 Ausrichtung ist alles

Im vorherigen Kapitel wurde verdeutlicht, welchen Wert Daten bieten und wie mit ersten wirksamen Beispielen Engagement und Nachfrage im Unternehmen gefördert werden können. Nun wird ausgeführt, wie – vorausgesetzt die richtigen Datenpools sind vorhanden oder lassen sich bilden – solche Ergebnisse auch zügig abgeliefert werden können. Denn für Datenprojekte ist eine klare und schlanke Ausrichtung auf dessen Wirkung entscheidend. Nur so können sich alle Beteiligten gemeinsam einen Weg durch die vielen

Fallstricke von Datenprojekten bahnen und trotz der Komplexität glanzvolle Erfolge abliefern. Doch wie lässt sich eine solche klare und schlanke Ausrichtung erzeugen? Im
Prinzip durch zwei Elemente: indem das Ziel eindeutig erfasst und angestrebt wird und zu
allem anderen Überflüssigen abgegrenzt wird.

Ein eindeutiges Ziel für jedes Projekt muss eindeutig festgelegt werden, was dadurch
erreicht werden soll, und zwar ultimativ in der Sache an sich. Denn ein Zwischenergebnis
ohne Wirkung oder eine Zielgröße, die zwar gut aussieht, aber nichts bewirkt, bringt kein
tangibles Ergebnis für ein Unternehmen. Wie das Ziel auf echte Wirkung ausgerichtet
werden kann, wird im weiteren Verlauf genauer ausgeführt. Dieses Ziel muss anschließend
unmissverständlich kommuniziert werden, denn es legt den Rahmen für die saubere
Abgrenzung des Projektes. Anschließen kann ein echter Key-Performance-Indikator definiert werden, mit dem der Erfolge bewertet werden soll. Dabei ist es wichtig, sich nicht
einem frisierten Key-Performance-Indikator hinzugeben, sondern den Tatsachen ins Ge-
sicht zu blicken [1]. Ein Beispiel: die Kundenzufriedenheit soll erhöht werden. Dass soll
durch eine Verbesserung im Net Promoter Score gemessen werden. Das Projekt muss nun
nachdrücklich und klar auf dieses Ziel und den entsprechenden Key-Performance-
Indikator ausgerichtet werden. Eine mögliche Lösungshypothese könnte die Vorhersage
und der proaktive Umgang mit Problemen sein. Auch wenn es offensichtlich scheint: Eine
Verbesserung, *wie* der Net Promoter Score gemessen wird, die eine Verbesserung des
Scores zur Folge hätte, wäre kein Ergebnis im Sinne des Projektzieles!

Alles Überflüssige abgrenzen   Ganz entscheidend ist zunächst, dass nur das sauber defi-
nierte Problem konkret gelöst wird und nicht generisch. Oft gibt es die Tendenz, gleich
eine größere Lösung für Eventualitäten zu schaffen, ohne dass der Beweis für einen Nutzen im Einzelfall jemals erbracht wurde. Der objektive Blick auf Aufwände und Nutzen
darf nicht von Hypes oder fremden Erfolgsstories verblendet werden. Am Ende ist es egal,
auf welcher Plattform ein Modell entwickelt, wie detailliert es ausgearbeitet wurde oder
welche Schnittstellen für spätere Fälle bereits bereitstehen, wenn ein Datenprojekt im
eigentlichen Sinne gar keinen Nutzen abwirft oder nicht fertiggestellt wurde.

Es ist deshalb wichtig, in der Tiefe und im Detail alles Entbehrliche abzugrenzen und
von Anfang an zu versuchen, einen schlanken Durchstich zu erzielen. Aber auch in der
Breite ist es wichtig, alles Überflüssige loszuwerden: Anforderungen, die nicht im ersten
Versuch angegangen werden müssen, sollten dringend zur Seite gelegt werden. Besser
einzelne Punkte erfolgreich umsetzen, und dann den nächsten Schritt angehen, als zu vieles
gleichzeitig zu versuchen. Auch wenn mit dem Modell gleich mehrere Ziele verfolgt werden könnten, sollte sich nur für das erste vielversprechende Ziel entschieden werden. Alle
Anforderungen, die nicht unbedingt in der ersten Iteration notwendig sind, können als nützliche Weiterführungen des Projektes verbucht werden. Sollte der Prototyp gelingen, können
sie später angegangen werden. Ein auf diese Art und Weise nur auf die wichtigsten Komponenten und ausreichenden Detailgrad gelegte Fokus, ist der wichtigste Schlüssel zum Erfolg.

Nun soll das Thema **Fokus** noch etwas weiter vertieft werden (Abb. 3.1). Hermann Scherer hat Leistung einmal folgendermaßen definiert: Leistung = Potenzial – Ablenkung [2]. Das heißt, wenn Ablenkungen reduziert werden, steigt dadurch die Ergebnisqualität, da das Potenzial besser ausgeschöpft werden kann. Und Ablenkung zu reduzieren, bedeutet konkret, zu allem nicht notwendigen „nein" zu sagen und sich auf den Kern der Sache zu fokussieren. Denn im Gegenteil zur Wahrnehmung ist paralleles Agieren in vielen Feldern in jedem Strang langsamer, denn es erzeugt höhere Kosten durch erforderliche Koordination und Rüstkosten, und liefert schlechtere Qualität durch mangelnde Konzentration auf das Wesentliche. Besser ist eine Serialisierung, bei welcher die einzelnen Aufgaben nacheinander konzentriert umgesetzt werden.

3.1.2 Wirkung erzielen

Im vorherigen Abschnitt wurde verdeutlicht, warum ein klar definiertes Ziel wichtig ist, um das Projekt darauf ausrichten und entbehrliche Teile abgrenzen zu können. Doch zu häufig wird als Ziel ein intensives Bemühen oder ein vorläufiger Output (also beispielsweise die direkte Ausgabe eines Datenmodells) verstanden und nicht dessen Nutzung und das Ergebnis davon und damit die Wirkung im Unternehmen (die Veränderung, die durch die Ergebnisse erzielt wird) (Abb. 3.2, in Anlehnung an Kellogg Logic Model, [Vgl. Kozyrkov 2018 3]). Das passiert insbesondere, da der Wirkungsbereich häufig zu einem gewissen Teil außerhalb des Datenteams oder der Datenkompetenz und dessen Einfluss liegt und eine andere Denkweise erfordert. Im Jahr 2019 gaben beispielsweise 93 % der Unternehmen an, dass die Hürden in Datenprojekten oder der Transformation zu einer AI

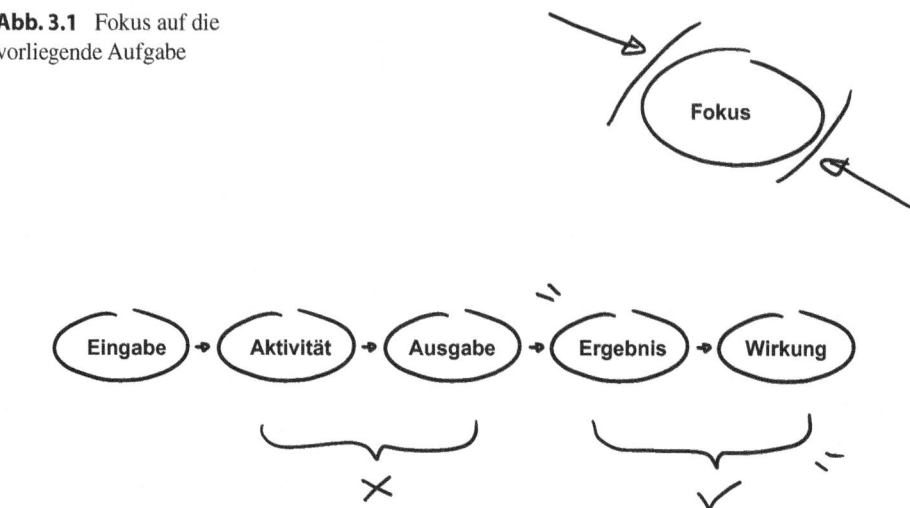

Abb. 3.1 Fokus auf die vorliegende Aufgabe

Abb. 3.2 Kellogg Logic Model

Company nicht in der Datentechnologie selbst lagen, sondern darin, organisatorische Grenzen zu überwinden und Prozesse richtig aufzusetzen [4].

Es ist wichtig, aus dieser Denkfalle auszubrechen: Ein Projekt wird nicht deshalb zu einem erfolgreichen Datenprojekt, weil viele Ressourcen eingesetzt werden oder sich lange und intensiv um perfekte Ausgaben eines Datenmodells bemüht wurde! Viele Unternehmen erleben genau das und erzielen dann kaum Wirkung [5]. Auch wenn sich ein solches Projekt während des Prozesses gut anfühlt, da alle beschäftigt wirken und es eine große Anstrengung bedeutet – ganz im Gegenteil – ein Projekt wird unternehmerisch zu einem erfolgreichen Projekt, wenn eine einfache Regel ohne viel Bemühungen gefunden wird, die dafür produktiv eingesetzt wird, im Unternehmen wirkt und möglicherweise das Unternehmen sogar ein Stück verändert. Ein solches Projekt lässt sich dann als nutzengetriebenes Datenprojekt (Value Driven Data Project) bezeichnen.

Da also oft ein falscher Fokus auf den Datenteil im Projekt gesetzt wird, aber eigentlich System- und Organisationsgrenzen überwunden werden sollten, muss unbedingt der Nordstern der Wirkung statt eines Modell-Ergebnisses über nutzengetriebenen Projekten aufgehangen werden. Dieser Punkt wird im letzten Unterkapitel zur Projektdurchführung vertieft (Abschn. 3.5.3). Denn das ist ein Schlüssel für den Erfolg, und es ist essenziell, dass das gesamte Team, jeder Beteiligte, das Projekt, der Inhalt, das Vorgehen, die Tools und die Plattform dieser Ausrichtung unternehmensübergreifend untergeordnet werden.

Das beginnt bei der Zielsetzung des Projektes und der gelebten Kultur, dass Dinge mit einem Lösungsfokus unternehmensübergreifend an sich angegangen werden. Es betrifft aber ebenso die Projektauswahl, sodass Projekte begonnen werden, die überhaupt eine echte Wirkung erzielen können. Ein Punkt, auf den im Unterkapitel zur Projektdurchführung weiter eingegangen wird (Abschn. 3.5.2). Es bedeutet aber auch, das Vorgehen an sich richtig auf Wirkung auszurichten, denn am Ende zählt nur, dass es eine Wirkung gibt, oder zumindest schwache oder auch starke Indizien für echte Wirksamkeit gefunden wurden. Diese Erkenntnis sollte möglichst früh gefunden werden, deshalb ist es wichtig, lieber oft und schnell ein Projekt vor die Wand zu fahren, als Kilometer nach Kilometer zurückzulegen und dann doch vor einer Wand zu stehen. Daten und Datenprojekte müssen als Beschleuniger für ein Unternehmen gesehen und auch übergreifend so behandelt werden.

3.1.3 Umsetzung in Dateninitiativen

Nachdem nun die Ausrichtung von Datenprojekten auf Wirkung betrachtet wurde, soll jetzt konkreter auf die Situation bei einem Datenprojekt eingegangen werden. Im Folgenden wird dazu gezeigt, wie alle taktischen Bausteine einer Dateninitiative aufgesetzt werden können, um grundsätzlich Wirkung zu erzielen. Zum Beispiel: die richtigen Fähigkeiten auszubilden, Talente anzuziehen und Rahmenbedingungen zu schaffen. Die Betrachtung erfolgt hier aus einem statischen Blickwinkel des Wirkungsmechanismus, um diesen genauer zu beleuchten. Im letzten Kapitel wird dann eine operative, zyklische und dynamische Perspektive darauf eingenommen, die eher dem realen Ablauf entspricht.

Im ersten Kapitel dieses Buches wurde hergeleitet, welche wichtige Bedeutung ein gutes Datenfundament hat (Abb. 3.3 – A). Nun wird weiter darauf eingegangen, wie diese Informationen durch das richtige Vorgehen (Abb. 3.3 – B) genutzt werden können, um eine echte Wirkung, die im vorherigen Abschnitt verdeutlicht wurde, zu erzielen (Abb. 3.3 – C), und welche wichtige Rolle die Struktur, Fähigkeiten und Integration in das Unternehmen dabei spielen (Abb. 3.3 – D):

a. **Daten**: Die Kernvoraussetzung für einen Erfolg ist die richtige Datengrundlage, die sich möglichst einfach beschaffen und nutzen lassen muss. Außerdem müssen in den Daten relevante Informationen für das Projekt enthalten sein, sonst kann noch so lange versucht werden, den Kaffeesatz zu lesen, und es werden immer nur Ergebnisse entstehen, die in der Realität nicht performen. Das lässt sich häufig beobachten, wenn beispielsweise vorgegeben wird, Aktienkursvorhersage endlich geknackt zu haben. Wenn solche Algorithmen auf ungesehenen Daten getestet werden, bricht die Performance meistens ein, da wichtige Informationen in den Daten einfach nicht abgebildet sind. Im Zweifelsfall ist es bei Datenlösungen wirksamer, sich bessere oder andere Daten zu beschaffen, wenn das möglich ist (Abschn. 2.2.2). Oft wird übersehen, dass es erfolgversprechender ist, an den Daten und deren Qualität zu arbeiten, als Datenmodelle zu optimieren (Abschn. 4.2.2).

b. **Vorgehen**: Datenprojekte bergen wesentlich höhere Unsicherheit als klassische Produktentwicklungsprojekte. Deshalb ist es besonders wichtig darauf zu achten, mit dieser Unsicherheit von vornherein richtig umzugehen (Abschn. 3.4). Aber neben der Unsicherheit erfordern erfolgreiche Datenprojekte einige Mechanismen, um wirksame Ergebnisse zu erzielen, beispielsweise eine scharfsinnige Vorgehensweise im Projekt, welche die Risiken in der Umsetzung des Projektes minimiert, indem iterativ vor-

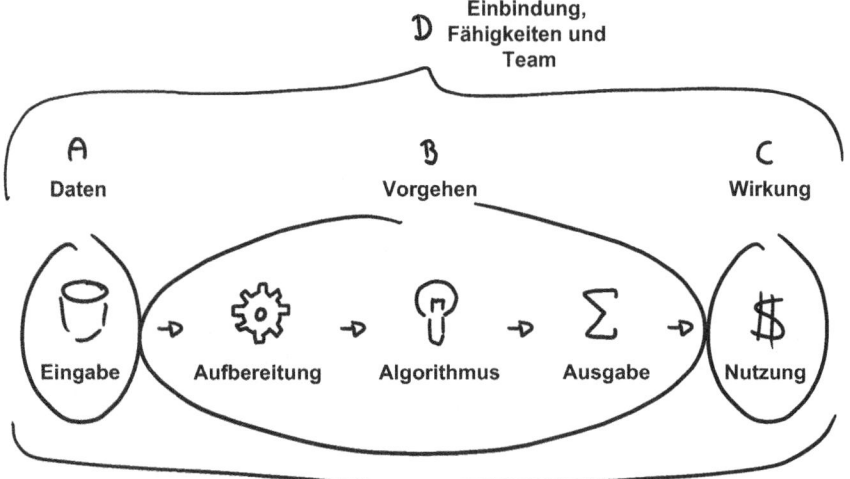

Abb. 3.3 Wirkungsorientierung bei Datenprojekten

gegangen und maximales Lernen sichergestellt wird (Abschn. 3.5). Aber auch das pragmatisch vorgegangen wird, und das Pareto-Prinzip angewendet wird, um Aufwände zu verringern. Abkürzungen zu nehmen, ist durchaus wichtig bei Datenprojekten, denn häufig erfordert der erste Lösungsdurchstich (um eine Wirksamkeit überhaupt zu prüfen) bereits hohe Investitionen. Abschließend sei angemerkt, dass es wichtig ist, sich nicht zu sehr auf Tools oder Methoden zu fokussieren, sondern auf die Lösung des vorliegenden Problems (Ziel). Es kann sogar sein, dass ein versierter Daten-Algorithmus nicht das richtige ist, sondern eine einfache Regel bereits Früchte tragen kann. Die Modelloptimierung wird meistens überschätzt und die Notwendigkeit, die Ergebnisse aus einem Datenmodell zu erklären, zu verbreiten, in Nutzung zu bringen, unterschätzt.

c. **Wirkung**: Der entscheidende Baustein für eine echte Wirkung ist es demnach, Modelle frühzeitig in Nutzung zu bringen [6]. Das, um anschließend durch Experimente oder Tests starke oder schwache Belege für einen echten Effekt zu sammeln und zu verstehen, ob, wann und wie eine Wirkung eintritt (Abschn. 4.3.2). Dadurch können früh Risiken minimiert, die Bemühungen am Markt ausgerichtet und das Vorgehen und der Ansatz durch Feedback verbessert werden. Deshalb ist es so wichtig, das Ziel der Wirkung über dem ganzen Projekt klar und deutlich aufzuhängen [7]. Einzelne Werkzeuge, um das in der Projektorganisation umzusetzen, werden in Abschn. 3.5 vermittelt und wie eine konkrete operative Umsetzung aussehen kann, im letzten Kapitel (Kap. 4).

d. **Einbindung und Fähigkeiten**: Sämtliche vorangegangenen Überlegungen lassen sich nur umsetzen, wenn zwei Voraussetzungen erfüllt sind. Erstens ist es ganz entscheidend, dass die Projekte und Dateninitiativen herausragend gut im Unternehmen eingebunden sind. Das betrifft sowohl die Organisationsstruktur als auch die Projektstruktur, aber auch die Stärke des Netzwerks der einzelnen Personen und die Qualität der übergreifenden Interaktionen und Prozesse. Es ist dafür wichtig, eine Inhouse-Einheit oder ein eigenes dezentrales Daten-Personal zu haben und sich nicht nur auf Externe zu stützen. Denn nur mit einem Engagement und einer Nachfrage sowie einer Lösung aus dem Business heraus, wird es eine Rendite der Projekte geben. Für einen Erfolg braucht es keine nebenläufige Task-Force oder ein Lab, sondern ein vollintegriertes Team, das im Unternehmen wirkt [6]. Zweitens ist es eine Grundvoraussetzung, die richtigen Talente und Fähigkeiten im Unternehmen aufgebaut zu haben. Bei den Talenten sollte es ich um empathische Personen handeln, mit einem zurückhaltenden Ego, die rational agieren, den Sachen auf den Grund gehen möchten, sich aber nicht zu sehr in theoretischen Überlegungen verfangen [7]; sich gleichzeitig als service-orientierte Problemlöser, Macher, Generalisten und Pragmatiker verstehen. Außerdem benötigt es Fähigkeiten zum Thema Datenprojekte an den richtigen Stellen im Unternehmen (wie beispielsweise die Bereitschaft zum partnerschaftlichen Umgang in Datenprojekten auf Augenhöhe, einen pragmatischen Handlungswunsch, aber auch Wissen zu Methoden, Best Practices und kontextbezogenen Fachinhalten). Die Punkte Fähigkeiten und Einbindung werden in den folgenden Unterkapiteln vertieft (Abschn. 3.2 und 3.3).

Wichtig ist, bei sämtlichen Punkten pragmatisch vorzugehen. In der Realität gibt es immer wieder unterschiedliche Szenarien und Rahmenbedingungen. Es gibt Projekte, die zunächst aus einer eher zufälligen Idee entstehen und sich erst später eine Wirkungsmöglichkeit abgezeichnet. Und das Projekt dann sogar unter Umständen eine immense Wirkung hat. Aber es gibt auch Projekte, die sich klar von vornherein planen und abschätzen lassen. Aus diesem Grund ist ein systematisches Vorgehen meisten die richtige Wahl und bildet den idealen Zustand ab. Manchmal können allerdings auch intuitive und gute Lösungen einfach so entstehen. Dieser Möglichkeit sollte ebenfalls Raum gelassen werden.

Unter dem Stricht ist es deshalb wichtig, nicht zu dogmatisch zu handeln. In einem sinnvollen Umfang ist es in Ordnung (falls die Ressourcen vorhanden sind), wenn Lösungen intuitiv umgesetzt werden, die zwar nicht direkt einen Key-Performance-Indikator bewegen, aber vermutlich strategisch von Nutzen sein könnten. Oder Lösungen, durch die für Folgeprojekte viel gelernt oder eine großartige Grundlage für andere Maßnahmen geschaffen werden kann. Denn oft genug funktionieren Datenprojekte nicht; deshalb ist es so wichtig, sich dem Thema iterativ zu nähern, viele verschiedene Ansätze zu versuchen und gerade am Anfang möglichst viel Erfahrung in alle Richtungen zu sammeln.

3.1.4 Zusammenfassung

Dieses Unterkapitel hat verdeutlicht, wie wichtig ein klarer Fokus auf ein Ziel bei Dateninitiativen ist. Denn nur so kann eine hohe Geschwindigkeit und Ergebnisqualität erreicht werden. Weiter wurde vermittelt, dass sich dieses Ziel nicht auf ein Zwischenergebnis beziehen sollte und deshalb dringend außerhalb der Datenwelt im Sinne von Nutzen und Wirkung im Unternehmen gedacht werden muss. Anschließend wurde gezeigt, wie sich diese Ausrichtung auf Wirkung durch alle wichtigen Elemente einer Dateninitiative durchziehen lässt, und welche Punkte dabei berücksichtigt werden müssen: Es muss an den richtigen Stelleschrauben gearbeitet werden, wie beispielsweise an den Eingangsdaten, die Optimierung von Modellen darf nicht überbewertet werden, es muss richtig mit der großen Unsicherheit von Datenprojekten umgegangen werden und die Nutzung der Ergebnisse muss dringend frühzeitig angestrebt werden. Dafür sollte das Projekt im Unternehmen gut eingebunden werden und die richtigen Fähigkeiten vorhanden sein.

Herausforderungen für Unternehmen
Die Themen Ausrichtung, Fokus und Wirkung spielen in allen Unternehmensgrößen und -Arten eine gleichbedeutende Rolle. Deshalb wird an dieser Stelle nicht auf detaillierte Unterschiede eingegangen. Selbstverständlich spielt die organisatorische Einbindung in kleineren Unternehmen zwar eine weniger wichtige Rolle als in großen Unternehmen und die Wirkung [8] in NPOs und Regierungsunternehmen eine noch viel bedeutendere Rolle als in anderen Unternehmensformen, aber die Geschwindigkeit und der Erfolg, der sich grundsätzlich durch eine scharfe Ausrichtung auf Wirkung, durch das

Tab. 3.1 Checkliste „Auf Problemlösung ausrichten"

Maßnahme	Understand	Initiate	Grow	Lead
Der richtige, möglichst scharfe Fokus auf *ein* Kernziel, das erreicht werden soll, ist entscheidend, um schnell zu einem Ergebnis zu gelangen.	X	X	X	(X)
Jede Ablenkung, jede Parallelisierung sollte so weit wie möglich vermieden werden.	X	X	X	(X)
Das gesamte Vorhaben muss nachdrücklich übergreifend und durch alle Ebenen hindurch auf das Ziel der messbaren Wirkung ausgerichtet werden.	X	X	X	(X)
Alle wichtigen Aspekte einer Dateninitiative (Daten, Vorgehen, Wirkung, Einbindung und Fähigkeiten) müssen auf den besten Weg zur maximalen Wirkung hin durchdacht werden.	X	X	X	(X)

Abgrenzen von Nebenzielen und zu hoher Tiefe, und durch das Anwenden dieser Prinzipien auf jeder Ebene ergeben, sind allgemeingültig (Tab. 3.1).

Checkliste

▶ Das Wichtigste bei einer Ausrichtung auf Wirkung ist es, diese Zielsetzung von Anfang an klar zu formulieren und die richtige Erwartungshaltung an Projekte und Initiativen zu stellen. Es ist nicht wichtig, welcher Weg eingeschlagen wird oder wie eine Ausgestaltung aussieht, sondern es geht darum, ein Problem auf dem besten Weg zu lösen. Dies sollte gegenüber allen Beteiligten ausgesprochen und der Lösungsweg offengelassen werden, während möglichst viele Optionen zur Zielerreichung offenstehen sollten. So kann ohne Gesichtsverlust der beste Weg gefunden werden, der eine Wirkung entfaltet; d. h. es gehört auch eine gute Fehler- und Lernkultur zu einer Ausrichtung auf Wirkung hinzu.

3.2 Ins Unternehmen integrieren

Häufig wird ein Trend wie Datengetriebenheit und künstliche Intelligenz zu spät erkannt und dann versucht, mit einem hohen Budget eine schnelle Transformation durch das Unternehmen zu jagen. Das endet in vielen Fällen damit, dass ein unabhängiges Lab aufgesetzt wird, das keine Wirkung im Unternehmen entfaltet, oder dass durch Externe vielfältige Projekte umgesetzt werden, die zwar inhaltlich erfolgreich sind, deren Learnings und Wissen aber nicht in die Unternehmens-DNA zurückfließen und weitergeführt werden. Dieser Fehler kann vermieden werden: Dazu dürfen keine unabhängigen Silos neben der Kernorganisation des Unternehmens aufgebaut werden, die nicht richtig eingebunden sind. Denn wenn eine abgeschlossene Einheit nicht richtig gebunden ist, ist die Gefahr groß, dass die Ergebnisse aus Projekten gegen Wände laufen, wenn sie ausgerollt werden sollen, und dann ist die Wirkung im Rest des Unternehmens gering.

In diesem Abschnitt wird verdeutlicht, wie die richtige Struktur im Unternehmen gefunden werden kann, um von einer starken und erfolgreichen Verbindung im Unternehmen zu profitieren, mit der von Anfang an Wirkung erzielt, aber gleichzeitig die Schlagkraft und Geschwindigkeit an zentraler Stelle entwickelt werden kann, um mit Daten richtig erfolgreich zu sein. Es wird weiter dargelegt, welche große Rolle ein Mandat zu handeln spielt und wie eine nachhaltige Verbindung von Datenteams mit dem Rest des Unternehmens aufgebaut werden kann. Das, um gemeinsam mit anderen eine echte Veränderung im Unternehmen zu initiieren. Es wird gezeigt, wie eine Anlauf- und Koordinationsstelle von Datenthemen entsteht und wie mit anderen Bereichen zusammengewirkt werden kann.

3.2.1   Richtige Struktur finden

Um zu erörtern, wie gute Möglichkeiten der Organisation aussehen, sollen zunächst mögliche Organisationsformen für Dateninitiativen auf struktureller Ebene beleuchtet werden. So können Vor- und Nachteile besser eingeordnet werden. Denn durch die grundsätzliche Organisationsform wird ein großer Anteil der Aussage gegenüber Shareholdern, dem Markt, aber auch über die Akzeptanz und die Wirkungsmöglichkeiten im Unternehmen bestimmt. Wichtig ist zu verstehen, dass sich die Projektorganisation stark von der disziplinarischen Organisation unterscheiden, beispielsweise wesentlich crossfunktionaler gelebt werden kann. Die Projektorganisation wird im letzten Unterkapitel betrachtet (Abschn. 3.5.3). Die möglichen Strukturen werden also an dieser Stelle hierarchisch aufgezeigt, um Klarheit zu schaffen, auch wenn sie in modernen Unternehmen stärker als ein flexibleres Netzwerk aufgefasst werden können, dass sich den Notwendigkeiten besser anpassen kann. Prinzipiell können vier Wege für eine Aufbauorganisation einschlagen werden (Abb. 3.4):

1. **Eigener Datenbereich (zentralisiert)**: Es gibt einen eigenen zentralen Unternehmensbereich/-funktion oder Abteilung für Daten, und die Daten-Rollen sind in diesem organisiert und angesiedelt. Sie können von allen anderen Unternehmensbereichen angefragt werden bzw. arbeiten mit diesen zusammen.
2. **Bereich in der Linie (teilgebündelt)**: In den jeweiligen Unternehmens- oder Fachbereichen mit hohem Datenbedarf gibt es eine eigene Datenabteilung, in der die Daten-Rollen organisiert und angesiedelt sind. Diese koordinieren für sich mit ihrer Linie.
3. **Voll eingebettet (dezentralisiert)**: Die Daten-Rollen sind vollständige Teammitglieder oder Teilaufgaben eines Nicht-Daten-Bereichs oder -Funktion ohne weitere Organisationseinheit. Die Aufgaben werden nur im eigenen Umfeld koordiniert.
4. **Mischform (hybrid)**: Verschiedene Elemente der oben genannten Organisationsformen werden gleichzeitig eingesetzt. Das kann beispielsweise eine klassische Matrixorganisation sein, in der die Daten-Rollen in Bezug auf Datenaspekte an eine zentrali-

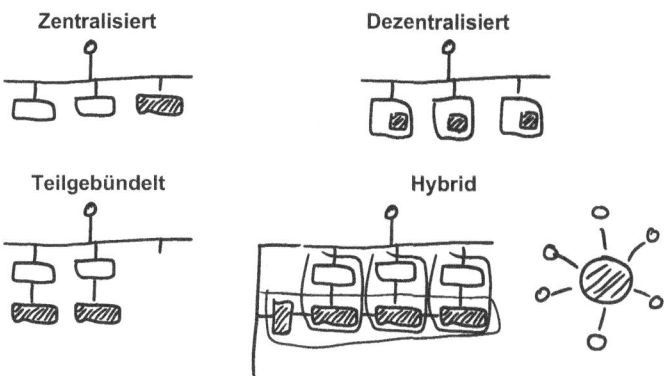

Abb. 3.4 Organisationsformen für Datenteams

sierte Daten-Funktion berichten, fachlich aber an den Fachbereich angekoppelt sind. Eine moderne Form davon (die durch Spotify bekannt geworden ist, dort aber schon seit einiger Zeit aus diversen Problemen heraus nicht mehr gelebt wird), ist die Strukturierung in Gilden und Tribes, die in etwa einer Matrixorganisation mit einem stärkeren Netzwerkdenken entspricht. Eine Alternative dazu ist die Hub-and-Spoke-Organisation, in welcher ein zentrales Team die Strategie und Handlungen koordiniert und eine tiefe Servicepalette anbietet (Hub) sowie die verschiedenen Fachbereiche mit einer schlanken Einheit schlagkräftig und schnell passend für den jeweiligen Bereich agieren, sich aber mit dem Hub für Entscheidungsfindungen und tiefergreifende Themen zurückverbinden (Spoke). Bei dieser Form ist die saubere Klärung von Verantwortlichkeiten und klare Steuerung aus einer Richtung wichtig, sodass nicht später diffuse Verantwortlichkeiten oder gegensätzliche Steuerungsimpulse von verschiedenen Seiten dazu führen, dass nichts vorangeht oder sich Impulse gegenseitig blockieren.

Mit den möglichen Organisationsformen lässt sich jetzt erörtern, welche Form zu welcher Zeit am besten Sinn ergibt. Meistens ist grundsätzlich das folgende Muster sehr wirksam: am Anfang eine (oder mehrere) stark verbundene möglichst zentrale Funktion bilden, um inhaltlich schnell zu lernen und das Datenwissen in einem Team auszutauschen, und damit gleichzeitig ein erfahrenes Kernteam auszubilden. Anschließend dann aus diesem erfahrenen und sich verbunden fühlenden Team „Ableger" zu bilden und diese stärker in den Rest der Organisation zu überführen (embedden) bzw. ggf. eine zentrale Klammer bestehen zu lassen, über die koordiniert und gesteuert wird. Dabei ist es wichtig, darauf zu achten, dass keine Silos durch die Einbettung entstehen [9]. Gleichzeitig bedeutet dieser Weg auch, dass zumindest für eine gewisse Periode gerade zu Beginn ein zentrales Inhouse Team im Bereich künstliche Intelligenz, Machine Learning, Data Science oder für Daten allgemein existiert, dass als Träger der Initiative gesehen werden kann [10] und die durchgängige Klammer bildet.

Doch welche Organisationsform am besten passt und funktioniert, hängt auch von der Größe des Unternehmens und von dem Reifegrad des Unternehmens hinsichtlich Daten ab:

- **Bei kleineren Unternehmen in einer frühen Phase:** An dieser Stelle ist meistens eine voll eingebettete Organisationsform passend, denn es wird häufig mit wenig Personal gestartet, das keinen eigenen Bereich erfordert. Die Koordination kann noch pragmatisch ohne viel Organisationsstruktur innerhalb des Unternehmens erfolgen.
- **Bei kleineren Unternehmen in einer fortgeschrittenen Phase:** Sinnvoll ist meistens – je nach Stärke des Teams – ein eigener Datenbereich. So kann die Datenkompetenz an einer klaren Stelle verortet und nach außen transportiert werden, und die Verbindung mit anderen Teams und Bereichen kann gut informell durch kurze Wege und direkte Verbindungen erfolgen.
- **Bei größeren Unternehmen in einer frühen Phase:** Häufig ist ein eigener Datenbereich oder ein Bereich in der Linie (bzw. mehrere) angebracht, um zunächst an einer gebündelten Stelle (oder mehreren), die Initiativen zu starten und zu koordinieren. Um die Organisation mitzunehmen und zu einer Transformation zu gelangen, ist es wichtig, möglichst gleich oder früh in eine hybride Organisationsform überzugehen.
- **Bei größeren Unternehmen in einer fortgeschrittenen Phase:** Für diese Form von Unternehmen und in diesem Reifegrad ergibt es am meisten Sinn, eine hybride Organisationsform zu wählen, sodass Daten weitereichend in das Unternehmen integriert werden und nicht „nebenherlaufen", aber noch eine zentrale Koordination stattfindet. Wenn Koordination keine große Rolle spielt, kann sogar in eine fast vollständig eingebettete Form übergegangen werden, wie es große Tech Player momentan vormachen, solange noch genügend Austausch und Weiterbildung zu Datenprojekten innerhalb der Disziplin stattfindet. Hier wird ein Data Mesh angestrebt, indem einzelne Projekte selbst für ihre Daten und Datenlösungen verantwortlich sind, inklusive der vollständigen Aufbereitung, und von zentraler Stelle nur durch ermächtigende Maßnahmen unterstützt werden.

Am Wichtigsten ist es, unabhängig von der jeweiligen Organisationsform der Daten-Rollen, darauf Wert zu legen, dass ein proaktiver, partnerschaftlicher und empathischer Umgang mit anderen Disziplinen, Funktionsbereichen und Teammitgliedern stattfindet, sodass Daten als etwas Helfendes und Positives wahrgenommen werden können. Darauf wird im weiteren Verlauf nun genauer eingegangen. Denn nur so können Funktionsbereiche, wie beispielsweise Finance, Marketing, Logistik, Produktentwicklung, Customer Service, Sales eine Erweiterung der Fähigkeiten durch Daten annehmen und gemeinsam etwas Großes daraus machen, und ein Unternehmen sich damit durch Daten insgesamt weiterentwickeln.

3.2.2 Mandat zu handeln und Transformation

Um mit einer Daten-Initiative erfolgreich sein zu können, benötigt es Rückendeckung aus der Unternehmensführung, dem Vorstand, dem Aufsichtsrat und dem Management. Nachdem im vorherigen Abschnitt dargestellt wurde, wie Datenteams in die Unternehmensorganisation eingebunden werden können, wird jetzt darauf eingegangen, wie das nötige Backing erzielt werden und die Rolle eines Teams aufgegriffen werden kann, um langfristig handlungsfähig zu werden und zu bleiben.

Häufig entwickelt sich ein Datenteam zu einer reaktiven Einheit, die als Dienstleister im Unternehmen ohne Fachwissen oder Business-Kontext Reports erstellt oder Daten abfragt. Doch der große Wert von Daten liegt in Datenmodellen, -Produkten und -Lösungen die ganzheitlich entwickelt werden. Denn Datenkomponenten lassen sich nicht einfach auf Anforderung „zuliefern". Zum einen kennen andere Einheiten die Möglichkeiten und Einschränkungen von Datenlösungen nicht gut genug, da sie Datenmodelle nicht so tief durchdringen wie Datenexperten. Sie können diese deshalb nicht anfordern. Zum anderen müssen die Datenexperten Zugang zum Business-Kontext bekommen, um die Lösungen richtig entwickeln zu können und der Zielsetzung einer anderen Einheit zum Erfolg verhelfen zu können.

Im Kern spielen also die Verringerung von Barrieren zwischen Bereichen in beide Richtungen und der Zugang zum Business-Kontext eine entscheidende Rolle, um Erfolg zu haben. Dafür muss ein Datenteam zu einer gleichwertigen Einheit wie andere Fachbereiche werden, sodass sich auf Augenhöhe und mit Impulsen in beide Richtungen begegnet werden kann. Um das zu erreichen, benötigt es ein klares Mandat von der gesamten Unternehmensführung für das Datenteam, um konkret mit Daten handeln und eigene Impulse auslösen zu dürfen, sodass echte Werte eigeninitiativ generiert werden können. Ein klares Mandat beginnt in der Geschäftsführung oder besser sogar im gesamten Vorstand und Aufsichtsrat. Aber es sollte mindestens im oberen Management ausgesprochen werden, sodass das Datenmandat die Unternehmensstrategie (auch crossfunktional) umsetzen kann.

Im ersten Kapitel wurde verdeutlicht, wie bedeutend es ist, ein gemeinsames Alignment zu Daten zu erlangen (Abschn. 2.2.3). Ein solches Alignment ist wichtig dafür, alle Stakeholder abzuholen und in die gleiche Richtung auszurichten. Denn es macht die Stakeholder zu Verbündeten in dieser Angelegenheit. Dieses Alignment ist die richtige Voraussetzung, um den Boden für ein explizites Mandat zu bereiten. Wenn es ein grobes Zukunftsbild für das Thema Daten gibt, kann darüber als Teil oder Fortsetzung im exekutiven Management (beispielsweise dem C-Level) eingefordert werden, dass eine klare Verantwortung für Daten dem (eventuell neugeformten) Datenbereich oder den Daten-Rollen an verschiedenen Stellen ausgesprochen wird (Abb. 3.5).

Zwar kommt ein großer Teil der Erfolgschancen aus einer guten Einbindung des Themas in die vorhandene Struktur, aber um nicht nur reaktiv auf niedriger Flughöhe Standarddatenanforderungen umzusetzen, benötigt es einen solchen starken Auftrag, um in eine gestaltende Rolle im Wechselspiel mit anderen Einheiten gelangen zu können [7]. Diese Rolle muss

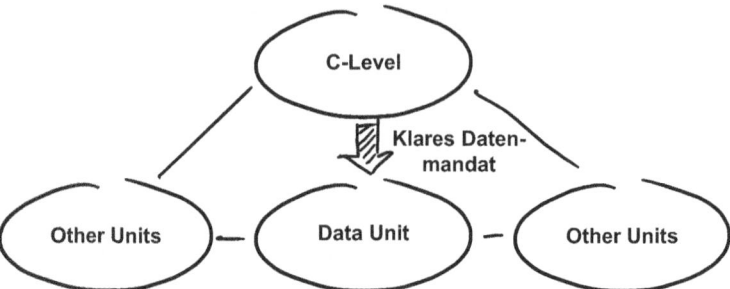

Abb. 3.5 Mandat für die Dateneinheit

dann auch gelebt werden. Im ersten Kapitel wurde dazu gezeigt, wie durch entsprechende Rückfragen und Einfordern von Daten ein kultureller Wandel ausgelöst werden kann. An dieser Stelle kann ein Vorleben ebenso helfen, den Auftrag zum Leben zu erwecken.

Es lässt sich allerdings kein datengetriebenes Unternehmen oder eine AI Company nur damit schaffen, indem in ein klassisches Unternehmen ein hochausgebildetes Daten- oder sogar Deep-Learning-Team hineingesetzt wird, das dann von außen Daten und künstliche Intelligenz auf alle Bereiche der Wertschöpfungskette im Unternehmen streuen soll. Dies ebenso wenig, wie aus einem stationären Ladengeschäft, das eine Webseite aufgesetzt hat, keine Internet-Firma geworden ist. Neben der klaren Entscheidung für eine Veränderung und einem Handlungsauftrag, sodass das Thema angegangen werden kann, werden für eine wirksame Transformation drei weitere wichtige Komponenten benötigt [10]:

1. **Projekte**, die in gemeinsamen Teams durchgeführt werden, in denen alle Teilnehmer voneinander am konkreten Beispiel lernen: Daten-Rollen über das Business und die Zielsetzung, Nicht-Daten-Rollen über die Möglichkeiten von Datenlösungen und deren speziellen Eigenschaften. Aber auch das Management, um zu sehen was möglich ist und was gut funktioniert. In diesem Sinne können Daten-Rollen sogar als Botschafter für die Datentransformation aufgefasst werden. Denn mit ihrer Hilfe und durch Beispiel-Projekte kann das Unternehmen umgestaltet werden.
2. Unterstützende Ausbildung und **Trainings**, um das Verständnis und die Kompetenz weiterzuentwickeln. Allerdings ist zu beachten, dass Trainings, deren Inhalte über längere Zeit nicht verwendet werden oder nur eine isolierte Trockenübung darstellen, schnell in Vergessenheit geraten. Deshalb ist es besser, über konkrete Projekte und Aufträge, Wissen und Erfahrung in der Anwendung parallel zu Projekten aufzubauen (Abschn. 3.3.3).
3. Eine gehörige Menge Zeit und ein ausreichend **großes Momentum**. Denn es benötigt einige Projekte, Durchhaltevermögen, Erfahrungen und Wiederholungen, bis das Verständnis wächst, alle wichtigen Bereiche im Unternehmen erreicht wurden und genügend Sichtbarkeit geschaffen wurde. Dabei dürfen initiale Projekte nicht einschlafen. Nach ersten Learnings muss unter Umständen eine noch größere Veränderungswelle ausgelöst werden. Aber nur so können Dateninitiativen nachhaltig in die Unternehmens-DNA einfließen [11].

3.2.3 Souverän zusammenarbeiten

Um entsprechend der zuvor genannten Punkte eine echte Transformation zu erzielen und um mit Dateninitiativen allgemein erfolgreich zu sein, ist es entscheidend, eine tiefe Verbindung mit anderen Einheiten des Unternehmens zu erreichen. Da der Wert von Daten meistens nicht in einer Dateneinheit selbst, sondern an jeder anderen Stelle im Unternehmen entsteht, muss sich ein Datenbereich intensiv mit anderen Projekten, Bereichen und Themen verbinden. Auf allen Ebenen ist eine enge und wertstiftende Zusammenarbeit wichtig.

Nun wird zunächst auf Grundprinzipien geblickt, um die Basis für eine intensive und wirksame Zusammenarbeit zu legen. Wie die Zusammenarbeit in einem konkreten Teamsetup funktionieren kann, wird dann im letzten Abschnitt des Kapitels gezeigt (Abschn. 3.5.3). Um eine erfolgreiche Zusammenarbeit zu etablieren, muss insbesondere in einer frühen Phase das primäre Ziel sein, starke Nachfrage von anderen Bereichen nach Datenlösungen zu bekommen. Als Bereiche, für die Lösungen geschaffen werden, kommen alle Funktionsbereiche wie Marketing, Sales, Customer Service, Produktentwicklung, Logistik, Finance, HR, aber auch das strategische Management oder Geschäftsfelder in Frage. Es ist wichtig, auf starke Verbindungen mit jedem Bereich, indem Werte geschaffen werden sollen, zu achten, denn erst, wenn mit einem starken Partner zusammen und mit dessen Nachfrage Lösungen entwickelt werden, können gemeinsam geschaffene Lösungen mit Sicherheit genutzt und ihre Wirkung entfaltet werden. Damit dies gelingt, sind für den Erfolg in der Zusammenarbeit drei Dinge Voraussetzung: sich erstens stark auf den anderen einzustellen, zweitens wirklich auf Augenhöhe zusammenzuarbeiten und drittens für den anderen Wert zu stiften (Abb. 3.6).

1. **Auf den anderen einstellen**: Jeder Bereich hat sein eigenes Tempo, einen eigenen Hintergrund, unterschiedliche Ziele, Präferenzen, unterschiedliche Skills und unter-

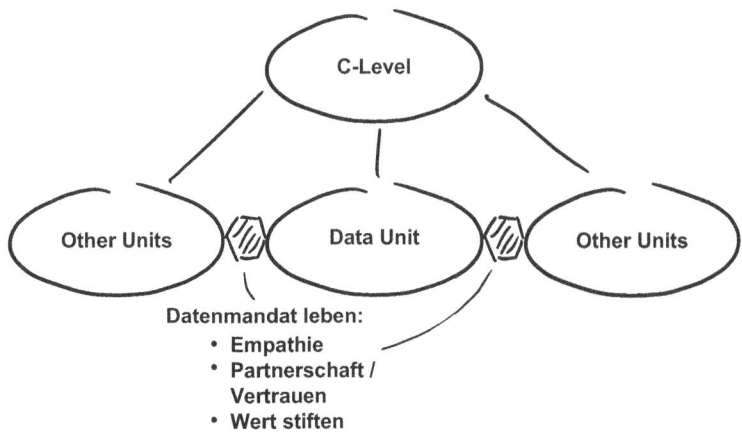

Abb. 3.6 Verbindung mit anderen Einheiten

schiedliche Mitarbeiter. Um erfolgreich zusammenzuarbeiten, ist es besonders wichtig, sich in der Zusammenarbeit darauf gut einzustellen. Denn Empathie ist an dieser Stelle die Grundvoraussetzung für einen Erfolg. Welche Voraussetzungen gibt es? Welches Tempo kann gegangen werden? Auf welchem Komplexitätsgrad muss oder kann kommuniziert werden? Eine Datenrevolution erfordert je nach Reifegrad des Unternehmens ein gewaltiges Umdenken, und dieser Weg muss gemeinsam mit anderen gegangen werden. Dabei müssen Ängste genommen und Wünsche integriert werden. Deshalb ist es entscheidend, grundsätzlich zu verstehen, wie jeder Einzelne im Bereich mit Daten interagieren möchte. Beispiel: Soll an dieser Stelle gerade vor dem Treffen von Entscheidungen Sicherheit durch Daten erlangt werden? Oder soll erst einmal gehandelt werden und nach bestimmten Maßnahmen deren Wirkung verstanden werden? Sollen Prozesse automatisiert werden? Sollen neue Lösungen geschaffen werden? Oder sollen bestehende Lösungen verbessert werden? Zusammengefasst ist der Schlüssel, um einen „Pull" aus anderen Bereichen zu bekommen, deren Probleme und Hintergründe richtig und tiefgründig zu verstehen und dann mit an diesen Dingen zu arbeiten, sodass das Gefühl entsteht, gemeinsam in einem Boot zu sitzen: Was möchte der Bereich wirklich erreichen und wo sind die größten Schmerzen? [9]

2. **Auf Augenhöhe zusammenarbeiten**: Es ist entscheidend, dass partnerschaftlich mit der nötigen Achtsamkeit zusammengearbeitet wird. Denn dadurch entstehen gemeinsame positive Erfahrungen, die das Fundament für eine tiefergreifende Verbindung und ein solides Netzwerk sind. Denn der Partnerbereich benötigt Datenexpertise und der Datenbereich das Fachwissen. Beide müssen vertrauensvoll ausgetauscht werden können, sodass etwas Größeres entstehen kann. Das gelingt nicht in einer Auftraggeber-Auftragnehmer-Beziehung, denn es erfordert von jeder Seite eine tiefere Motivation, sich in die Gegenseite hineinzudenken und für diese mitzudenken. Dazu braucht es weitreichenden Austausch und Freiheitsgrade, die Vertrauen voraussetzen. Deshalb ist es wichtig, nach den Regeln zu spielen und diese einzufordern, um Vertrauen aufzubauen. Wie kann nun eine solche Zusammenarbeit konkret aussehen? Beispielsweise gelingt eine solche Zusammenarbeit, indem sich gegenseitig im Verteiler gehalten wird, zu Informationen, Neuigkeiten und wichtigen Überlegungen, sodass alle auf dem gleichen Wissensstand sind. Außerdem sollten Erkenntnisse sofort weitergegeben werden, wenn im Prozess neue Informationen entstehen und nicht als Vorteil genutzt werden. Auch führen häufige informelle Gespräche und offizielle Schulterblick-Termine und Previews dazu, dass keine negativen Überraschungen, sondern ein gemeinsames Bild entsteht. Um keine Überraschungen zu erleben, ist eine weitere Voraussetzung, Projekt-Wünsche frühzeitig bei anderen anzukündigen oder andere dazu abzuholen. Dadurch kann von Anfang an eine gemeinsame Grundlage geschaffen werden.

3. **Für den anderen Wert stiften**: Damit die partnerschaftliche Zusammenarbeit wertgeschätzt wird, kommt es am Ende darauf an, dass für beide Seiten Nutzen entsteht. Die Probleme des Anderen müssen unkompliziert und ohne große Schmerzen gelöst werden. Deshalb ist es wichtig, dass andere Bereiche mit den Skills aus den Datenrollen gestärkt werden, ihnen Lösungen angeboten und sie in ihren Zielen bekräftigt und

weitergebracht werden. Für ein gesundes Gleichgewicht gilt das in beide Richtungen. Also muss von einer solchen Zusammenarbeit auch der Datenbereich profitieren. Hierfür braucht es ein gemeinsames Verständnis für diese Austauschbeziehung. Wie kann Wert gestiftet werden? Ganz entscheidend ist es, früh echten Nutzen aus Projekten zu erhalten. Deshalb ist es erneut besonders wichtig, sich auf schnelle Wirkung zu fokussieren und keine Spielprojekte zu schaffen. Aber nicht nur schnelle (Zwischen-)Ergebnisse stiften Wert, sondern auch, andere Bereiche bezüglich Daten und deren Möglichkeiten bzw. zu Fachfragen in Bezug auf Daten zu ermächtigen. Dazu können Angebote wie Projekt-Showcase-Präsentationen, Frage-und-Antwort-Runden oder selbstangebotene Weiterbildungsprogramme und Trainings zählen. Denn wenn sich wirklich gegenseitig empowert wird, entsteht schnell eine Vertrauensbasis und damit wachsende Nachfrage. Gleichzeitig ist das gegenseitige Verständnis eine Voraussetzung, um überhaupt handlungsfähig zu werden [6, 10].

3.2.4 Zusammenfassung

In diesem Unterkapitel wurde erörtert, wie eine erfolgversprechende Struktur für eine Dateninitiative im Unternehmen gefunden werden kann. Es wurde verdeutlicht, dass es wichtig ist, in jedem Reifegrad die richtige Form zu wählen, sodass gerade am Anfang Datentalente ausgebildet, erste Projekte entwickelt, damit experimentiert und Erfahrungen ausgetauscht werden können, aber auch möglichst eng mit anderen Bereichen zusammengearbeitet und das Team skaliert werden kann. Anschließend wurde darauf eingegangen, warum es für den Erfolg einen klaren Handlungsauftrag aus dem Management benötigt, um Datenthemen treiben zu können und aus Datensicht durchdenken zu dürfen. Denn das gesamte Unternehmen muss diesen Auftrag annehmen können. Dann wurde die Bedeutung von hochwertigen Beziehungen mit anderen Bereichen näher verdeutlicht, denn nur so kann erfolgreich gemeinsam gehandelt werden. Und für das gemeinsame Handeln benötigt es die Nachfrage aus Bereichen heraus, und dafür muss eine vertrauensvolle Beziehung und der Glaube an einen Nutzen an anderen Stellen entstehen. Dafür ist das Teilen und Stärken von anderen Teams im Hinblick auf Daten wichtig.

Herausforderungen für Unternehmen
In kleinen Unternehmen ist die entscheidende Herausforderung, genügend zentrale Kraft zu entwickeln, sodass das Thema an Momentum gewinnt. Oft lässt sich ein Mandat zu handeln unkompliziert erwirken, und die Transformation ist gut über Projekte umzusetzen. Denn es gibt kurze Wege, alle bekommen alles mit und die informelle Kommunikation ist ausreichend zum Austausch. Auch gibt es oft den Nährboden für eine hervorragende Zusammenarbeit auf Augenhöhe, da ohne eine stark formalisierte Struktur schnell gemeinsam an einem Strang gezogen werden kann.

In großen Unternehmen ist die richtige Struktur eine Herausforderung. Denn es müssen viele Bereiche im Unternehmen erreicht und unterstützt werden. Gleichzeitig ist eine abgestimmte Entwicklung der Datenkompetenz, dem Datenerfahrungsschatz und der Datenkultur wichtig. Es muss also eine große Kluft zwischen der Nähe am Business und einer koordinierenden Kernstelle überwunden werden. Die notwendigen Abstimmungen erzeugen Widerstände und Reibung. Um sich nicht in langwierigen Diskussionen zu verlaufen, ist ein klares Mandat zu Handeln entscheidend. Liegt das Mandat vor, ist es wichtig, möglichst schnell in eine handelnde Perspektive zu wechseln, die während der Umsetzung genügend Platz für Austausch, Beziehungsarbeit und Strukturwandel lässt. Hier ist die Schirmherrschaft aus Aufsichtsrat, Vorstand und Management wichtig, sodass eine faire und lösungsorientierte Form der Zusammenarbeit ausgeübt werden kann und im Detail ein vertrauensvoller Austausch und Netzwerk entsteht.

In NPOs/Regierungsunternehmen ist der Weg oft steinig, eine Struktur und Freigaben für Datenkompetenzen zu erwirken. Häufig wird in diesen Unternehmen für Datenlösungen nach extern geblickt, und diese werden nicht als dauerhafte und zukünftig selbst notwendige Kompetenz angesehen. Deshalb wird die Aufgabe halbherzig an andere übertragen. Hier ist meistens die Challenge, eine grundsätzliche Entscheidung für einen eigenen Aufbau und dann ein Mandat, herbeizuführen. Ist das erwirkt, ist die größte Herausforderung, einen Kulturwandel herbeizuführen. Dafür braucht es genügend Zeit, viel Training und eine ausgeprägte Empathie und Vorsicht, sodass mit allen Erwartungen, Ängsten und Regulierungen umgegangen werden kann (Tab. 3.2).

Checkliste

▶   Der entscheidende Schritt für eine echte Integration ist es, nicht über feste Rollen und Verantwortungsbereiche nachzudenken, sondern die verschiedenen Daten-Skills als ein Talent aufzufassen, das im Unternehmen eingebracht wird. Dann Projektteams entsprechend aufzustellen, dass die benötigten Talente vertreten sind und sich gemeinsam im Projektteam, aber auch im Kreis der Datentalente dazu ausgetauscht wird. Durch eine solche netzwerkartige Organisation wird eine perfekte Verbreitung und Wirkung von Daten im Unternehmen sichergestellt.

3.3   Talente gewinnen und empowern

Eine große Herausforderung liegt darin, zu wissen, welche Kompetenzen für das Thema Daten im Unternehmen benötigt werden, diese dann zu finden oder richtig weiterzuentwickeln, und anschließend die Aufgaben mit dem Wachstum zu skalieren. Oft ist ein wichtiger Schritt auf diesem Weg, mit einem Inhouse Team oder zumindest zum Teil zentralen Team für künstliche Intelligenz, Machine Learning oder Data Science zu starten. Das, um die notwendigen Kompetenzen schnell selbst zu entwickeln und möglichst viele Lear-

Tab. 3.2 Checkliste „Verbindung im Unternehmen"

Maßnahme	Understand	Initiate	Grow	Lead
Wichtig ist es, für jede Entwicklungsstufe des Unternehmens die richtige Organisationsform für Dateninitiativen zu finden, auch wenn die Projektteamorganisation davon abweichen kann.	X	X	X	X
Für den Start ist es hilfreich, zentral oder teilgebündelt in Funktionsbereichen zu beginnen.	X	X	(X)	---
Langfristig ist es hilfreich, sich in Richtung einer hybriden oder dezentralisierten Organisationsform weiterzuentwickeln.	---	---	X	X
Für den Erfolg muss ein klares Mandat an das/die Datenteam(s) aus der Unternehmensführung vorhanden sein, sodass Handlungsspielraum entsteht.	X	X	X	(X)
Eine Transformation wird ausgelöst, indem mit den Daten-Talenten im Unternehmen gemeinschaftlich erfolgreiche Projekte umgesetzt werden.	X	X	(X)	---
Trainings unterstützen diesen Prozess (eine echte Veränderung löst jedoch nur die Mitarbeit von anderen Unternehmensbereichen an Datenhandlungen aus).	---	X	X	(X)
Mitarbeiter im Datenbereich können als Botschafter für eine Datentransformation aufgefasst werden.	X	X	X	X
Für diese Wirkung ist es wichtig, das Daten-Rollen sehr eng mit anderen im Unternehmen zusammenarbeiten und eine hochwertige und vertrauensvolle Zusammenarbeit entwickelt wird.	X	X	X	X

nings engmaschig zu teilen und die richtigen Prinzipien für das Unternehmen zu entwickeln, die dann weitergetragen und skaliert werden können. In der aktuellen Marktlage wird es außerdem wichtig sein, beim Recruiting kreativ zu handeln, um gutes Personal zu finden. Es darf nicht der Fehler gemacht werden, „wie alle anderen am Samstagmittag einkaufen zu gehen". Denn wenn dasselbe unternommen wird, dass auch alle anderen unternehmen, sind die Chancen, herausragende Talente zu gewinnen, gering. Und gerade die ersten Mitarbeiter für das Thema Daten, durch die ein neues Rollenmodell multipliziert wird, müssen die richtigen Werte, Einstellungen und Prinzipien mitbringen. Es werden neben vielen Mitarbeitern mit den richtigen Einstellungen auch einige herausragende Talente mit genügend Pragmatismus und Praxis-Know-how benötigt. Denn Datenmodelle sind ein komplexes Thema, das erst einmal auf den Boden gebracht werden muss. Kurzum: Es lässt sich keine Mondrakete mit einer Wunderkerze als Antrieb entwickeln.

In diesem Abschnitt wird deshalb vermittelt, welche Fähigkeiten, jenseits von hochtrabenden modernen Titeln, wirklich für den Erfolg mit Datenmodellen benötigt werden. Anschließend wird gezeigt, wie trotz der Konkurrenzsituation außergewöhnliche Talente angezogen werden können. Diese Mitarbeiter sind für ein Unternehmen unglaublich wichtig, sonst kann im Zeitalter von künstlicher Intelligenz langfristig nicht am Markt bestanden werden [9]. Denn selbst wenn der Hype nachlässt, wird die Fähigkeit eines Unternehmens, mit modernen Datenmethoden Lösungen umzusetzen und zu einer AI Company zu werden, als zwingend notwendiger und integraler Bestandteil vieler Märkte geworden sein. Außerdem ist es selten eine Fehlinvestition, sich smarte Leute in das Unternehmen zu holen. Anschließend wird gezeigt, wie Mitarbeiter erfolgreich und mit dem Ziel gefördert werden können, sich gut weiterzuentwickeln und das Gelernte auch anwenden zu können. Abschließend wird darauf eingegangen, wie sich die häufig breit und generalistisch definierten Rollen mit einem Unternehmenswachstum und zunehmendem Reifegrad im Bereich Daten ausdifferenzieren lassen.

3.3.1 Erforderliche Eigenschaften

Die größte Rolle spielen Mitarbeiter, um im Bereich Daten erfolgreich zu sein. Deshalb soll nun konkret darauf eingegangen werden, welche Kompetenzen Mitarbeiter im Datenumfeld mitbringen bzw. welche weiterentwickelt werden sollten, um ein Unternehmen im Datenbereich erfolgreich zu machen. Zwar hängen die genauen Anforderungen an Stellen von der konkreten Rollendefinition im Unternehmen und den speziellen Erfordernissen ab, dennoch gibt es einige grundsätzliche Eigenschaften, die einen wesentlichen Teil zum Erfolg beitragen. Diese Eigenschaften sollen nun genauer betrachtet werden, losgelöst von den fachlichen Spezifika.

Oft konzentrieren sich der Bewerbungsprozess und die Stellenanzeigen sehr stark auf die Spezifika, oder detaillierten Tool- und Methoden-Kenntnisse. Doch der Blumenstrauß an möglichen Methoden und Tools ist sehr groß. Oft ist es deshalb schwierig, passendes Personal zu finden, auch wenn sich Methoden und Toolwissen relativ einfach vermitteln lassen, wenn das Grundverständnis und die Denkprinzipien stimmen. Im Datenbereich ist deshalb der Klassiker: „Hire for attitude, train for skills", ganz entscheidend. Mit Sicherheit gibt es besondere Situationen, in denen das Wissen zu einer ganz besonderen Lösung oder Methode benötigt wird. Auch wird eine gesunde Senioritätsquote in Teams benötigt. Doch oft lässt sich das Recruiting mit diesen Anforderungen nicht bewerkstelligen, und es entwickelt sich keine gesunde Erfahrungspyramide im Team. Deshalb wird es zu einem Großteil notwendig sein, Mitarbeiter zu rekrutieren, die die richtigen Prinzipien und Werte mitbringen und über gute Voraussetzungen verfügen, die dann aber fachlich aufgebaut werden müssen. Selbstverständlich müssen im Datenbereich dazu die statistischen Grundlagen vorhanden sein.

In beiden Fällen sind die richtigen grundsätzlichen Denkmuster, Einstellungen und Prinzipien, die vom Unternehmen gewünscht sind, erfolgsentscheidend und spielen bei Datenprojekten eine ganz besonders wichtige Rolle. Im Prinzip lassen sich in einer modernen Betrachtungsweise sogar Projektbesetzungen nicht mehr nur über Teammitglieder und deren Rollen definieren, sondern über die Fähigkeiten, die Mitarbeiter mitbringen und die in Projekten benötigt werden. Anschließend werden Projektbesetzungen dann über passende Mitarbeiter aufgebaut, die eingesetzt werden, um diese Fähigkeiten in ein Team

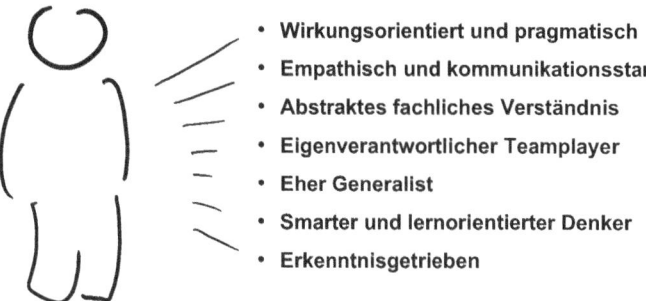

- **Wirkungsorientiert und pragmatisch**
- **Empathisch und kommunikationsstark**
- **Abstraktes fachliches Verständnis**
- **Eigenverantwortlicher Teamplayer**
- **Eher Generalist**
- **Smarter und lernorientierter Denker**
- **Erkenntnisgetrieben**

Abb. 3.7 Erforderliche Kernkompetenzen im Datenbereich

einzubringen [6]. Bei dieser Vorgehensweise spielen die eingebrachten Fähigkeiten, aber insbesondere die Kernwerte von Mitarbeitern eine noch entscheidendere Rolle, denn Daten haben eine Vielzahl besonderer Eigenschaften, mit denen durch die richtigen Denkmuster gut umgegangen werden muss (Abb. 3.7) [12].

1. **Wirkungsorientiert und pragmatisch**: Datentalente müssen sich selbst als Problemlöser verstehen, die einen starken Fokus darauf haben, etwas zum Einsatz zu bringen und damit eine Wirkung zu erzielen. Da sich in den Methoden im Detail und in der Tiefe vergraben werden kann und smarte Denker oft mit einer hohen Präzision und Detailverliebtheit daherkommen, ist es wichtig, auf pragmatische Menschen zu achten, die etwas bewegen möchten. Denn gerade am Anfang geht es darum, durch Daten Dinge für das Unternehmen zu lösen und nicht zu technikbegeistert zu sein (sonst gibt es am Ende einen starken Daten-Stack, aber es wurden keine Business Cases gelöst). Es benötigt unternehmerisches Denken, das kontinuierlich Kosten und Nutzen gegeneinander abwägt. Es darf nur in einem gesunden Maß auf theoretische Überlegungen fokussiert werden; es ist viel wichtiger zu prüfen, ob Methoden auf Anwendungsfälle übertragen werden können. Denn anders als in der Forschung, geht es um den unternehmerischen Nutzen und nicht um hundertprozentige Lösungen. Deshalb ist es wichtig, bei Mitarbeitern zu prüfen, ob genügend Verständnis für die pragmatische Anwendung und Erfahrung zur Wirkungsorientierung vorhanden ist. Gerade am Anfang von Dateninitiativen werden ergebnisorientierte Menschen und Macher benötigt, sogar fast eher Businessleute als Datentalente. Die Aufgaben ähneln dann jedoch fast immer eher klassischem Research & Development und es geht darum, viel auszuprobieren, Fehler zu machen, zu experimentieren und mit guten ökonomischen Entscheidungen fortzuschreiten. Denn in ca. 40–50 % der Fälle funktionieren Datenlösungen nicht, und mit solchen Misserfolgen muss gut umgegangen werden. Deshalb sind forschungsnahe Menschen gut für die Rolle geeignet und bringen oft die notwendige Kreativität mit, solange sie nahe genug an das Business kommen [9].
2. **Empathisch und kommunikationsstark**: Es ist entscheidend, dass Menschen im Datenbereich auf allen Ebenen gut kommunizieren können. Gerade die komplexe Ma-

terie macht es erforderlich, in alle Richtungen zu übersetzen und sich abzustimmen, sowohl mit anderen Disziplinen im eigenen Team, mit anderen Ebenen als auch mit der Unternehmensführung. Deshalb ist die Fähigkeit, insbesondere schwierige Inhalte einfach erklären zu können, entscheidend. Wichtig ist zu wissen, dass kommunikationsstark hier nicht ein häufiges, lautes und monologartiges Wortergreifen meint, sondern ein reflektiertes und fundiertes Sprechen mit Beteiligten sowie die Fähigkeit, Sachverhalte verständlich auszudrücken. Außerdem wird eine hohe Serviceorientierung und Empathie erfordert, denn in dieser Rolle ist zum großen Teil ein gutes Einfühlungsvermögen und Zuhören für das Entwickeln hervorragender Lösungen entscheidend, um Kontexte gut verstehen und Lösungen daran anpassen zu können. Da Lösungen oft gemeinsam mit anderen Teams entwickelt werden, ist ein Einlassen und Eingehen auf den Partnern, aber auch das klare Darlegen von Zusammenhängen, Verständnis und Wirkungsmechanismen ein absoluter Schlüssel. Deshalb ist es entscheidend, bei der Kommunikationsstärke ebenfalls darauf zu achten, dass diese mit einer gewissen Selbstreflektiertheit und einem nicht zu starken Ego einhergeht.

3. **Abstraktes fachliches Verständnis und Erfahrung**: Nicht die Kenntnis aller Methoden, Sprachen oder Tools zählt im Detail (denn das kann bei Bedarf angeeignet werden), sondern das statistische und lösungsorientierte Grundverständnis. Kann anwendungsbezogen eingeordnet werden, was statistisch zulässig ist und was nicht? Wie verhalten sich Methoden und Wahrscheinlichkeiten? Gibt es eine Intuition zu typischen statistischen und rationalen Fallstricken? Ist ein hervorragendes Verständnis über Eingangsdaten, Verfahren und Ausgangsdaten vorhanden? Hat sich bereits Erfahrung entwickelt, was gute Features sind, an welchen Stellen Hebel zur Verbesserung von Datenmodellen liegen und was sich meistens nicht lohnt? Es werden nicht unbedingt Ph.D.s für den Datenbereich benötigt, wenn es nicht um Forschung oder theoretisch Profilierung geht. Es wurde bereits viel zu den unterschiedlichen Methoden geforscht, was dann beispielsweise zur Erfindung von neuronalen Netzen und der Backpropagation geführt hat. Heutzutage gibt es jede Menge fertiger Netzarchitekturen, die durch die Wissenschaft bereits auf viele Anwendungsfälle generisch übertragen wurden. Es geht hauptsächlich darum, fertige Baukästen auf konkrete Anwendungsfälle anzuwenden, was eher einer Ingenieursaufgabe entspricht [9]. Deshalb ist es aus fachlicher Sicht wichtig, eine ausreichend starke Seniorität im Team aufzubauen, dass dann mit einem hervorragenden fachlichen Verständnis Lösungen auf den Boden bringt, aber nicht zu theoretisch agiert – dies, um Vertrauen durch gute und wirksame Ergebnisse aufbauen zu können.

4. **Eigenverantwortlicher Teamplayer**: Gute Datenlösungen entstehen nur in der Zusammenarbeit, denn die Wirkung von Daten entwickelt sich fast immer außerhalb der Datendisziplin. Außerdem entstehen die besten Lösungen durch hoch motivierte Mitarbeiter, die Großartiges vollbringen. Deshalb ist es sehr wichtig, dass Menschen in der Datenfunktion den Wert von Teamarbeit verstehen, souverän andere befähigen, ergänzen, unterstützen, ohne die eigenen Ideale auf dem Verhandlungstisch liegen zu lassen. Darüber hinaus sollten sie besonders gut darin sein, Feedback anzunehmen und

umzusetzen und gleichzeitig über einen starken eigenen Antrieb verfügen, der sie mit einem Sinn „Purpose" und einer Mission ausgestattet, eigenverantwortlich agieren lässt. Weiter ist es wichtig, Mitarbeiter zu gewinnen, welche die Abstimmungen an den richtigen Stellen, mit den richtigen Leuten und im richtigen Umfang durchführen sowie proaktiv angehen. Außerdem sollten sie das Team dabei mitnehmen und sich als Teil dessen verstehen.

5. **Eher Generalist:** Typischerweise muss mit vielen Business Cases im Datenkontext experimentiert werden, um alle Domänen zu identifizieren, in denen Wert geschaffen werden kann. Außerdem wird ein breites Repertoire von Methoden und Vorgehensweisen gefordert. Zusätzlich dazu wechseln die typischen Datenaufgaben im Laufe eines Projekts. All das erfordert Menschen, die tendenziell in der Breite im Datenbereich interessiert sind und über den Tellerrand blicken, sodass Teams effektiv mit diesen Fähigkeiten ausgestattet werden können, eine interdisziplinäre Verbindung entsteht und Flexibilität für das Unternehmen gewahrt wird [13]. Auf die spezielle Thematik des generalistischen versus spezialisierten Ansatzes wird im letzten Abschnitt dieses Unterkapitels tiefer eingegangen.

6. **Smarter und lernorientierter Denker:** Der Bereich Daten ist ein sich schnell wandelndes Thema, dass hochkomplex ist. Deshalb ist es wichtig, dass Talente im Datenbereich einen Wissensdurst haben und sich schnell in neue Themen eindenken können. Denn sie müssen sich dauerhaft weiterbilden, um am Ball bleiben zu können. Sie sollten deshalb das Ziel für sich selbst verfolgen, das Thema immer besser zu meistern „Mastery". Außerdem werden sie mit einer Vielzahl ungesehener Problemstellungen, Methoden und Kontexte konfrontiert. Und in allen diesen Fällen müssen sie das vorhandene Wissen übertragen und anwenden können oder sich zügig dazu weiterbilden und Wissen beschaffen können. Eine wichtige Frage bei einer Einstellung ist deshalb, ob Zusammenhänge logisch und schrittweise durchdrungen und übertragen werden können.

7. **Erkenntnisgetrieben:** Es zählt, dass Mitarbeiter im Datenbereich ein Verlangen haben, den Dingen valide und objektiv auf den Grund zu gehen. Dazu gehört es, Dinge zu hinterfragen, zu überprüfen und nachvollziehbar aus den Daten Sachlagen abzuleiten, ohne sich durch voreingenommene Muster und dem Verlangen nach Bestätigung der eigenen bestehenden Urteile einschränken zu lassen. Häufig tritt diese Eigenschaft zusammen mit einer hohen Selbstreflexion als Charaktereigenschaft auf.

In der Personalauswahl ist es unabhängig von den konkreten fachlichen Fähigkeiten wichtig, genau darauf zu achten, wie intensiv die oben genannten Kompetenzen ausgeprägt sind. Denn fehlen die Kompetenzen vollständig, ist es kaum möglich, diese anzutrainieren. Dennoch sollten die genannten vorteilhaften Eigenschaften auch Gegenstand einer dauerhaften Weiterentwicklung von jedem, der im Datenbereich tätig ist, sein. Doch wie lassen sich diese Eigenschaften stärken? Ein großer Vorteil ist dafür eine zentrale Datenfunktion, in der diese grundsätzlichen Prinzipien etabliert sowie durch Vorleben ins Bewusstsein gerufen und geschult werden können. In späteren Phasen sollten diese Prinzipien weiterhin hochgehalten werden, im Recruiting repliziert werden und über einen disziplinbezogenen Austausch weiter gestärkt und zu Leitlinien ausgerufen werden. Wie nun solche Talente gefunden werden können, wird im nächsten Abschnitt näher erörtert.

3.3.2 Talente finden

Die häufigste genannte Herausforderung im Bereich Daten ist es, das richtige Personal zu gewinnen. Denn Talente mit den oben genannten Kompetenzen zu finden, ist nicht einfach. Insbesondere, da viele Unternehmen um diese neuen und begehrten Rollen am Personalmarkt konkurrieren.

Doch es gibt Wege, um dennoch genügend erfahrene Mitarbeiter zu gewinnen, aber auch Nachwuchskräften einen Einstieg zu ermöglichen und das Prinzip der selbst ausgelösten Nachfrage anzuwenden. Um einen Überblick über verschiedene Möglichkeiten zu gewinnen, werden nun entsprechend Abb. 3.8 vier Möglichkeiten für die Personalgewinnung aufgezeigt:

1. **Intern**: Ein sehr guter Weg ist es, herausragende Talente im Unternehmen mit einem Interesse an Daten zu identifizieren und diese für den Datenbereich weiter zu trainieren. Damit kann Mitarbeitern, die in diese Richtung gehen möchten, ein Entwicklungspfad geboten werden, und es wird Personal gewonnen, welches das Unternehmen und die Strukturen bereits sehr gut kennt. Das kann zu einer hohen Wirkungsorientierung führen und lässt Mitarbeiter über die Grenzen der Datenmethodik hinweg sehr erfolgreich agieren. Allerdings muss das Personal dann an anderer Stelle entbehrt werden (können).
2. **Direktes Umfeld**: Eine Schlüsselfunktion nimmt das direkte Umfeld des Unternehmens bei der Personalgewinnung ein. Personal mit hohem Potenzial findet sich häufig über das direkte Netzwerk und über das bekannte Umfeld. Deshalb ist es wichtig, dass relevante Belohnungen für Empfehlungen ins Unternehmen geboten werden. Zusätzlich können Mitarbeiter aktiviert werden, beispielsweise indem gezielt nach pas-

Abb. 3.8 Personalmarkt im Unternehmensumfeld

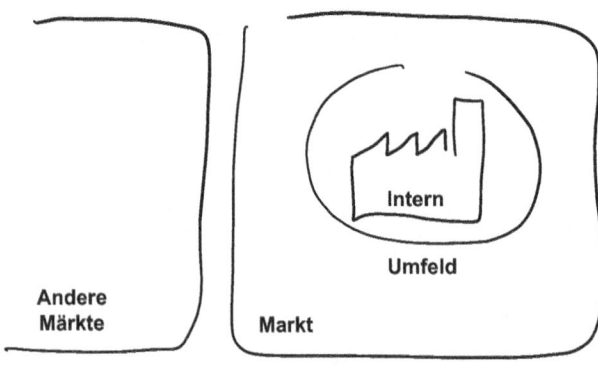

senden Kontakten gefragt wird, oder um das Teilen von Stellenanzeigen gebeten wird. Der perfekte fachliche Match wird so vielleicht nicht gefunden, aber oft Mitarbeiter, die besonders motiviert, stark in den Werten und Soft skills sind, neue Perspektiven einbringen und sich weiter entwickeln können und möchten. Deshalb ist dieser Weg ein sehr wirksames Instrument.

3. **Am Markt**: Der klassische Weg, um Talente zu gewinnen, ist es, am Markt genau den benötigten fachlichen Scope mit einem großen Suchradius anzugehen. So können Erfahrung und Wissen in das Unternehmen geholt werden oder Nachwuchskräfte gefunden werden, die sich im Unternehmen dann weiterentwickeln. Allerdings besteht am Markt eine ausgiebige Konkurrenzsituation. Das erfordert starke Investitionen, um sich attraktiver zu präsentieren. Gerade im Datenumfeld sind erfahrene Talente stark gesucht, und den Besten stehen eine Vielzahl an Türen offen. Deshalb ist es in diesem Fall besonders wichtig, sich genau darüber im Klaren zu sein, was das eigene Unternehmen interessant macht und diese Punkte erfolgreich zu kommunizieren.

4. **In anderen Märkten**: Ein interessanter Weg ist es, nicht im typischen Markt nach Personal zu suchen, sondern aus anderen Märkten interessante Profile zu akquirieren und diese für das eigene Geschäftsfeld auszubilden. Das ist gerade im Datenumfeld denkbar, da Domänenwissen nicht unbedingt die zentrale Rolle spielt, und hat viele weitere Vorteile: Es wird außer Konkurrenz rekrutiert, und so ist es einfacher, Sichtbarkeit zu erlangen. Außerdem können Mitarbeiter gewonnen werden, die nicht in den geläufigen Branchenmustern gefangen sind. So können beispielsweise datenstarke Physiker, Chemiker, Psychologen oder Biologen für das Thema Daten im E-Commerce-Bereich gewonnen werden oder andersherum. Auf diese Art und Weise können großartige Talente angezogen werden, die dabei helfen, neuartige Sichtweisen auf Themen einzunehmen und neue Methoden zu verwenden, was letztlich in vielerlei Hinsicht einen Gewinn darstellen wird.

Am Wichtigsten ist an dieser Stelle, möglichst außergewöhnlich zu denken. Denn wenn klassische Wege eingeschlagen werden, stehen die Maßnahmen immer in der direkten Konkurrenz zu allen anderen und versprechen am Ende damit nur mittelmäßigen Erfolg. Doch die richtigen Talente anzuziehen, kann sich als Wettbewerbsvorteil herausstellen [12]. Ein Versuch kann es sein, andere Mittel einzusetzen, wie beispielsweise Boni für die Annahme zum Telefoninterview, zum Bewerbungsgespräch, zur Anstellung. Ein anderer Versuch kann es sein, fachlich direkt mit interessierten Menschen ins Gespräch zu kommen und Sichtbarkeit für die Taten des Unternehmens im richtigen Umfeld zu schaffen: durch Podcasts, Meetups, Blogs, LinkedIn, Direktansprache, Hackathons, Aktionen u. v. m.

3.3.3 Mitarbeiter entwickeln

In Bezug auf den Erfolg von Daten im Unternehmen spielt das kontinuierliche (Weiter-) entwickeln von Datentalenten, aber auch von allen Mitarbeitern, die mit Daten in Berührung kommen könnten, eine große Rolle. Denn der Sektor entwickelt sich schnell, und es erfordert eine gewisse Geschwindigkeit, um Schritt halten zu können. Oft muss das notwendige Wissen im Unternehmen im Laufe der Zeit erst einmal massiv aufgebaut werden. Außerdem ist die Weiterentwicklung relevant, um Mitarbeiter langfristig halten zu können, denn dafür müssen marktgerechte und interessante Themen in der Weiterentwicklung angeboten werden. In allen diesen Fällen ist ein gutes Konzept wichtig, wie sich interessierte Mitarbeiter weiterentwickeln und -bilden können. Das ist auch gerade deshalb notwendig, da sich Datenmethoden, -Vorgehensweisen und Möglichkeiten schnell weiterentwickeln und zügig Einzug in viele Felder finden. Deshalb müssen Mitarbeiter in besonderem Maße am Ball bleiben und das für ihre Aufgaben notwendige Wissen zu Daten regelmäßig auffrischen.

Doch grundsätzlich ist es so: Lernen in altbewährten strukturierten Weiterbildungsprogrammen oder durch klassische Schulungen gehören im Datenumfeld eher zu einem Auslaufmodell. Denn häufig hat es zu wenig Anwendungsbezug, ist aufgrund der Komplexität der Methoden und dem erforderlichen Transferdenken sehr herausfordernd und kann auf aktuelle Methoden und Entwicklungen kaum eingehen. Außerdem fällt es oft schwer, das Erlernte langfristig im Blick zu behalten und im richtigen Augenblick abzurufen. Doch es gibt zum Glück andere interessante Wege, die einen höheren Praxisbezug haben, die Komplexität durch Ausrichtung auf die Anwendung und den direkten Transfer verringern, am Zahn der Zeit bleiben und das Erlernte nachhaltig festigen. Das ist das Prinzip, den Lernenden in einen selbstbestimmten Modus zu bringen und die Palette aller Möglichkeiten zur eigenen Weiterentwicklung anzubieten (Abb. 3.9). Das trifft sowohl für entfernte Daten-Stakeholder zu als auch für die Agierenden in Bezug auf Daten. In den jeweiligen Fällen sind die Möglichkeiten zwar unterschiedlich gewichtet, die Alternativen sind jedoch dieselben.

Ganz entscheidend ist es, in der Entwicklung und Weiterbildung der Entwicklung der Kompetenzen genügend Raum zu bieten, die zu Beginn des Kapitels als unentbehrlich aufgezeigt wurden. Das bedeutet konkret, dass bei der Entwicklung ebenfalls auf Wirkungsorientierung, Kommunikation, Fachliches, Eigenverantwortung, Generalismus

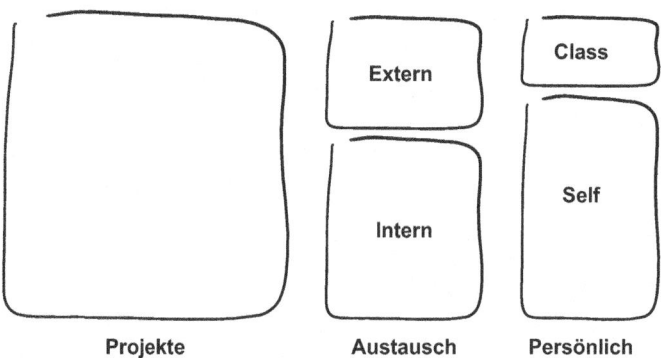

Abb. 3.9 Weiterentwicklungskarte Datentalente

sowie Lern- und Erkenntnisorientierung der Mitarbeiter gesetzt werden sollte. Es geht also im Kern darum, einen Rahmen und Angebote zu schaffen, sodass sich Mitarbeiter selbstbestimmt weiterbringen können. In der Weiterentwicklung geht es im Kern darum, den Nährboden dafür zu schaffen, dass sich etwas Besonderes, für den konkreten Mitarbeiter passendes, entwickeln kann und nicht eine Retorte vielfach reproduziert wird [14]. Deshalb werden nun mögliche sinnvolle Bausteine und deren Bedeutung genauer betrachtet, die einen offenen Rahmen für diese eigenbestimmte Entwicklung bieten können (Abb. 3.9). Durch Projekte:

- **Projektarbeit:** Der größte Teil des Wissens und der Erfahrung im Bereich Daten entsteht über die Arbeiten an konkreten Projekten. Das kann sowohl durch Arbeit im Kernteam ermöglicht werden als auch durch die primäre Beteiligung und Verantwortung von Projekten. Das Weiterentwickeln und Lernen über Projektarbeit ist deshalb so erfolgreich, da der Nutzen und Bedarf sofort ersichtlich werden, Wissen direkt angewendet wird und deshalb keine Lücke zwischen Theorie und Praxis entsteht. Da viele Problemstellungen erst im Projekt auftreten, sind solche Erfahrungen unersetzlich. Deshalb ist es wichtig, dafür zu sorgen, dass sich Datentalente, aber auch andere Mitarbeiter in einem guten Mix aus Datenprojekten in passenden Komplexitätslevels austoben können. Eine interessante Möglichkeit ist es, weitere Datenprojekte neben dem Tagesgeschäft zu schaffen, beispielsweise über Hackathons oder durch Kaggle-Competitions. Aber es kann auch helfen, bewusst externe Berater in Datenprojekte einzubeziehen, um zusätzliches Wissen in Projekte einzubringen und auf dem Nährboden der direkten Anwendung, den unmittelbar beteiligten Projektmitgliedern und Stakeholdern neues Wissen zu sähen.

Durch Austausch:

- **Interner Austausch**: Falls das Unternehmen bereits groß genug ist und mehrere Personen im Datenumfeld arbeiten, ist ein intensiver Austausch aller Mitarbeiter im Datenbereich eine nicht zu unterschätzende Möglichkeit, sich zu entwickeln und zu lernen. Ein Austausch kann zu Methoden, Projekten, oder Insights erfolgen und kann paarweise oder in der Gruppe oder sogar unternehmensweit erfolgen. Das schafft Verbindungen, Sichtbarkeit und ein Netzwerk im Unternehmen. Tolle Konzepte sind Brown-Bag Mittagessen, Pair-Coding, Peer-Reviews, Lessons Learned u. v. m. Es muss in diesen Formaten nicht nur um selbst umgesetzte Projekte gehen. Es können auch Talks, Videos oder Tutorials gemeinsam angesehen und diskutiert werden.
- **Externer Austausch**: Eine Schlüsselrolle nimmt der direkte Austausch mit anderen Unternehmen oder Experten außerhalb des Unternehmens ein. Denn dadurch wird ein neuer Blick darauf gewonnen, wie an Themen herangegangen werden kann. Außerdem bietet ein Austausch eine gute Einschätzung darüber, an welcher Stelle das eigene Unternehmen steht. Darüber hinaus bringen neuen Ideen, Gedanken und Konzepte aus anderen Perspektiven das eigene Handeln voran. Ideal für einen Austausch sind Unter-

nehmen mit einem ähnlichen Geschäftsmodell, aber in einem komplett anderen Markt (da hier keine Konkurrenzsituation besteht, aber viel übertragen werden kann). Unternehmen, mit denen offen gesprochen werden kann, können häufig über das unternehmenseigene Investorennetzwerk gefunden werden. Konkrete Möglichkeiten zum Austausch sind direkte Treffen und Gespräche in beidseitigem Austausch. Doch es gibt auch viele andere Wege für einen externen Austausch mit interessanten Unternehmen, wie Gespräche auf Meetups bzw. Konferenzen oder das Verfolgen von anderen Unternehmen durch Podcasts, Blogs, Linkedin etc. Unabhängig davon, welcher Weg eingeschlagen wird, von anderen Unternehmen kann sehr viel gelernt werden, wie beispielsweise Stolpersteine frühzeitig zu erkennen, neue Optionen wahrzunehmen und durch die Erfahrung von Anwendern in ähnlichen Situationen die eigene Lernkurve zu steigern.

Persönlich:

- **Autodidaktisch**: Es ist wichtig, dass sich Mitarbeiter selbst mit Datenthemen auseinandersetzen. Durch den eigenen Antrieb, das selbstbestimmte Vorgehen und das eigene Tempo werden so ideale Voraussetzungen für einen Erfolg geschaffen. Um das zu ermöglichen, müssen Freiräume bereitgestellt werden. Ein Beispiel dafür sind regelmäßige, für eigene Projekte freigestellte Tage im Monat oder regelmäßig geblockte Nachmittage für eigenverantwortliche Weiterbildung. In diesen Freiräumen können Mitarbeiter aufgefordert werden, gezielt eigene Datenprojekte anzugehen, sich weiterzubilden oder sich Tutorials, Beispiele, Papers, Blogs, Podcasts, Videos oder Ähnliches anzusehen. Sich dadurch autodidaktisch weiterzubilden und auf den neuesten Stand zu bringen. Wichtig ist es dabei, eine explizite Erlaubnis zum Ausprobieren und Experimentieren auszusprechen und auch zu schaffen. Denn dadurch werden die stärksten Lernerfahrungen gewonnen, und manchmal entwickelt sich daraus sogar ein späterer Ansatzpunkt für ein gutes offizielles Datenprojekt.
- **Trainings**: Durch das mittlerweile weitreichende Angebot an Online-Kursen im Bereich Daten sind Online-Trainings nicht mehr wegzudenken. Durch das breite Angebot an digitalen Kursen kann ein sinnvolles und solides Fundament zu Methoden, Beispielen und Handwerksgriffen geschaffen werden. Dieser Baustein sollte deshalb als Basis genutzt werden. Wichtig ist es aber auch, das gewonnene Wissen anschließend zügig in die Anwendung zu überführen und eigene Erfahrungen damit zu erzeugen. Denn sonst verblasst das Wissen schnell als „das habe ich mal im Online-Kurs gesehen, aber nie verwendet". Auch klassische Präsenztrainings oder auf das eigene Unternehmen zugeschnittene Inhouse-Trainings können einen wichtigen Baustein darstellen. Gerade, wenn es um die Transformation des Unternehmens geht und das Thema Daten den Mitarbeitern nahegebracht werden soll, die dem Thema von Natur aus ferner sind, kann dieser Weg ein Mittel sein, um ein Interesse zu erzeugen und erste Schritte zu gehen. Aber auch darüber hinaus können gezielte Trainings helfen, intensiv Wissen zu vermitteln. Auch hier kann es Sinn machen, diese auf ein aktuelles Projekt, einen kon-

kreten Anwendungsfall oder ein Thema auszurichten, sodass aus einer Frontal-Be-spielung ein Workshop wird, der gemeinsam erarbeitete Ergebnisse oder direkte An-wendungserfahrungen erzeugt.

Wie sich zeigt, gibt es vielfältige Möglichkeiten, um Personal auszubilden und weiter-zuentwickeln. Zusammenfassend lässt sich sagen, dass auf einen starken Anwendungs-bezug und direkte Verwendbarkeit von vermitteltem Wissen geachtet werden sollte. Das heißt, das Wissen sollte für einen idealen Erfolg genau dann zur Verfügung steht, wenn es gerade angewendet werden kann, denn dann hat die Maßnahme nachhaltigen Erfolg. In Bezug auf die Weiterentwicklung kann ebenfalls dazu ermutigt werden, möglichst unkon-ventionell zu denken und zu überlegen, wie außerhalb der eingetretenen Bahnen neue Möglichkeiten geschaffen werden können, um Mitarbeiter wirklich nach vorne zu brin-gen. Ein guter Weg dafür kann es sein, die Datenteams selbst zu Botschaftern zu machen, die in Projekten in der Zusammenarbeit mit anderen Teilnehmern Lernerfahrungen zu Daten ermöglichen und ihr Wissen weitergeben und teilen. Das stärkt gleichzeitig ihre Rolle als vertrauensvoller Partner in der Zusammenarbeit und bietet einen Mehrwert für andere.

3.3.4 Rollen skalieren

Warum ist es wichtig, über sich verändernde Rollen bei der Skalierung eines Unter-nehmens nachzudenken? Wie im ersten Kapitel gezeigt wurde, unterscheiden sich große und kleine Unternehmen hinsichtlich der vorhandenen Personaldecke und dem Spektrum der Anforderungen, die darüber abgebildet werden müssen. Aber es kommt auch stark darauf an, welchen Reifegrad ein Unternehmen in Bezug auf Daten erreicht hat und wel-che Ziele es im Datenbereich verfolgt. Denn das entscheidet, welche Schwerpunkte ge-setzt werden müssen und wie Aufgaben auf die einzelnen Rollen verteilt werden sollen. Damit ergeben sich unter Umständen abweichende Profile.

Deshalb wird nun zunächst aufgezeigt, wie mit wenigen, kompakten und eher genera-listisch gedachten Rollen in das Thema Daten eingestiegen werden kann und wie diese mit einem Unternehmenswachstum oder zunehmenden Bereichsdimensionen ausdifferenziert werden können. Vorweg ist zu bedenken, dass die verschiedenen Rollen und Verantwort-lichkeiten häufig sehr unterschiedlich definiert werden. Deshalb dienen die hier genannten Rollen als Beispiele, um über dasselbe zu sprechen; aber es ist wichtig zu wissen, dass diese in verschiedenen Unternehmen sehr unterschiedlich verwendet und definiert werden können (oder worden sind).

Bedürfnishierarchie
Im ersten Kapitel wurde die vereinfachte Daten-Bedürfnishierarchie eingeführt [15]: die-ser Hierarchie folgend, muss erst eine solide Datenbasis geschaffen werden, um de-skriptive Analysen durchführen zu können und um sich anschließend Experimente zu

widmen sowie darauf aufbauend erste Daten-Modelle zu entwickeln. Da im Unternehmen zuerst eine Aufnahmebereitschaft bzw. ein Nährboden für Datenmethoden geschaffen werden muss, ist es meistens kaum erfolgreich, mit Bedürfnissen, die an der Spitze der Hierarchie stehen, zu beginnen. Klar, es kann opportunistisch Sinn ergeben, nicht zu sehr an einem linearen Vorgehen festzuhalten und bereits einige Themen höherer Ebenen parallel anzugehen, aber die Grundbedürfnisse müssen rechtzeitig bedient werden.

Ebenso verhält es sich mit den Rollen im Datenbereich. Sie müssen jederzeit diese Bedürfnisse, die sich aus der Hierarchie ergeben, sinnvoll abdecken können. Und je nach Personalstärke und Fortschritt im Bereich Daten, müssen diese Aufgaben von wenigen Rollen breitflächig abgedeckt werden. Diese können erst später durch mehrere spezialisierte Rollen umgesetzt werden [16]. Konkret: Zu Beginn wird in Unternehmen meistens eher ein businessnaher Analyst benötigt, der alle wichtigen Datenfragen mit Businessnutzen egal welcher Art löst und sich durch alles Dahinterliegende durchbeißt. Erst wenn ein klareres Bild über den Appetit des Unternehmens auf Daten existiert, die sehr generische Rolle nicht mehr ausreicht und ein solideres Fundament geschaffen werden muss, kann die Rolle in mehrere Aufgaben unterteilt werden. Die Empfehlung ist deshalb, die Rollen und das Personal scharf an den Bedürfnissen und entlang der erzeugten Wirkung weiterzuentwickeln (Abb. 3.10, in Anlehnung an [15], aipyramid.com).

Generalisten
Bei dem Einstieg in Datenthemen und generell bei kleineren Unternehmen, sollte beim Thema Daten eher auf Generalisten gesetzt werden – sowohl aus Sicht der Methodenkompetenz als auch aus Sicht des Domänenwissens. Denn am Anfang sind die Anforderungen an Rollen, wie oben gezeigt, eher breit und nicht spezialisiert. Außerdem ist

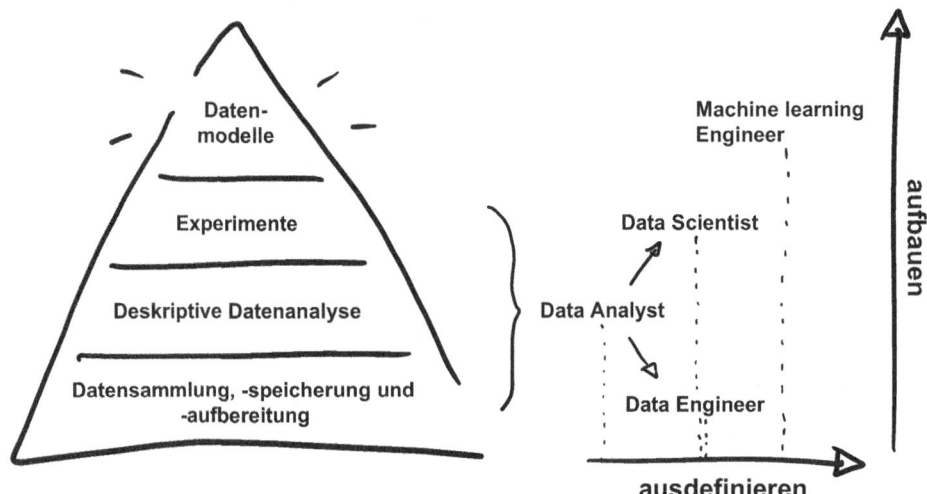

Abb. 3.10 Daten-Bedürfnishierarchie und zugehörige Rollen

noch offen, welche Methoden funktionieren. Die Business Cases (und das damit erforderliche Domänenwissen) sind noch unklar oder es soll sogar mit möglichen Einsatzzwecken breit experimentiert werden. Durch Generalisten sinken außerdem die Koordinationskosten, und es können kleine, schlagkräftige Teams gebildet werden, die dennoch alle nötigen Kompetenzen durch mehrere Talente gut abdecken [13].

Im Folgenden wird zunächst auf die Methodenkompetenz eingegangen. Solange Datenteams noch klein sind, müssen viele Rollen gleichzeitig übernommen werden: Daten müssen erfasst und irgendwoher beschafft sowie erste Analysen gemacht werden. Vielleicht muss ein Experiment aufgesetzt oder ein Datenmodell als Prototyp umgesetzt werden. Das darf gern auf eine opportunistische Art und Weise passieren, die nicht skaliert und nicht durch einen Spezialisten im Detail perfekt angegangen wird. In der Phase, in der Datenkompetenz aufgebaut wird, ist das eine ausreichend gute Vorgehensweise. Denn es muss erst herausgefunden werden, was gut funktioniert, und was nicht, und so kann breitflächig experimentiert werden, ohne zu große Teams, Personaldecke oder Spezialisten zu benötigen. Das heißt, zu Beginn der Datenreise ist es in Ordnung, beispielsweise nur Analysten im Datenbereich zu haben, die alle anderen Kompetenzen mittelgut übernehmen (oder auch eine andere Rolle). Erst mit der aus einer ersten Phase gewonnen Erfahrungen müssen Rollen treffend für das Unternehmen und die aktuellen Anforderungen ausdefiniert werden.

Darüber hinaus werden nicht zwingend Ph.D.s für den Datenbereich benötigt (Abschn. 3.3.1), wenn nicht gezielt Forschung im Bereich Daten betrieben werden soll (also solange die Anwendung im Vordergrund steht). Denn es müssen erst einmal interessante Daten vorhanden sein, und für den Fall eines kleinen Teams oder den Start in das eher zunächst ein paar Dinge unakademisch ausprobiert werden. In dieser Phase schlägt ein mittelguter produktiver Anwendungsfall, der Wirkung und Feedback erzeugt, einen hocheffizienten exakten Algorithmus, der es nicht richtig über die Türschwelle schafft oder in die falsche Richtung wirkt. Denn aus den ersten Anwendungserkenntnissen entsteht eine Menge Wert und leider nicht aus der Perfektion im Methodischen. Das können Generalisten oft wesentlich schneller erreichen, ohne sich in den Grenzen ihrer Spezialisierung zu verlieren.

Dennoch sind am Anfang ein erfahrenes Team oder einige Senior-Talente entscheidend, um Wissen ins Unternehmen zu bringen und die richtigen Vorgehensweisen zu entwickeln und vorzuleben. Denn die Vorgehensmuster der ersten Mitarbeiter werden beim Ausbau des Teams mit weiteren Rollen multipliziert. Generalisten dürfen in diesem Zusammenhang deshalb nicht mit fehlender Erfahrung im Daten-Umfeld gleichgesetzt werden. Sondern es geht um Mitarbeiter mit breiter Erfahrung im Datenumfeld. Es nutzt allerdings auch nichts, zu lange nach wenigen herausragenden generalistischen Daten-Helden zu suchen, die sich nur schwer finden lassen. Zu einem gewissen Grad ergibt es Sinn, nach einigen Versuchen nicht zu lange zu warten, sondern dann schnell genügend Junior-Talente anzuziehen, um diese früh weiterentwickeln zu können und so ein schlagkräftiges Team mit einer gesunden Mischung an verschiedenen Erfahrungshorizonten selbst zu ent wickeln. Dafür kann in einer frühen Phase ebenfalls von Nutzen sein, externes Wissen durch Berater hinzuzuziehen, um das breite Wissen zu stärken.

Nun wird auf das Domänenwissen eingegangen: Zu Beginn ist es im Umgang mit Daten sehr wichtig, maximal viele Business Cases entlang der Wertschöpfungskette des Unternehmens zu identifizieren und mit der richtigen Priorität anzugehen, um herauszufinden, welche lösbar sind und welche wirklich Wert erzeugen. Deshalb ist es für Mitarbeiter im Datenbereich in einer frühen Phase nicht so wichtig, dass sie konkretes Domänenwissen einbringen, es zählt eher das grobe Feld. Denn dann ist der Blick für mögliche Lösungen und Anwendungsfälle offen. Ein voreingenommenes Bild durch die eigene Spezialisierung kann den Blick auf Themen mit Potenzial sogar einschränken. Außerdem kann ein schneller Wechsel von Anwendungsfällen notwendig sein, falls sich herauskristallisiert, dass gewisse Anwendungsfelder nicht gut genug lösbar sind, Daten fehlen, oder keinen zusätzlichen Nutzen stiften. Deshalb ist es besonders wichtig, gerade am Anfang breites Wissen in das Unternehmen zu bringen oder sogar einen Blick von anderen Disziplinen aus einzunehmen. Das kann sich mit zunehmender Reife jedoch schnell ändern.

Spezialisten

Mit zunehmender Erfahrung im Datenbereich und Unternehmensgröße müssen die eher generalistischen Rollen opportunistisch stärker spezialisiert werden, um diese anschließend weiter skalieren zu können. Denn mit zunehmender Klarheit über Anwendungsfälle und notwendige Methoden, nachdem Klarheit über die größten Hebel erlangt wurde, wachsen Ansprüche an Qualität und detaillierte Optimierung. Dann sollte durch eine Spezialisierung die Wertschöpfung in vielversprechenden Feldern erhöht werden. Die Spezialisierung kann aus zwei Blickwinkeln erfolgen: nach Methodenkompetenz und nach Domänenwissen.

Nachdem ein besserer Blick darauf gewonnen wurde, welcher Wert mit Daten, Analysen, Tests und Modellen erzeugt werden kann, ist es an der richtigen Zeit, die Methodenkompetenzen auszudefinieren (Abb. 3.10). Wurde beispielsweise mit einer breiten Analysten-Rolle gestartet, kann diese nun nach Bedarf feiner untergliedert werden – beispielsweise in Data Analysten und Data Scientists. Ein solcher Split sollte umgesetzt werden, wenn festgestellt wird, dass ein hoher Bedarf sowohl an deskriptiven Analysen als auch an statistisch komplexen Analysen, Experimentaldesigns und an prototypischen Datenmodellen besteht. In einem weiteren Schritt, wenn es notwendig ist, stärker am Datenfundament und an der Datenbeschaffung zu arbeiten, können Data Engineers als weitere Rolle herausgelöst werden. Werden performant implementierte Datenmodelle und effiziente Deep-Learning-Architekturen benötigt, sollte die spezialisierte Rolle des Machine Learning Engineers aufgesetzt werden. Die einzelnen Rollen und deren Scopes sollte aber unbedingt nach den eigenen Bedürfnissen angepasst und entwickelt werden.

Hinsichtlich des Domänenwissens kann sehr ähnlich vorgegangen werden. Bei kleinen Unternehmen oder am Anfang der Datentransformation übernehmen ein paar wenige Talente oder ein initiales Team alle unterschiedlichem Business Cases, egal aus welchem Funktionsbereich sie stammen, welches Geschäftsfeld oder welchen Teil der Wertschöpfungskette sie abdecken (sei es Marketing, Sales, Customer Service, Produktentwicklung, Logistik, Finance, HR, strategisches Management oder andere Geschäftsfelder und Teile der Wertschöpfungskette). Es kann sogar eine sehr gute Überlegung sein, um schnell zu lernen und Potenzial zu identifizieren, mit genügend Fokus nacheinander in viele möglichst unterschiedliche Business Cases einzustechen. Für diesen ersten Schritt werden Menschen benötigt, die sich schnell in unterschiedlichste Themenfelder ähnlich zu Beratern unvoreingenommen eindenken können.

Wenn dann jedoch klarer ist, welcher Anwendungsfall Wert stiftet und das Team wächst, sollte von den Erfahrungen in einzelnen Domänen profitiert werden können. Diese Spezialisierung kann auch dann gleich von Anfang an notwendig sein, wenn es um sehr wissensintensive Domänen geht (wie beispielsweise Medizin). Außerdem ist es für geringere Abstimmungskosten und klarere Verantwortungsbereiche hilfreich, Domänenexperten zu definieren, falls sich diese nicht durch die Organisationsstruktur bereits ergeben haben (Zuordnen der Mitarbeiter im Datenbereich für beispielsweise Marketing Cases, Pricing Cases, Kunden Cases, Finance Cases etc.). Durch die Zuordnung können fachliche Daten-Spezialisten weiterentwickelt oder rekrutiert werden und ihr Detailwissen dauerhaft ausbauen und vertiefen. Damit können sie diese Anwendungsfälle wesentlich genauer lösen als Generalisten. Das wird auch dann erforderlich, wenn die Anwendungsfälle mit ersten Versionen gelöst wurden, die Nutzen stiften und jetzt ausgebaut werden sollen. Deshalb sollte in größeren Unternehmen und in späteren Phasen dringend eine gewisse Domänenspezialisierung stattfinden.

Ein alternativer Weg kann es sein, falls das Budget es zulässt, und mit einem sehr großen Momentum eine Datentransformation angegangen werden soll (beispielsweise wegen des Marktdrucks), gleich ein schlagkräftiges, komplett ausdifferenziertes und spezialisiertes Datenteam aufzubauen. Das heißt, sowohl auf allen Kompetenz-Ebenen als auch Domänen-Ebenen. Doch dieses Vorgehen birgt das hohe Risiko, an wertvollen und umsetzbaren Anwendungsfällen vorbeizuschießen oder an einer zu steilen Lernkurve zu scheitern. Denn der Erfahrungsaustausch und damit das Feedback aus der Anwendung wird für jeden Einzelnen in einer solchen Struktur geringer und die Besetzung kann neben den wahren Erfordernissen des Unternehmens liegen. Das kann zu starker Reibung führen, bis sich alles eingespielt hat. Denn am Anfang ist noch unklar, welche Skills in welchem Ausmaß benötigen werden.

In diesem Fall muss deshalb dringend darauf geachtet werden, sauber von den hypothetisch besten Anwendungsfällen auszugehen (z. B. einer mit guten Indizien geschaffenen Roadmap) und daraus den benötigten Unterbau abzuleiten, und nicht vom Fundament oder dem Aufbau einer Struktur auszugehen und daraus Anwendungsfälle zu „erzwingen“. Gleichzeitig ist es dann besonders wichtig, sich eine hohe Flexibilität dauerhaft beizubehalten, um zügig mit neuen Erkenntnissen umstrukturieren zu können. Deshalb ist es hilfreich, auch in diesem Fall auf Talente zu setzen, die eine Tendenz zum Denken über den Tellerrand hinaus auszeichnet oder die eine relativ offene Spezialisierung mitbringen. Denn Datenprojekte bringen viel Unsicherheit mit sich, was eine hohe Anpassungsfähigkeit erforderlich machen könnte.

3.3.5 Zusammenfassung

In diesem Unterkapitel wurde verdeutlicht, welche besonderen Kompetenzen im Datenbereich benötigt werden. Es wurde gezeigt, dass eine Wirkungsorientierung, eine hohe
Kommunikationsstärke und ein gutes fachliches Fundament dringend erforderlich sind.
Anschließend wurde beleuchtet, wie Personal innerhalb und außerhalb des Umfeldes des
Unternehmens gewonnen werden kann und welche ungewöhnlichen Methoden erforderlich sein können, um in dem stark nachgefragten Bereich in der Personalgewinnung
erfolgreich zu sein. Außerdem wurde gezeigt, wie Mitarbeiter weiterentwickelt werden
können, sowohl durch Projekte oder durch internen und externen Austausch, als auch
persönlich und außerdem, wie die Anwendung und der direkte Nutzen des Gelernten für
den Erfolg entscheidend sein können. Zuletzt wurde gezeigt, wie die unterschiedlichen
Rollen mit dem Wachstum eines Unternehmens oder einer zunehmenden Reife des Datenbereiches schrittweise weiter ausdefiniert werden können, und warum es so wichtig ist, am
Anfang mit generalistischen Rollen zu starten.

Herausforderungen für Unternehmen
In kleinen Unternehmen gibt es meistens nur ein sehr kleines Team und gelegentlich nicht
die Möglichkeit, überhaupt Personal ausschließlich für den Datenbereich einzustellen.
Wenn dann doch Personal eingestellt werden soll, fällt es aufgrund fehlender Reichweite
und Sichtbarkeit oft schwer, herausragende Talente anzuziehen. Deshalb muss hier sehr
kreativ mit den Vorteilen des kleinen Unternehmens gepunktet werden: So haben kleine
Unternehmen häufig eine hohe Geschwindigkeit, viele Entwicklungsmöglichkeiten und
Spielraum. Das kann für einige Mitarbeiter sehr erstrebenswert sein. Eine andere Chance
kann es sein, bestehende Mitarbeiter mit den notwendigen Kernkompetenzen an das
Thema heranzuführen und durch genügend Freiraum in den Bereich hineinzuentwickeln.
Dabei kann es hilfreich sein, viel externe Kapazität zu Projekten hinzuzuziehen und darü-
ber die eigenen Fähigkeiten zu ergänzen und von Best Practices zu lernen.

Große Unternehmen sind häufig schon sehr spezialisiert und die diversen Funktionen
und Rollen fragmentiert über das Unternehmen verteilt. Dennoch gibt es oft wenig Spezialisten für den Datenbereich. Hier ist es zunächst eine Herausforderung, die richtige Struktur zu finden und das Datenthema so aufzusetzen, dass es orchestriert und mit genügend
Nachdruck und Geschwindigkeit angegangen werden kann. Denn sonst entwickelt sich
keine Bewegung. Dafür sind Erfolgsrezepte, eine zentrale Anlaufstelle zu bilden, für genügend Austausch der Mitarbeiter mit dieser zentralen Stelle und untereinander zu sorgen,
von vornherein den Raum für Flexibilität zu öffnen und die Flexibilität durch rotierende
Rollen vorzuleben. Denn die Kernaufgabe ist es, wichtige Grundprinzipien, Erfahrungen
und Erfolgsmuster an alle Stellen des verteilten Unternehmens durch die richtigen Mitarbeiter zu skalieren. Außerdem wird es wichtig, die richtigen Talente in genügend hoher
Anzahl zu finden und anzuziehen. Dafür können die oft bekannten Namen des Unternehmens eingesetzt werden. Doch gerade auch deshalb spielt die Diagnostik eine große
Rolle, um die erforderlichen Kernkompetenzen sicherzustellen und echte, aus der Tätig-

keit motivierte Mitarbeiter von Goldgräbern zu unterscheiden. Abschließend wird ein gutes Lenkungsinstrument mit direktem und objektivem Feedback direkt aus der Umsetzung wichtig sein, um die Entwicklung der Mitarbeiter in die richtige Richtung lenken zu können, sodass konkret, angewandt und gemeinsam an Daten gearbeitet wird.

In NPOs/Regierungsunternehmen gibt es oft keine oder wenig Kapazitäten für Datenthemen und auch keine ausgebildeten Mitarbeiter sowie wenig Spielraum für Neuanstellungen. Deshalb wird es hier sehr wichtig sein, zunächst am grundsätzlichen Verständnis zu arbeiten, die Bereitschaft für die Investition in das Thema zu schaffen und dann mit sehr generalistischen Rollen das Thema grundsätzlich zu etablieren, sodass wenig Personal benötigt wird. Um dann gutes Talent anzuziehen, kann mit den besonderen Stärken (wie beispielsweise ein gesellschaftlicher Auftrag oder der Möglichkeit etwas zu verändern) geworben werden. Um Talente zu halten, wird es sehr wichtig sein, auf genügend Raum für Entwicklung und Gestaltungsspielraum zu achten. Außerdem muss für die Weiterentwicklung in Bezug auf das Thema darauf geachtet werden, das Dinge nicht zerredet werden, sondern es muss zügig Wissen in das Unternehmen geholt werden. Das kann durch externe Kapazitäten gelingen (Tab. 3.3).

Tab. 3.3   Checkliste „Talente gewinnen und empowern"

Maßnahme	Understand	Initiate	Grow	Lead
Wichtig ist ein klares Verständnis der Kompetenzen, die Talente im Datenbereich mitbringen müssen (Wirkungsorientierung, Kommunikationsstärke, fachliches Verständnis, Teamplayer, Generalist, lernorientiert, erkenntnisgetrieben).	X	X	X	X
Es muss auf die Rolle von erfahrenen Mitarbeitern und einer zentralen Funktion oder Klammer zum Skalieren der gewünschten Datenkompetenzen geachtet und als Unternehmen eigenes Talent aufgebaut werden.	(X)	X	X	---
Um Talente zu gewinnen, müssen alle Hebel (intern, das eigene Umfeld, der Markt und andere Märkte) genutzt werden.	---	X	X	X
Beim Recruiting ist es wichtig, auf ungewöhnliche Art und Weise oder in anderen Feldern als üblich an den Markt zu treten, sodass ein Vorteil gegenüber anderen geschaffen wird.	---	(X)	X	X
Mitarbeiter in Bezug auf Daten zu entwickeln, weiterzubilden oder sogar selbst auszubilden, funktioniert am besten mit konkretem Projektbezug.	X	X	X	X
Die Mitarbeiter im Datenbereich können im Unternehmen als Botschafter für das Thema Daten eingesetzt werden und im Umfeld von Projekten andere weiterentwickeln.	---	(X)	X	X
Wichtig ist es, am Anfang mit möglichst generalistischen Rollen zu starten, sodass viele Domänen und Methoden abgedeckt werden können und eine hohe Flexibilität für Projekte besteht.	X	X	(X)	---
Differenzierte Rollen können anschließend opportunistisch entwickelt werden, wenn es das Unternehmen erfordert.	---	(X)	X	X

Checkliste

▶   Um im Bereich Talente erfolgreich zu sein, gibt es drei Erfolgsgeheimnisse. Erstens, sich nicht zu sehr auf fachliche Skills zu fokussieren, sondern auf Anwendungsorientierung, Pragmatismus und ein solides statistisches Grundverständnis zu setzen. Zweitens, außerhalb üblicher Bahnen für das Recruiting und die Weiterbildung zu denken und über Projekte und Datenteams als Botschafter Wissen mit Fokus auf Anwendung, Experimentieren und direkten Nutzen im Unternehmen zu etablieren. Drittens, für einen Start die Rollen nicht zu spezialisiert zu definieren, sondern Datenmitarbeiter eher als eine Art Inhouse-Berater zu sehen, die, lediglich groben Themenfeldern zugeordnet, viele Projekte und Domänen abdecken können.

3.4   Unsicherheit managen

Die Komplexität und Unsicherheit von Datenprojekten werden fast immer unterschätzt sowie die eigene Befähigung fast immer überschätzt. Das ist ganz besonders dann der Fall, wenn noch wenig Erfahrung im Unternehmen vorhanden ist (Dunning-Kruger-Effekt, [17]). Darüber hinaus werden häufig nur greifbare Ergebnisse von Projekten betrachtet, und die dahinterliegende mühselige Arbeit und der langwierige Weg der Erkenntnisse, um an diesen Punkt zu gelangen, werden übersehen.

In diesem Abschnitt wird deshalb gezeigt, warum Datenprojekte besonders herausfordernd sind. Anschließend werden Konzepte vermittelt, wie mit der Komplexität und der immanenten Unsicherheit von Datenprojekten umgegangen werden kann [18]. Anschließend ist offensichtlich, warum es wichtig ist, Datenprojekte richtig einzuschätzen, keine faulen Deals einzugehen oder falsche Erwartungen entstehen zu lassen sowie bei der Umsetzung schrittweise vorzugehen und ein gesundes Portfolio aufzubauen. Zunächst wird dafür der Begriff Komplexität gegen Kompliziertheit abgegrenzt und aufgezeigt, wie sich aus der Komplexität so viel Unsicherheit für Datenprojekte ergibt.

3.4.1   Komplexität

Was ist eigentlich Komplexität (Abb. 3.11)? Ein Beispiel: Wenn eine mechanische Uhr in ihre 250 Einzelteile zerlegt wurde und bis zu einem Termin wieder zusammengesetzt werden soll, ist das eine **komplizierte** Aufgabe. Die Aufgabe ist nicht einfach, aber das Ziel ist unmissverständlich definiert, und es ist klar, dass es einen Weg zum Ziel gibt. Außerdem sind die Abhängigkeiten greifbar. Der Erfolg lässt sich managen: Beispielsweise lassen sich die Konstruktionspläne des Uhrwerks beschaffen, ein Uhrmacher finden, der das

Abb. 3.11 Gegenüberstellung komplizierte und komplexe Aufgaben

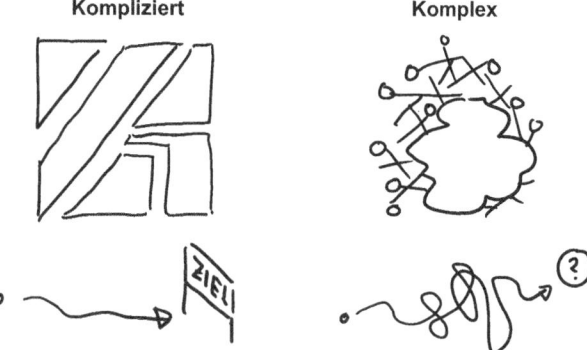

Werkzeug und die Fähigkeiten, ein Uhrwerk zusammenzusetzen, besitzt. Dieser kann sich in das Uhrwerk einarbeiten und es anschließend wieder zusammensetzen. Aus der Erfahrung lässt sich in etwa ein Zieltermin abschätzen, und es gibt kaum Unsicherheit, wenn dann ein paar kalkulierbare und bekannte Risiken (beispielsweise, dass die Feder beim Spannen bricht) eintreten.

Im Gegensatz dazu ist es eine **komplexe** Aufgabe, wenn für das nächste Jahr ein neues Uhrwerk entwickelt werden soll, das erfolgreich sein soll, weil es innovativer als das der Konkurrenz ist, aber die traditionellen Bedürfnisse weiterhin erfüllt. Bei dieser Aufgabe ist nicht klar, ob und wie sie sich das Ziel erreichen lässt. Außerdem ist nicht klar, wie der Weg zum Ziel aussieht. Um die besten Voraussetzungen für einen Erfolg zu schaffen, ist ein anderes Vorgehen notwendig. Denn einzelne Handlungen können nicht von vornherein vorgegeben oder von Anfang bis Ende geplant werden. Darüber hinaus müssen viele Personen und Stellen zusammenwirken, und am Ende wird dennoch ein großer Rest unkalkulierbare Unsicherheit bleiben, bis das Produkt erfolgreich am Markt ist.

Warum spielt das Thema Komplexität eine große Rolle bei Datenprojekten? Ganz einfach: Im Gegensatz zu einigen anderen Projekten im digitalen Bereich fallen viele Datenprojekte in den Bereich von „komplexe Projekte" und haben deshalb ganz besondere Eigenschaften. Denn meistens treffen folgende Punkte auf Datenprojekte zu (Vgl. für die Einordnung der Punkte Abb. 3.12):

- (A) Es müssen viele Datenquellen unternehmensübergreifend verknüpft und genutzt werden. Die Datenstrukturen an sich sind häufig bereits hoch komplex.
- (B) Welche Methode am Ende zum Erfolg führen wird, ist im vor Projektbeginn unklar. Es gibt schwer absehbare statistische und technologische Voraussetzungen, die erst in der Aufbereitung der Daten und in der Umsetzung geprüft werden können.
- (C) Die Ergebnisse müssen in bereichsübergreifende Handlungen eingebunden werden, um Wert zu stiften. Aber es ist vorher oft unklar, wie die Ergebnisse genau eingesetzt werden können oder welche Maßnahmen erfolgversprechend sind.

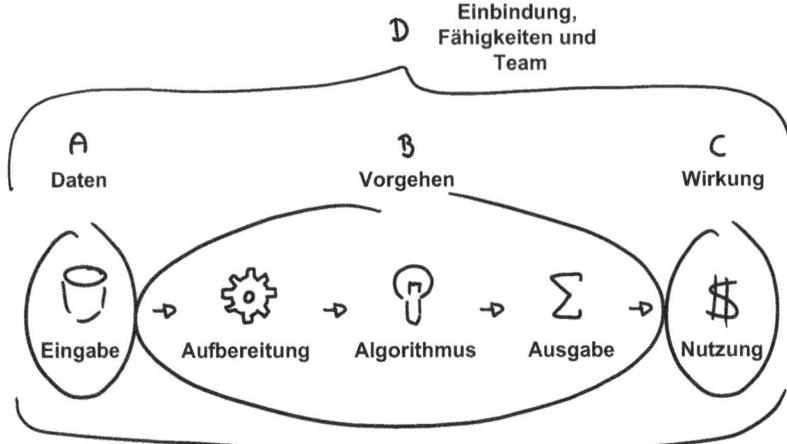

Abb. 3.12 Bereiche von Datenprojekten

- (D) Fast immer gibt es kaum Beispielprojekte, da die Anwendungsfälle sehr unternehmensspezifisch und für die meisten Unternehmen neu sind. Der Lösungsweg ist deshalb von vornherein unklar. Außerdem müssen für einen erfolgreichen Einsatz viele Disziplinen und Bereiche zusammenarbeiten. Es muss viel Wissen in verschiedene Richtungen ausgetauscht werden, was eine hohe organisatorische und kulturelle Komplexität ergibt.

Aus diesen Gründen sind klassische Versuche, Datenprojekten zu managen, meistens nicht aussichtsreich. Es muss stattdessen richtig mit der Komplexität umgegangen werden. Gerade die Komplexität in den Bereichen „Daten" (A), „Wirkung" (C) und „Einbindung" (D) wird fast immer unterschätzt. Meistens konzentrieren sich Unternehmen auf den Bereich von Technologie und Tools (ein kleiner Teil innerhalb von B), da dieser Bereich für Datenprojekte naheliegt und greifbar ist. Dieser Bereich bietet aber im Vergleich zur Bedeutung von Ausgangsdaten und der Nutzung von Ergebnissen einen viel geringeren Hebel für die Zielerreichung. Leider wird bei Daten häufig innerhalb der Grenzen der Disziplin gedacht. Dabei werden die wichtigsten Felder ausgelassen, weil sie nicht im direkten Verantwortungsbereich liegen. Deshalb fällt es schwer, aus diesem Schema auszubrechen. Gleichzeitig gibt es bei allen nicht-daten-affinen Mitarbeitern eine große Unsicherheit zu Daten, welche die Herausforderung in anderen Bereichen zu wirken, weiter verschärfen.

Da die Komplexität eine so immense Rolle für den Erfolg von Datenprojekten spielt, ist es wichtig, die verschiedenen Unsicherheiten von Datenprojekten, die sich zum größten Teil aus der Komplexität in den verschiedenen oben genannten Bereichen ergeben, genauer zu verstehen. Anschließend müssen ganzheitliche Lösungswege entwickelt werden, die mit der Komplexität und Unsicherheit richtig umgehen. Auf mögliche Ansätze wird im Folgenden eingegangen.

3.4.2 Erwarteter Wert

In den verschiedenen Bereichen eines Datenprojektes verbirgt sich demnach eine große Unsicherheit, zum größten Teil aufgrund der hohen Komplexität. Denn es ist von vornherein nicht klar, ob ein Versuch Ergebnisse liefern wird, ob die vielen Abhängigkeiten und Beteiligten richtig zusammenwirken werden und ob die Ergebnisse im Unternehmen genutzt werden können. Deshalb ist es unklar, ob sich das Verhältnis aus Kosten und Nutzen in einem sinnvollen Rahmen bewegen wird. Um diese Frage besser einzugrenzen, ist es erforderlich, zu einer groben Schätzung des erwarteten Wertes eines Datenprojektes zu gelangen. Denn dieser ist erforderlich, um im Mittel die richtigen Entscheidungen für Projekte zu treffen. Deshalb wird jetzt genauer auf die verschiedenen Arten der Unsicherheiten eingegangen, sodass anschließend daraus eine sinnvolle Wertbemessung für Datenprojekte entwickelt werden kann. Dazu wird erneut der Überblick über Datenprojekte herangezogen (Abb. 3.12):

- (A) Es gibt eine Unsicherheit, dass die vorhandenen Daten nicht die notwendigen Informationen für eine Ergebnisvorhersage enthalten oder nur in schlechter Qualität. Außerdem kann es vorkommen, dass die Daten nicht verwenden werden können oder dürfen (rechtliche Rahmenbedingungen).
- (B) Die Ausgangsdaten und Algorithmen stellen oft sehr hohe Anforderungen an Schnittstellen, Flexibilität, Speicherkapazität und Verarbeitungsgeschwindigkeit. Unter Umständen lässt sich eine Lösung technisch nicht umsetzen bzw. sind die Ergebnisse einer machbaren Lösung nicht ausreichend gut.
- (C) Der Business Case kann fragwürdig sein: Das Verhältnis aus Kosten und Nutzen stimmt nicht (auch wenn ein strategischer Nutzen berücksichtigt wurde) oder die Ergebnisse haben keinen Hebel auf das Geschäft, keinen Market-Fit oder liefern keinen Kundennutzen bzw. es wird keine wirksame Maßnahme basierend auf den Ergebnissen gefunden.
- (D) Es ist unklar, ob Projekte im Unternehmen akzeptiert werden bzw. ob eine reale Nachfrage danach besteht. Im schlimmsten Fall fließt kein Wissen aus den Unternehmensbereichen in die Modellierung ein, und die Ergebnisse werden von den Fachbereichen nicht wertstiftend eingesetzt. Dieser Fall kann auch eintreten, wenn am Ende das Vertrauen in die Ergebnisse fehlt.

Im ersten Kapitel wurde gezeigt, warum es aus Gründen der strategischen Entscheidungsfindung und Kommunikation entscheidend ist, eine plausible Vorstellung über den Wert von Datenprojekten zu besitzen (Business Value). Nun wird darauf eingegangen, wie basierend auf den gerade gezeigten konkreten Unsicherheiten, ein erwarteter Wert eines Projektes abgeleitet werden kann. Die Herleitung des Wertes soll mit der Pseudo-Formel in Abb. 3.13 verdeutlicht werden. Sie soll dabei helfen, einen erwarteten Wert (der über die Netto-Wirkung und einen Unsicherheitsabschlag beziffert wird) abzustecken. Denn dieses grobe Abschätzen kann vor großen Fehlern in der Entscheidung für oder

Abb. 3.13 Den erwarteten Wert abschätzen

gegen Projekte schützen und ist eine der Kernüberlegungen von nutzengetriebenen Daten-projekten (Value Driven Data Projects).

Wie wird nun konkret zur Bestimmung des erwarteten Wertes (**Expected Value**) vor-gegangen? Schritt eins ist es, mit einer einfachen Überschlagsrechnung oder Schätzung zu einem groben möglichen Nutzen des Projektes (**Benefit**) zu gelangen. Dafür können grobe Hausnummern für Umsatzgewinne, Kosteneinsparungen, strategische Gewinne oder Poten-ziale angenommen werden (Vgl. dazu das erste Kapitel). Diese Schätzung wird in keiner Weise exakt sein, es geht lediglich darum, einen groben Richtwert zu erhalten. Außerdem geht es darum, die Überlegungen zum vermuteten Nutzen anzustellen und sich in diesen Anwendungsfall hineinzuversetzen. Anschließend wird überlegt, welche Unsicherheiten (siehe die vorherige Aufzählung) erwartet werden und darüber, wie wahrscheinlich diese den Erfolg des Projektes erscheinen lassen (**Uncertainty**). Auf gleiche Art und Weise wird anschließend eine Erwartung der Kosten (**Cost**) abgeschätzt oder für die Kosten ein Rah-men/Budget festgelegt sowie die bereits aufgelaufenen Kosten mit einbezogen. Für den Fall einer Schätzung kann ein Planning Poker oder die Erfahrung aus anderen Projekten dienen. Falls ein (Zeit-)Budget festgelegt wird, welches für das Projekt bereitgestellt werden soll, kann dieses einfach eingesetzt werden. Auch die gesamte Kostenbestimmung reicht als grobe Größenordnung aus. Im Prinzip geht es eher darum, die groben Kosten-/Nutzen-Me-chaniken zu erfassen. Nun sind die wichtigsten drei Eigenschaften eines Projektes ein-gegrenzt, und es lässt sich ein erwarteter Wert für das Projekt überschlagen.

Doch auch in einer solchen Abschätzung steckt sehr viel Unsicherheit. Deshalb nutzt es kaum, mit viel Mühe zu versuchen, genauer zu schätzen, da die wahren Eigenschaften einfach noch unbekannt sind. Doch ist mit dieser ersten Abschätzung der grobe Rahmen eines Projek-tes zumindest etwas greifbarer, auch wenn der Case am Ende abweichend ausgehen kann. Allerdings kann mit einer solchen Schätzung zumindest aus einem Pool an potenziellen Pro-jekten das erfolgversprechendste zum jetzigen Wissensstand identifiziert werden. Letztlich ist es jedoch ebenso wichtig, unter den Voraussetzungen der Unsicherheit und Komplexität ein Projekt so aufzusetzen, dass mit der verbleibenden Unsicherheit richtig umgegangen wird. Dazu wird im Folgenden gezeigt, wie Erwartungen richtig gesteuert werden können, warum schrittweise vorgegangen werden muss und warum ein ausgeglichenes Portfolio wichtig ist.

3.4.3 Erwartungsmanagement

Der wichtigste Punkt ist die richtige Erwartungshaltung. Häufig ist die Erwartungshaltung in den Köpfen der Stakeholder oder Auftraggeber: „Das geht jetzt ein, zwei Wochen und dann bekomme ich das gewünschte Ergebnis aus den Daten. Was kann daran schon so schwierig sein?". Denn es wird häufig nur das Ergebnis von Projekten als Referenz herangezogen. Der langwierige, kaum sichtbare Weg wird übersehen, der das Ergebnis überhaupt ermöglicht hat. Denn Datenprojekte sind nicht deterministisch und lassen sich nicht von vornherein auf dem Reißbrett mit vorhersehbarem Ergebnis aufsetzen.

Wie oben gezeigt, ist bei solchen Projekten nicht klar, was herauskommen wird. Deshalb darf sich nicht auf eine fest abgesteckte Erwartung aus Scope, Zeitplan und Budget eingelassen werden. Das wird nur zu Enttäuschungen führen. Besser ist ein festgelegter Rahmen für den ersten Versuch, einen Case zu lösen. Das lässt sich zwar nur schwer von Stakeholdern akzeptieren, sollte aber immer das Ziel für ein Datenprojekt in einer frühen und mittleren Phase sein. Alles andere sind Taschenlügen, denn Ungewissheit lässt sich nicht exakt beziffern. Deshalb ist es besonders wichtig, ehrlich und deutlich diese Eigenschaften zu kommunizieren und ein Verständnis dafür zu schaffen.

Was bedeutet das? Die notwendigen Eigenschaften und Erfordernisse müssen transparent gemacht werden. Denn für Datenprojekte wird viel mehr Zeit benötigt als die meisten denken. Und es muss gleichzeitig genügend Raum für die Lösung komplexer Aufgaben geschaffen werden. Das funktioniert am besten durch eine abgestimmte und festgelegte Investition von Zeit und Geld, die dem Projektteam die Möglichkeit einräumt, autonom zu agieren. Gleichzeitig sollten weitere Maßnahmen ergriffen werden, um mit der Unsicherheit umzugehen, auf die im Verlauf des Unterkapitels näher eingegangen wird. Gleichzeitig sollte eher pessimistisch kommuniziert werden, um anschließend im wünschenswerten Fall mit einem positiven Ergebnis überraschen zu können. Deshalb muss die Unsicherheit des Projektes klar ausgedrückt werden:

- „Das Projekt wird lange dauern. Es werden zwar klare Grenzen gesetzt und schnell iteriert, aber ein solches Thema benötigt einiges an Zeit."
- „Das Ergebnis ist nicht sichergestellt. Es wird versucht, schnell zu einem Durchstich zu gelangen. Die Bemühungen werden auf das Ergebnis ausgerichtet, aber es ist nicht gewährleistet, dass es überhaupt möglich ist."
- „Es wird versucht, für dieses Ziel einen echten Nutzen zu schaffen. Aber wenn festgestellt wird, dass für das Ziel nichts aus den Daten zu holen ist, kann es passieren, dass nach ein paar Iterationen auf einen anderen Anwendungsfall umgeschwenkt werden muss."

Solche Aussagen mögen für Beteiligten nicht immer zufriedenstellend sein. Wenn schon investiert wird, soll auch ein Ergebnis abfallen, mit dem möglicherweise bereits weiter geplant wird. Doch große Selbstsicherheit ist hier am falschen Platz, da Datenprojekte eben diese Eigenschaft nicht aufweisen. Doch nach einigen Beispielprojekten wird das Umfeld lernen, mit der neuen Art von Projekten gut umzugehen. Doch nicht nur das Erwartungsmanagement ist eine Möglichkeit, ein gutes Umfeld für Datenprojekte zu schaffen. Um mit der hohen Unsicherheit umzugehen, lassen sich weitere erprobte Lösungsmuster nutzen, auf die in den folgenden Abschnitten näher eingegangen wird.

3.4.4 Schrittweise vorgehen

Würde ein CEO ein großes Budget für ein Projekt vergeben wollen, bei dem der Projekt-
leiter darlegt, wie unsicher das Ergebnis ist? Sollte ein Unternehmen von Anfang an auf
eine umfassende neue Lösung setzen, bei der nicht klar ist, ob sie überhaupt umgesetzt
werden kann? Oft werden als Antwort auf solche Fragen detaillierte Pläne erarbeitet, um
mehr Sicherheit zu gewinnen. Doch solche Pläne sind bereits kurze Zeit später nicht mehr
viel wert, wenn sich die Lage verändert hat oder neue Erkenntnisse vorliegen. Solche
Pläne täuschen durch filigrane Planung von Unsicherheit über das wahre Risiko hinweg
und erzeugen eine hohe Pfadabhängigkeit, aus der kaum noch ausgebrochen werden kann.

   Deshalb ist es ein wesentlich besserer Weg – statt aufwändig zu planen – direkt und
schrittweise zu handeln. Aus den ersten Erkenntnissen mehr über die Begebenheiten zu
lernen und mit zunehmender Sicherheit die Investitionen und Erwartungen an eine Lösung
mitwachsen zu lassen (Vgl. Abb. 3.14, in Anlehnung an [19], Copyright © 2020 by David
Bland and Alex Osterwalder), genauso, wie es ein Venture Capitalist bei seinen Investitionen umsetzen würde. Denn es ist oft besser, die realen Begebenheiten einfach in
kontrollierbaren Dosen zu erproben, als viele und oft falsche oder unsichere Annahmen
miteinander zu multiplizieren. Das sollte nicht falsch verstanden werden: Der Prozess des
Planens kann durchaus nützlich sein. Er hilft, sich ein klares Bild oder eine Ausrichtung
zu verschaffen – eine Arbeitshypothese – bevor voreilig losgelaufen wird. Doch gerade die
Deutschen diskutieren gerne lange, und oft ist es besser, zügig loszulaufen und auf dem
Weg die fehlenden Entscheidungen zu treffen, während gleichzeitig bereits mehr Klarheit
über die Sache entsteht. Es ist demnach oft besser, zyklisch die Ergebnisse von Hand-

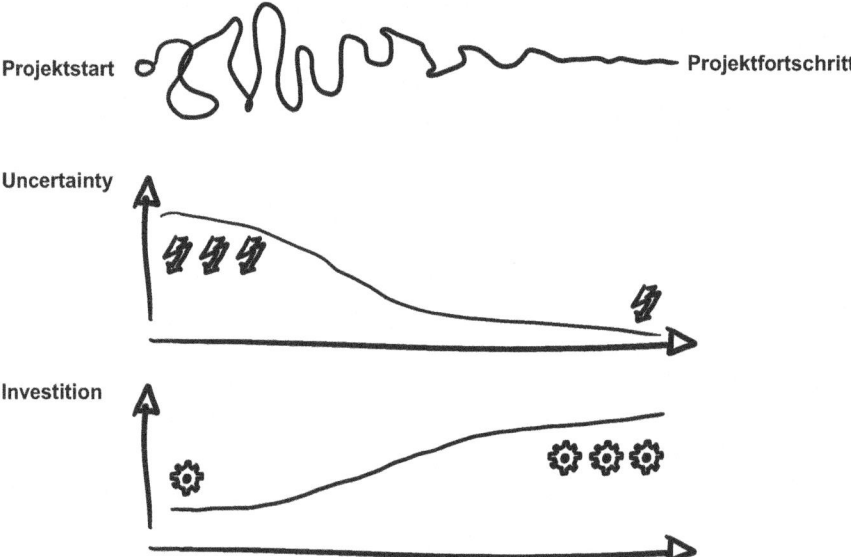

Abb. 3.14 Schrittweise mit dem erwarteten Nutzen und sinkender Unsicherheit wachsen

lungen gegen die vorherige Erwartung zu halten, um zu lernen und anschließend das Handeln entsprechend anzupassen; als zu versuchen, vorab alles zu durchdringen.

Das bedeutet: Es wird mit einem nicht zu großen und scharf abgegrenzten ersten Schritt begonnen. Für diesen Schritt sollten besser einige Dinge mehr weglassen oder aus dem Scope genommen werden als eigentlich angestrebt. So wird auf den minimal notwendigen Invest fokussiert (wenig Basistechnologie, wenig Optimierung, klar begrenzter Kapital- und Personaleinsatz). Erst wenn sich im weiteren Verlauf zeigt, was so bewirkt werden kann und welche Probleme und Ergebnisse entstehen, sollten die nächsten Schritte erwogen werden.

Warum ist das wichtig? Viele Menschen haben die Tendenz, sich als ersten Schritt erst einmal viel Struktur zu schaffen – sich auszurüsten – bevor sie den ersten Schritt wirklich gehen. Außerdem gleich ein vollständiges Bild mit allen Details auszuarbeiten, indem alles bedacht sein muss, bevor sie mit einzelnen Strängen starten können. Und dies kommt mit Vielzahl an Kehrseiten daher. Ein etwas entfernteres Beispiel: Eine Person mit einer solchen Tendenz möchte mit dem Kiteboarden als neues Hobby beginnen. Sie kauft sich dazu erst einmal eine vollständige Ausrüstung, liest viele Artikel darüber, sieht sich Videos an, um gut vorbereitet zu sein. Allerdings war sie bis dahin noch nie mit einem Kite auf dem Meer. Die Buchung des ersten Kurses zieht sich etwas hin. Das erste Mal auf dem Meer stellt sich dann heraus, dass die eigene Ausrüstung gar nicht so gut zu den eigenen Ansprüchen passt. Außerdem trägt nach einigen Wochen die Begeisterung am Sport nicht mehr über die ersten Hürden hinaus. Am Ende verkommt die teure Ausrüstung im Keller. An dieser Stelle wäre es besser gewesen, für das erstes Kiteerlebnis mit einer Leihausrüstung auf das Wasser zu gehen, die vielleicht nur mittelgut ist, um herauszufinden, wie es sich anfühlt, um dann erst mehr in den Sport zu investieren, wenn er einem wirklich liegt.

Es ist demnach wichtig, das Team, die Technologie und den Invest mit zunehmender Klarheit über das Projekt mitwachsen zu lassen (Abb. 3.14). Jeder Schritt muss darauf konzentriert werden, was wirklich als Nächstes wesentlich ist. Außerdem sollte gerade zu Beginn viel mehr experimentiert werden als mit zunehmender Klarheit, um den gesamten Lösungsraum zunächst besser zu durchdringen. Um zu experimentieren, werden Annahmen für den nächsten Versuch angestellt, anschließend wird dieser Schritt gegangen und danach das Ergebnisse gegenüber den vorherigen Annahmen reflektiert. Mit diesem Vorgehen kann die Unsicherheit in kontrollierbare Häppchen zerteilt werden. Außerdem besteht die Möglichkeit, einzelne frühe Iterationen mit hoher Unsicherheit auszulagern und diese erst intern weiterzuführen, wenn das Verhältnis aus vermutetem Nutzen und verbleibender Unsicherheit für das eigene Unternehmen passend ist. Wie sich ein solches, schrittweises Vorgehen konkret in einem Projekt umsetzen lässt, wird im nächsten Unterkapitel gezeigt.

3.4.5 Portfolio aufbauen

Um die verbleibende Unsicherheit auszugleichen und mindestens einige wertvolle Ergebnisse aus den Datenbemühungen sicherzustellen, muss langfristig ein ausgewogenes

Datenprojekt-Portfolio entwickelt werden. Allerdings ist dieses Vorgehen hauptsächlich empfehlenswert für datenerfahrene und größere Unternehmen. Denn das Vorgehen nutzt zwei Elemente: zum einen, mehrere Projekte mit unterschiedlichen Risiko-Profilen gleichzeitig durchzuführen, sodass in Summe mindestens ein Erfolg wahrscheinlich ist; zum anderen, mit einem ersten Proof-of-Concept von Projekten früh, vorausschauend und bereits vor dem ausgesprochenen Bedarf zu beginnen, um mehr Klarheit über das Chancen-Risiken-Profil eines Projektes vor einem offiziellen Umsetzungsstart zu erlangen [9]. Beide Elemente erfordern eine gewisse Teamstärke und Koordinationskapazität, um eine Mindestzahl an Projekten gleichzeitig durchführen zu können. Sonst geht auf der Personalebene zu viel Fokus verloren.

Das bedeutet: Im Datenbereich insgesamt muss sich ein ausgewogenes Projektportfolio in verschiedenen Phasen der Evaluierung und Umsetzung befinden (Abb. 3.15). Dennoch ist es wichtig, sich dabei nicht zwischen zu vielen Themen zu verzetteln. Denn den Fokus zu halten, ist für den Erfolg einzelner Projekte immer wichtiger, als zu Anfang zu stark in die Breite für eine übergreifende Risikominimierung zu gehen (Abschn. 3.1.1). Die Hintergründe dazu werden im nächsten Abschnitt erläutert. Gleichzeitig ist es wichtig, sobald möglich, genügend in die Breite zu gehen und genügend Felder in unterschiedlichen Reifegraden abzutesten, bevor in einzelnen Projekten stark optimiert und in die Tiefe gegangen wird, wenn sie bereits genügend gut funktionieren. Es gilt hier, ein ausgewogenes Verhältnis zu schaffen (Abschn. 3.5.2).

Das Portfolio sollte aus drei Arten von Projekten bestehen (Abb. 3.15). Erstens „**Seed**": Fragestellungen, deren Lösbarkeit und Ausgestaltung noch sehr unsicher und offen ist. Diese noch sehr unscharfen Projekte können beispielsweise durch eine Thesis bearbeitet, in Hackathons adressiert oder in Leerlaufzeiten im Team ungezwungen in ersten Experimenten oder Recherchen geschärft werden, um früh Erkenntnisse über die Machbarkeit und den Rahmen zu gewinnen, bzw. diese Projekte zu einem Proof-of-Concept zu führen (Abschn. 3.5.4). Zweitens „**Nurture**": Fragestellungen, bei denen sich gerade zeigt, dass sie lösbar scheinen und echte Werte schaffen könnten. Solche Projekte können in Zukunft zu neuen Sternen für das Unternehmen werden, denn es gibt bereits einen guten Blick auf die Unsicherheit und den erwarteten Nutzen. Diese können in eine Pilotphase gebracht werden. In diese Projekte sollten mehr Ressourcen investiert und versucht werden, einen

Abb. 3.15 Portfolio aus
unterschiedlichen
Projektreifegraden

Durchstich und ersten Beleg für den Nutzen bzw. Market-Fit zu erhalten (Abschn. 3.5.4). Drittens „**Grow**": Lösungen, bei denen eine gute Einschätzung für den Nutzen und die Machbarkeit bzw. den Erfolg besteht, sollten mit intensivem Fokus produktiv aufgesetzt, ausgerollt und zum realen Einsatz geführt werden (Abschn. 3.5.4).

Die richtige Anzahl und die Zusammenstellung der Projekte aus den drei Phasen kommt individuell auf die Vorerfahrung und Ressourcenlage im Unternehmen an, aber auch auf das gewünschte Unsicherheit- und Nutzenprofil (Abb. 3.16). Außerdem muss die Auswahl der Projekte mit den verschiedenen Unternehmensbereichen gut abgestimmt werden, um ein Alignment zur Einschätzung von Nutzen und Unsicherheit, zur Vorgehensweise und zum aktuellen Portfolio zu schaffen. Letztendlich sollte, wie oben gezeigt, mit wachsender Sicherheit mehr in Projekte investiert und ein größeres Risiko eingegangen werden, um mit begrenztem Fokus möglichst viel bewirken zu können.

Gleichzeitig müssen frühe erste Versuche den verschiedenen Bereichen vorauseilen, da für Datenprojekte immer mehr Zeit benötigt wird als für die meisten anderen Disziplinen. Von potenziellen Stakeholdern und Anforderern muss deshalb früh ein Blick auf zukünftige Herausforderungen eingeholt werden – am besten in gemeinsamen Brainstormings erste Impulse für mögliche Projekte entwickelt werden, die dann nach und nach ins Portfolio einfließen und sich entwickeln können (Abschn. 3.5.1). Insgesamt geht es bei einem guten Projekt-Portfolio jedoch nicht um eine haargenaue Optimierung, wie im Finanzumfeld üblich, sondern vielmehr darum, mit gesundem Menschenverstand ein paar (wenige) scharfsinnige Projekte so zusammenzustellen, sodass sie sich gut ergänzen.

3.4.6 Zusammenfassung

In diesem Unterkapitel wurde dargestellt, warum bei Datenprojekten eine hohe Unsicherheit besteht und wie sich mit der Unsicherheit, aus einer Vogelperspektive betrachtet, gut umgehen lässt. Dazu wurde zunächst gezeigt, dass Datenprojekte aus vielen Perspektiven heraus komplexe Projekte sind, bei denen vorab unklar ist, wie ein Weg zu Lösung aussieht und ob das Ziel überhaupt erreicht werden kann. Anschließend wurde verdeutlicht,

Abb. 3.16 Solide
Projektkombination für ein
Portfolio

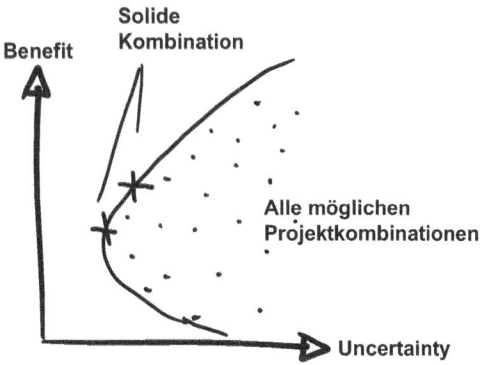

wie sich dennoch eine grobe Abschätzung über den erwarteten Wert ermitteln lässt, um die richtigen Projekte auswählen zu können. Danach wurde gezeigt, wie wichtig es ist, die Erwartung von Stakeholdern und Auftraggebern wegen der besonderen Erfordernisse richtig zu managen und keine falschen Versprechen abzugeben. Es muss sich darauf eingestellt werden, dass Datenprojekte ein Misserfolg werden bzw. länger dauern werden als gedacht. Im weiteren Verlauf des Kapitels wurde darauf eingegangen, warum es wichtig ist, schrittweise vorzugehen, die Unsicherheit in kontrollierbare Stücke zu zerschneiden und mit zunehmender Sicherheit die Investitionen und Erwartungen hochzuschrauben. Das heißt: Es ist wichtig, zu versuchen, mit den Iterationen mehr Klarheit zu erlangen und die Investitionen und Bindung an das Projekt wachsen zu lassen. Sollten genügend Ressourcen und erste Erfahrungen vorhanden sein, ist es hilfreich, ein Portfolio an Datenprojekten zu führen, das kontrolliert durch Projekte in verschiedenen Reifegraden und erst einmal thematisch in die Breite geht (ohne zu viel Fokus zu verlieren) und erst anschließend die einzelnen Projekte in der Tiefe vervollständigt, optimiert und ausgestaltet.

Herausforderungen für Unternehmen
In kleinen Unternehmen ist es oft einfacher, die Erwartungen gut zu steuern, da die Wege kurz sind und wenig Planungsabhängigkeiten bestehen. Das kann in solchen Umfeldern zum Vorteil von Datenprojekten genutzt werden, indem früh und viel experimentiert wird, immer wieder flexibel und schnell iteriert wird und nicht zu hohe Verbindlichkeiten aufgebaut werden, bevor ein Erfolg nicht absehbar ist. Das schont die dünne Ressourcendecke von kleinen Unternehmen. Gleichzeitig ist die geringe Ressourcendecke in solchen Unternehmen die Schwachstelle, sodass kaum mehrere Projekte gleichzeitig angegangen werden können und sollten. Hier ist es besser, kein Portfolio aufzubauen, sondern die Versuche an Projekten mit möglichst großen Learnings seriell anzugehen und eher mit Fokus für den Erfolg einzelner Projekte zu sorgen.

In großen Unternehmen bestehen meistens starke Anforderungen an die Planung, um verschiedene Bereiche zu orchestrieren, um Alignment herzustellen und um die Steuerung zu ermöglichen. Außerdem erfordern solche Unternehmen langfristige Planung und Verbindlichkeit. Deshalb ist es besonders wichtig, einen guten Weg zu finden, um mit der Unsicherheit von Datenprojekten umzugehen. Die Lösung können Timeboxen oder Platzhalter sein, die einen in frühen Phasen unverbindlichen Raum für Tests und Experimente schaffen, bevor Datenprojekte in einen Projektmodus gebracht werden. So kann zunächst ein Teil der Unsicherheit abgebaut werden, bevor die Projekte mit einer Planung versehen werden. In solchen Umfeldern ist ein ausgewogenes Portfolio, um Risiken zu verteilen und genügend Geschwindigkeit mit einer stärkeren Ressourcenlage aufzubauen, eine wichtige Strategie. Diese kann auch genutzt werden, um verschiedene Bereiche mit Projekten zu unterstützen und Markttrends mit genügend Breite zu folgen.

In NPOs/Regierungsunternehmen gibt es besondere Erfordernisse an Planbarkeit und Abstimmungen von Datenprojekten, das aus dem Umfeld heraus häufig eine besonders große Unsicherheit für den Erfolg besteht und gegensätzlich sehr hohe Anforderungen an die Verlässlichkeit von Projekten gestellt werden. In solchen Unternehmen ist es besonders wichtig, ein Umdenken anzustoßen und genügend Verständnis für die Natur von Datenprojekten zu schaffen. Denn nur so können Enttäuschungen verhindert werden, wodurch anschließend Initiativen wieder gestoppt werden würden. Es sollten frühe Experimente durchgeführt werden, um Sicherheit zu gewinnen. Dafür muss zuerst das richtige Umfeld und der Nährboden geschaffen werden. Bevor nicht diese Grundlagen geschaffen wurden, sollten Datenprojekte nicht offiziell angegangen werden, da sonst das Risiko besteht, dass mit einem frühen negativen Ergebnis alle zukünftigen Bestrebungen eingestellt werden. Und es wird mit Sicherheit ein paar Anläufe benötigen, bis erste Erfolge aus Datenprojekten entstehen (Tab. 3.4).

Checkliste

▶ Es ist entscheidend, grundsätzliche Annahmen sehr früh zu testen, wenn diese Annahmen direkt und zügig in der Realität überprüft werden können, und dann nicht zu viel zu planen. Es gibt viele gute Möglichkeiten, sehr unsichere erste Schritte auszulagern oder zu parallelisieren: Projekte können als Abschlussarbeiten vergeben, Kooperationen mit Universitäten geschaffen, Wettbewerbe ausgeschrieben oder Hackathons aufgesetzt und Werkstudenten mit ersten Tests beauftragt werden, bevor in Planung oder große professionelle oder externe Teams investiert wird.

Tab. 3.4 Checkliste „Unsicherheit managen"

Maßnahme	Understand	Initiate	Grow	Lead
Sich über die Komplexität und Unsicherheit von Datenprojekten bewusst werden.	X	X	(X)	(X)
Durch eine ungenaue Abschätzung der Unsicherheit, des vermuteten Nutzens und der Kosten eine grobe Einschätzung über das Profil eines Datenprojektes bekommen, um sich für die richtigen Projekte entscheiden zu können.	X	X	X	X
Die Erwartungen und Rahmenbedingungen an ein Datenprojekt mit Blick auf die Unsicherheit aktiv gestalten, gerade gegenüber dem Board, dem C-Level oder der Managementebene.	X	X	X	(X)
Bei Datenprojekten unbedingt schrittweise vorgehen und die Risiken damit in kontrollierbare Pakete zerlegen.	X	X	X	X
Die ersten Schritte hart scopen, nur auf den Kern der Wirkung fokussieren und so einfach wie möglich gestalten.	X	X	X	X
Den Invest in ein Datenprojekt mit abnehmender Unsicherheit im weiteren Verlauf schrittweise erhöhen.	X	X	X	X
Als datenerfahrenes Unternehmen ein Portfolio an Projekten in verschiedenen Stadien pflegen, um die Unsicherheit in einzelnen Projekten über mehrere Erfolgskandidaten aufzufangen.	---	(X)	X	X

3.5   Projekte durchführen

Die meisten Unternehmen wollen zu viele Projekte gleichzeitig angehen, viel zu früh die großen Maschinen auffahren und sofort in noch unwichtige Details hineingehen, bevor ein Beweis für den Nutzen überhaupt erbracht ist. Außerdem wird zu häufig von außen über den gewünschten Weg und die Art, die Ergebnisse zu erreichen, entschieden. Um es in ein Bild zu übersetzen: Unternehmen möchten häufig mit einem Bagger, Betonmischer und Kipplader mit einem Floß über einen Fluss übersetzen, bevor sie wissen, ob auf der anderen Seite des Flusses überhaupt eine Baustelle ist. Und dann möchten sie die Fahrzeuge gleich auf mehreren Baustellen arbeiten lassen, um alle Gebäude gleichzeitig, vermeintlich schneller, fertigzustellen. Anschließend wollen sie per Fernauftrag den Bauarbeitern mitteilen, was sie im Detail tun sollen, ohne selbst die Baustelle vor Ort gesehen zu haben – anstatt das Team vor Ort entscheiden zu lassen.

In diesem Unterkapitel wird gezeigt, wie Projekte entstehen, ausgewählt und umgesetzt werden können, sodass mit wenigen, aber richtigen Projekten die eigenen Ziele mit möglichst hoher Wahrscheinlichkeit erreicht werden. Denn, wie im vorherigen Unterkapitel gezeigt, Datenprojekte unterscheiden sich von den meisten anderen Projekten im Hinblick auf Unsicherheit und Komplexität. Die Machbarkeit ist oft unklar und der erste Durchstich sehr teuer. Außerdem ist meistens noch offen, ob mit Ergebnissen überhaupt etwas bewirkt werden kann. Deshalb wird in diesem Unterkapitel vermittelt, wie ein Team ermächtigt werden kann, sodass es die beste Lösung für das Problem selbst finden kann, die wahrhaftig Wirkung erzielt. Es wird des Weiteren vermittelt, wie durch kurze und schlanke Iterationen mit Fokus darauf, Feedback zu erhalten, nur das Nötigste umgesetzt werden kann, um schnell einen Durchstich und den Beweis des Nutzens zu erzielen. Dabei werden noch unwichtige Details ausgelassen, bis mehr Sicherheit über die Wirksamkeit erlangt wurde. Abschließend wird vermittelt, wie Aufwände durch eine Timebox und das richtige Maß an Investition in die Lösung begrenzt werden können, und der Lernerfolg zur Selbstverbesserung maximiert werden kann. Alle diese Prinzipien machen nutzengetriebene Datenprojekte (Value Driven Data Projects) aus.

In diesem Unterkapitel werden wichtige methodische Grundprinzipien für den Erfolg von Datenprojekten herausgepickt, ohne zu tief auf die darunterliegenden konkreten gängigen Methoden einzugehen (wie beispielsweise Scrum [20], Dual Track Agile [21], Holacracy [22, 23], SAFe [24], Kanban [25], Objectives and Key Results [26], The Lean Startup [27], Agile Organisationsentwicklung [28] etc.). Denn zu diesen Frameworks und Methoden gibt es bereits hervorragende Literatur. Doch oft sind Datenprojekte und ihre Besonderheiten in den einschlägigen Werken nicht explizit berücksichtigt. Es gibt z. B. im agilen Umfeld mittlerweile eine Unterscheidung in eine Discovery- und Delivery-Phase (Vgl. Dual Track Agile, [21]), aber bei Datenprojekten braucht es häufig vor oder nach der Discovery noch eine Art Proof of Concept, bevor es sich lohnt, ein größeres Team auf die Discovery- oder Delivery-Reise zu schicken (außer es handelt sich um Teams, die sich im Kern auf Datenlösungen fokussieren). Die hier gezeigten Prinzipien sind deshalb speziell auf Datenprojekte ausgelegt; auch wenn sie für andere Projekte funktionieren und im Ursprung aus diversen Methoden anderer Projekte entliehen sind. Da sie hier jedoch Framework-agnostisch aufgezeigt werden, lassen sie sich in diversen Umgebungen und Prozessen, die im eigenen Unternehmen genutzt werden, integrieren.

3.5.1   Projekte generieren und annehmen

Um Datenprojekte auf den Weg zu bringen, gibt es drei konkrete Möglichkeiten: A) Es gibt eine Anforderung, die an das Datenteam oder eine Datenrolle herangetragen wird; B) Das Projekt entsteht gemeinsam in einem interdisziplinären Team; oder C) Die Idee wird aus der Datendisziplin heraus selbst entwickelt und zusammen mit anderen Anforderern auf den Weg gebracht. Welcher Weg davon im Unternehmen der häufigste oder sinnvollste ist, hängt von der Organisationsform der Datenbemühungen ab (Abschn. 3.2.1) und von den Reifegraden bezüglich Projektorganisationen und Daten im Unternehmen. Dennoch sind häufig mehrere Wege in einer gewissen Ausprägung im Zusammenspiel anzutreffen.

Ideen für Datenprojekte, die an das Datenteam herangetragen werden (A), sind ein großartiger Ausgangspunkt. Denn dann gibt es von Anfang an einen Auftraggeber und Abnehmer, der eine Lösung einsetzen wird. In solchen Fällen ist es wichtig, sich nicht direkt in Zusagen zu stürzen, sondern die Problemstellung und die Wirkungsmöglichkeiten gut zu verstehen, den Kontext zu begreifen und anschließend genau zu prüfen, ob das ein Fall von „es wird das jetzt einfach mit Daten oder künstlicher Intelligenz gemacht, weil es sonst keine bessere Idee gibt" ist, oder ob es ein echtes Problem und valide Ansatzpunkte und einen Hebel durch Daten gibt (Abschn. 3.4.2). Ein gutes Prinzip ist es, solche Anfragen zunächst auf ein Backlog zur weiteren Prüfung zu nehmen (ohne etwas zuzusagen), sodass alle Anfragen gleichwertig sauber priorisiert und gegeneinander abgewogen werden können. So wird der Wunsch von außen wertgeschätzt und als Chance für ein Datenprojekt ernstgenommen, bevor dafür eine Entscheidung getroffen wird, und es kann der richtige Zeitpunkt für eine Umsetzung gesteuert werden. Dieser Kanal sollte möglichst empathisch, dankbar und transparent gestaltet werden, um ihn weiter zu fördern und zu etablieren. Denn leider kommen Ideen für smarte Datenlösungen oft nicht von außen, da in vielen Unternehmen Mitarbeiter außerhalb des Datenbereichs Möglichkeiten, um mit Daten zu wirken, nicht gut genug einschätzen und absehen können.

Eine kleine Seitennotiz: Die Ideen für Datenprojekte sollten als offene Problemstellung festgehalten und beschrieben werden. Denn sie sollten noch möglichst lösungsoffen sein. Es ist wichtig, auch zu prüfen, ob das Problem wirklich existiert und dieses anschließend gut greifbar zu beschreiben. Denn wenn im Gegensatz dazu konkrete Ideen auf einem Backlog liegen, sammeln sich nur mittelgute bis schlechtere Ansätze, die in den ersten Runden verworfen wurden oder nicht gut genug für eine Umsetzung waren. Werden jedoch echte Problemstellungen gesammelt, können zur richtigen Zeit und mit den richtigen Gedanken Lösungen entwickelt werden (s. u.).

Deshalb wäre es noch besser, wenn Ideen für Datenprojekte gleich in einer gemeinsamen Bemühung entstehen (B). In einem interdisziplinären Team kann die Datenrolle das Problem und die Sichtweise darauf aus Produkt-, Entwicklungs-, Marketing-, und Kundensicht verstehen und gleichzeitig Gedanken, um Lösungen mit Hilfe von Daten zu suchen, einbringen. Gleichzeitig können Produkt-, Marketingmanager und Entwickler die Möglichkeiten und die Sichtweise durch Daten besser verstehen. So können ohne weitere Steuerung in einem gemeinsamen Dialog ganzheitliche Lösungen mit Hand und Fuß entwickelt werden. Dieser Weg ist einer der erstrebenswertesten, der jedoch die höchsten Anforderungen an Wissen, Beziehung, Erfahrung und Methodik in Projektteams stellt. Meistens haben Unternehmen diesen Reifegrad noch nicht erreicht oder scheitern genau an dieser Stelle, weil trotz interdisziplinären Teams keine wirksamen Datenprojekte entstehen. Wie ein solches Teamsetup aussehen kann, wo mögliche Probleme liegen und wie sie gelöst werden können, wird ein einem der folgenden Abschnitte vermittelt (Abschn. 3.5.3).

Denn in einer frühen Phase ist es häufig leider so, dass keine Ideen für Datenprojekte von außen kommen oder herausragende Datenlösungen in gemischten Teams nicht entstehen, weil Daten eher als reaktive Analysemöglichkeit wahrgenommen werden und nicht als Werkzeug, mit dem wertvolle neue Lösungen geschaffen werden können. Nun gibt es einen äußerst wichtigen Weg (C), Ideen aus der Datendisziplin heraus selbst zu generieren und anzustoßen, mit Ausrichtung auf die Unternehmensziele und unter Verwendung des eigenen weitreichenden Wissens, was durch Daten möglich ist. Dafür ist ein erfolgversprechendes Vorgehen entlang der Wertschöpfungskette des Unternehmens oder sogar in Zusammenarbeit mit den verschiedenen Bereichen, nacheinander Workshops durchzuführen und in Brainstorming-Sessions auf die unterschiedlichen Problemstellungen der Bereiche oder der Wertschöpfungsstufen Ideen für wertvolle Datenprodukte zu entwickeln. Das zunächst, ohne die Machbarkeit oder den Nutzen zu bewerten. Der große Vorteil einer gemeinsamen Ideenfindung mit den Bereichen zusammen ist ein Buy-In der Stakeholder, sobald ein solches Projekt dann angegangen werden soll, sodass keine „Hobby-Projekte" aus dem Datenbereich ohne Wert fürs Unternehmen entstehen. Die Ideen aus den Brainstorming-Sessions können mit Marktrecherchen, Impulsen von anderen Unternehmen und Best Practices angereichert werden. So kann ein umfangreiches Backlog mit Ideen für Datenprojekte über Domänen, wie Vertrieb, Marketing, Beschaffung, Planung, Entwicklung, Produktion, Integration, Distribution, Services, Sicherheit, Kundenzufriedenheit, Unternehmenssteuerung, Finance etc. gefüllt werden, ohne sich durch andere Gegebenheiten oder fehlende Erfahrung und Wissen zum Thema Daten einschränken zu lassen.

Sobald eine gewisse Anzahl Ideen für Datenprojekte in einem solchen Backlog gesammelt wurden, müssen diese gut priorisiert werden (Abb. 3.17). Auf diesem Backlog können sich Ideen weiterentwickeln und reifen, und es kann der richtige Zeitpunkt für die Umsetzung und für den Markterfolg gefunden werden. Es hilft, über Projektideen auf dem Backlog immer mal wieder nachzudenken und zu sehen, ob es neue Erkenntnisse, Bewegungen im Markt oder im Unternehmen oder Grundlagen gibt, die den Erfolg wahr-

Abb. 3.17 Projektgenerierung
und Selektion

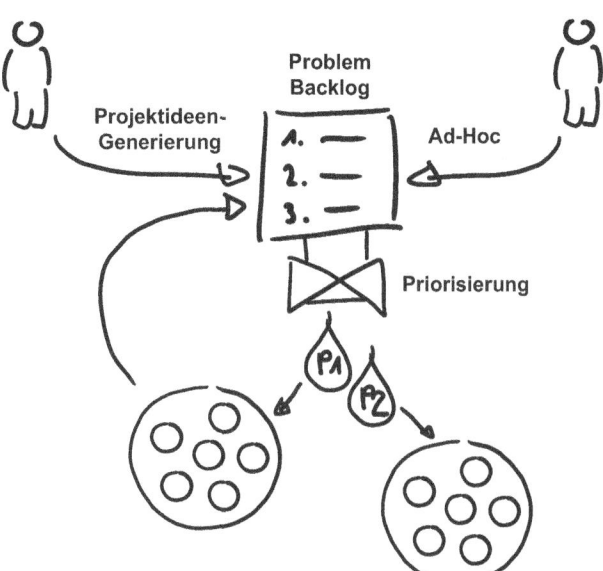

scheinlich machen. Am Anfang des Kapitels wurde gezeigt, welche Macht Fokus über den Erfolg eines Projektes hat (Abschn. 3.1.1). Deshalb ist die anschließende rigorose Priorisierung ganz entscheidend. Selbstverständlich gibt es immer ein paar Ad-hoc-Themen, die sofort angegangen werden müssen. Hierfür sollten feste Zeitkontingente reserviert (beispielsweise 30 %) und diese nach Wichtigkeit und Dringlichkeit direkt umgesetzt werden. Bei allen anderen Anforderungen muss „eine harte Tür" etabliert werden. Das heißt, der Grundmodus sollte ein „Nein" für die sofortige Umsetzung sein, außer es gibt einen klaren erwarteten Wert, Alignment mit einem Team oder den Unternehmenszielen und **freie Kapazität im Datenbereich oder bei Datenrollen, mit der momentan nichts Besseres umgesetzt werden kann**. Wie der erwartete Wert für jedes potenzielle Projekt (wenn auch nur sehr grob) ermittelt werden kann, wurde im vorherigen Unterkapitel beschrieben (Abschn. 3.4.2); wie die richtigen nächsten Datenprojekte ausgewählt werden können, wird nun im folgenden Abschnitt gezeigt.

3.5.2   Projektauswahl und -initiierung

In den vorherigen Unterkapiteln wurde bereits gezeigt, wie wichtig sorgfältige Entscheidungen für die richtigen Projekte sind. Denn ein „Ja" zu einem Projekt ist gleichzeitig ein „Nein" zu vielen anderen Projekten. Deshalb sollte das „Ja" an der richtigen Stelle fallen, um die Chancen auf Erfolg und Nutzen zu maximieren. Das ist ganz besonders der Fall, wenn es sich um eines der ersten Datenprojekte handelt. Denn diese sind entscheidend, um den Weg für weitere Projekte zu ebnen und haben oft viel Aufmerksamkeit. Deshalb müssen diese Aufgabenstellungen unbedingt richtig ausgewählt werden! Doch was bedeutet das genau?

Auf den Punkt gebracht: Gerade die ersten Datenprojekte müssen mutig gewählt werden, aber nicht blauäugig. Das bedeutet, dass Projekte ausgewählt werden müssen, die ein genügend großes Potenzial aufweisen, bei denen sich also bereits eine klare Anwendung und ein möglicher Nutzen abzeichnen, die außerdem aber nicht zu aufwändig sind und sich durch eine hohe Erfolgswahrscheinlichkeit auszeichnen. Außerdem sollten die Projekte möglichst unabhängig angegangen werden können, sich beispielsweise erst einmal auf einzelne Märkte, Kunden oder Bereiche beziehen (Abschn. 3.4.5).

Projektauswahl

Im Folgenden werden günstige Verhältnisse von Nutzen und Kosten betrachtet (Abb. 3.18): Insbesondere die ersten Projekte sollten einen **möglichst großen, klaren** (und am besten inkrementellen) **Nutzen** für das Unternehmen erzeugen [10]. Was ist damit gemeint? Das Projektergebnis sollte einen spürbaren Effekt erzeugen: am besten monetär wirken, ein wirklich drängendes Problem lösen, einen großen Schmerz lindern oder eine neue innovative Möglichkeit eröffnen. Projekte, die nur eine kleine Optimierung darstellen oder einen geringen Nutzen vermuten lassen, sind sehr gut in einem Backlog für spätere Optimierungsprojekte aufgehoben. Aus diesen Gründen ist eine sehr grobe Business-Value-Schätzung für die Entscheidung hilfreich (auch wenn sie noch sehr ungenau ist; Abschn. 3.4.2). Des Weiteren sollte das Projekt etwas möglichst Neues oder Zusätzliches ermöglichen: Nur dann kann ein deutlicher „Wow"-Effekt ausgelöst werden, durch den Folgeprojekte genügend Nährboden erhalten. Das heißt, zu Beginn sollte auf Anwendungsfälle gesetzt werden, die einen Hebel auf das Business haben, weil diese Themen noch nicht gut gelöst sind. Dann kann mit einer mittelguten Lösung bereits viel für das Business erreicht werden (Stichwort: 80 %-Lösungen). Diese können später optimiert werden, wenn alle wichtigen Punkte gelöst sind (also die restlichen 20 % herausgeholt werden). Denn wendet sich, im Gegensatz dazu, ein Unternehmen nur Datenprojekten zu, die schon einigermaßen gut gelöst sind, werden mit viel Aufwand am Ende nur kleine Verbesserungen erzielt. Es geht also darum, zuerst kontrolliert in die Breite in verschiedene möglichst ungelöste Business Cases und Domänen zu gehen und erst dann in der Tiefe zu optimieren.

Abb. 3.18 Verhältnis von Nutzen und Kosten

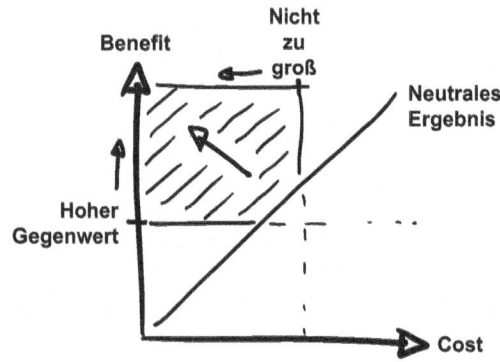

Ein Beispiel: Als erstes Projekt sollte in einem Online Shop eine vorhandene, regel-basierte ähnliche Artikelempfehlung durch einen Datenmechanismus automatisieren wer-den, der dann eventuell nur einen kleinen Uplift auf die bereits gut funktionierenden Re-geln liefert und von außen nicht sichtbar Neues bietet (geringer Nutzen); sondern besser eine gezielte Vorhersage des Kaufes eines Nutzers entwickelt werden, durch die an-schließend der Nutzer durch passende Kommunikationen perfekt zum Kauf geführt wer-den kann, was die Konversion und die Aussteuerungsqualität des Marketings deutlich er-höht (mittlerer bis hoher neuer Nutzen, falls etwas Ähnliches bisher noch nicht umgesetzt worden ist und es einen Schmerz in Bezug auf den Kaufabschluss gibt, mit Begeisterungs-potenzial). Das Modell hat selbstverständlich nur Chancen auf einen Erfolg, wenn die Kaufzyklen beim Online Shop lange genug sind und es Signale in den Daten gibt, die einen Kauf erahnen lassen.

Außerdem sollten gerade die ersten Projekte **nicht zu aufwändig oder schwierig** sein [10]. Ohne ausgiebige Vorerfahrung ist es wichtig, eine positive Lernkurve zu erreichen, um Teams und Datenprojekte zu bestärken. Deshalb sollten die ersten Datenprojekte keine Themen sein, die zum Erfolg eine massive oder noch nicht vorhandene Infrastruktur be-nötigen, die sehr große nicht vorhandene Datenmengen benötigen oder eine parallele An-bindung von sehr vielen Unternehmenseinheiten erfordern. Zwar sollte hinsichtlich des Nutzens hoch genug gezielt werden und das Projekt anspruchsvoll genug sein, um einen echten Erfolg abliefern zu können. Aber es ist besser, auf ein Projekt mit mittelgroßen An-forderungen und guter Erfolgswahrscheinlichkeit zu setzen, falls verschiedene Projekt-alternativen mit einem genügend großen Nutzen zur Auswahl stehen.

Die Projekte sollten ein **gesundes Risikoprofil** besitzen: Es sollte genügend ins Risiko gegangen werden, um einen möglichst großen Gegenwert erzeugen zu können und bei-spielsweise Wettbewerbsvorteile aufzubauen. Das Risiko sollte so weit minimiert werden, dass ein Erfolg relativ wahrscheinlich bleibt. Wie lässt sich gleichzeitig ein mutiges Pro-jekt auswählen, während das Risiko minimiert wird? Hier hilft es, erneut über die ver-schiedenen Unsicherheiten von Datenprojekten nachzudenken (Abschn. 3.4.2) und ent-sprechend die richtigen Risiken zu wählen. Es ist eine gute Voraussetzung, wenn sich bereits abschätzen lässt, dass Daten zu der Aufgabenstellung vorhanden sind, die Daten-mengen sich technisch verarbeiten lassen und es Hypothesen gibt, wie sich die Ergebnisse für das Business nutzen lassen – es also eine klare Idee für den Weg vom Prototyp zur Nutzung und eine spätere Wirkung gibt. Außerdem ist ein Projekt ideal geeignet, wenn bereits vor Projektstart klar ist, dass es eine klar abgegrenzte Stakeholdergruppe gibt und nicht zu viele unterschiedliche Kräfte auf das Projekt wirken – oder sich das Projekt ein-zeln aus dem Geschäft herauslösen lässt. Eine perfekte Situation ist es auch, wenn Stake-holder gerne bereit sind, ihren Input beizusteuern, eine Lösung einsetzen möchten und von vornherein hinter dem Projekt stehen – gleichzeitig jedoch verzeihen würden, wenn die Ergebnisse nur in kleinen Schritten erreicht werden und die Erwartungen eventuell ent-täuscht werden. In diesem Fall sind die grundsätzlichen Machbarkeitsrisiken nicht zu groß, die Datenlage ist in Ordnung und die Rahmenbedingungen stimmen. Aber trotz aller Begebenheiten muss versucht werden, einen Business Case zu knacken, der schwierig genug scheint und einen hohen Wert bieten würde, sodass in Bezug auf die Kosten-Nutzen-Betrachtung ein hohes Ergebnis erwartet werden kann. Das Risiko sollte also eher darin liegen, ob sich aus der bestehenden Datenlage mit dem richtigen Verfahren ein Ergebnis erzielen lässt, und ob der Markt die Lösung annehmen wird. Also ein Risiko in dem Bereich, indem durch den Datenbereich gewirkt werden kann (die Modellierung) und ein Risiko bzw. eine Chance am Markt, in Bezug auf das Manifestieren des Nutzens.

Aus der Erfahrung sind damit die Relevanz für das Business, eine gute Datenlage, geringe Verflechtung im Unternehmen und eine vorhandene Nachfrage nach den Ergebnissen die entscheidenden Erfolgskriterien für ein Projekt. Es fällt auf, dass keiner der genannten Punkte in der direkten Umsetzung des Projektes liegt. Deshalb ist die richtige Projektauswahl ein besonders wichtiger Faktor, denn damit werden bereits viele Weichen gestellt.

Initiieren

Sobald die Entscheidung für ein Projekt (oder für mehrere Projekte) getroffen wurde(n) bzw. die Priorität festgelegt wurde, geht es daran, dass Datenprojekt auf den Weg zu bringen. Dabei spielen zwei wichtige Punkte eine große Rolle: Zum einen muss das Projekt so aufgesetzt werden, dass ein Alignment herrscht und möglichst viele hinter dem Projekt stehen. Zum anderen muss dafür gesorgt werden, dass das Projekt von vornherein richtig geschnitten und gescoped ist.

Im vorherigen Abschnitt wurde gezeigt, dass Datenprojekte auf verschiedenen Wegen entstehen können. Sollte eine Datenlösung in einem interdisziplinären Team, das an einem Unternehmensziel oder Business Case arbeitet, selbst entstehen, ist das der Idealfall und es benötigt kein weiteres Zutun. Dafür müssen nur die richtigen Teams geschaffen und mit den notwendigen Rollen und Zielen ausgestattet werden. Leider ist das nur selten der Fall und Datenprojekte müssen entweder gezielt angeschoben werden, außer es besteht die glückliche Situation, dass eine Anforderung beim Datenteam aufschlägt. In den beiden letzteren Fällen ist es besonders wichtig, das Projekt anschließend so aufzusetzen, dass der richtige Fachbereich, der Abnehmer des Modells oder der Anforderer, selbst die Entscheidung für das Projekt trifft und es auch in seiner Regie umgesetzt wird. Denn nur so ist eine spätere Nutzung gewährleistet. Deshalb sind ein guter Austausch und Beratung zu Zielsetzungen, Möglichkeiten und Chancen mit Anforderern wichtig, sodass der Funke überspringen kann.

In der Praxis kann eine Art bimodales Vorgehen für Datenprojekte sehr hilfreich sein: Die meisten Datenprojekte mit einem klaren Auftrag und einem Abnehmer werden unter der Hoheit des primären Anforderers umgesetzt. Gleichzeitig werden einige Grundlagenprojekte für Daten, die eher einen Forschungs- und Entwicklungscharakter haben und zu denen sich erst später die Nutzung zeigen wird, in Eigenregie innerhalb eines Datenteams umgesetzt. Sobald diese Datenprojekte einen Reifegrad erreicht haben, indem sich eine Nutzungsmöglichkeit abzeichnet, sollte sofort und so früh wie möglich mit allen möglichen Abnehmern gesprochen werden. Wird schärfer, wo der erste Einsatz erfolgen und wie ein Produkt aussehen könnte, muss dafür gesorgt werden, dass der Abnehmer das Projekt für sich übernehmen und weiterführen kann. Es ist wichtig, den Abnehmer in die Lage zu versetzen, die aus den Daten entstehende Lösung von einem möglichst sinnvollen und frühen Zeitpunkt an mitgestalten zu können, sodass es zu einem eigenen Thema des Abnehmers wird und er diese nutzen und anschieben möchte.

Wenn das Projekt dann an ein Projektteam vergeben und aufgesetzt wird, ist es wichtig, das Projekt von vornherein sehr scharf abzugrenzen und zu scopen – also klar zu benennen, was der entscheidende Kern ist und was nicht. Dass sollte bereits bei der Auftragsklärung und Vergabe erfolgen. Für den Start eines Datenprojektes müssen alle Ergänzungen, Zusätze und Nebenthemen abgeschüttelt werden, sodass als erstes nur ein Durchstich für die Kernlösung mit Fokus erzielt wird. Die Bedingungen für einen solchen Fokus werden bereits bei der Entscheidung und Auftragsvergabe festgelegt. Warum ist die Abgrenzung wichtig? Viele Menschen haben Angst, Teile eines Projektes, die für sie eine große Rolle spielen, nicht zu bekommen. Sie haben Sorge, dass im Anschluss an das Projekt vielleicht etwas Anderes umgesetzt wird als Dinge, die in einer ersten Iteration ausgelassen wurden. Gerade Datenprojekte dauern häufig sehr lange, und es ist unklar, ob und wie erfolgreich sie sein werden. Deshalb fordern sie lieber von vornherein viel ein, um den Fuß in der Tür zu haben, und ihre Themen platzieren zu können. Das führt jedoch dazu, dass durch verschiedene Kräften Dinge in Projekte hinein- und hinauspriorisiert werden, die nicht unbedingt dem angestrebten Ziel dienen werden. Deshalb ist es wichtig, sich nicht zu viel vorzunehmen und nur wenige Anforderungen zu Beginn zuzulassen. Anschließend kann durch die Erfahrungen bei der Umsetzung und in der Pilotphase aus Marktfeedback viel besser bestimmt werden, welche weiteren Anforderungen Sinn ergeben.

3.5.3 Team aufsetzen, ermächtigen und ausrichten

Das besondere an Datenprojekten ist, dass sie meistens in die Kategorie „komplexe" Projekte fallen. Wenn ein komplexes Projekt umgesetzt werden soll, kann das vorher nicht genau durchgeplant werden, sondern es muss ein Team aufgesetzt werden, dass selbstständig einen Weg findet, das gewünschte Ziel zu erreichen und das vorliegende Problem zu lösen. Deshalb wird in den meisten Fällen ein autonomes und handlungsfähiges Team [29] benötigt, dessen Auftrag vorab sehr gut geklärt ist und das anschließend alles Notwendige umsetzen kann, um dem Ziel näherzukommen. Da dieser Punkt der Kern der Philosophie agiler Entwicklungsmethoden ist, eignen sich agile Methoden in der Regel sehr gut für Datenprojekte. Es gibt jedoch einzelne Ausnahmen und Besonderheiten. Im Folgenden wird sich deshalb nicht auf eine Methodik bezogen, sondern es werden fünf Elemente gezeigt, mit denen ein Erfolg sichergestellt werden kann: ein interdisziplinäres Team, Führung durch lenkende Werte und klare Rollen, ein scharfes Ziel und verständlicher Auftrag, Zugang zum Markt, zu Daten und zu Kunden, und der richtige Umgang mit

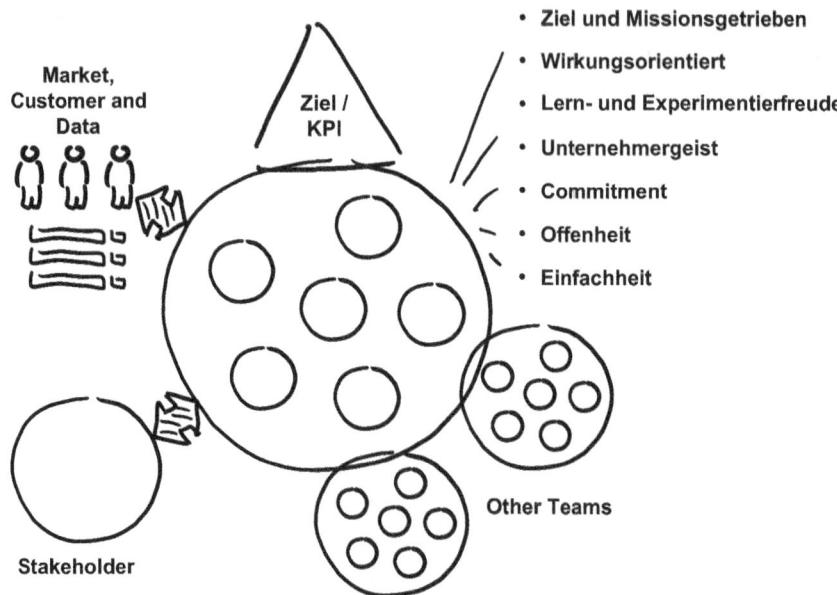

Abb. 3.19 Erfolgswirksames Teamsetup

dem Umfeld (Abb. 3.19). Diese Elemente können in und mit diversen Methodenframe-works umgesetzt werden.

Interdisziplinäre Teams

Gute Lösungen entstehen häufig dadurch, dass viele Perspektiven berücksichtigt werden. Das kann erreicht werden, indem das Umsetzungsteams möglichst diverse Rollen aus ver-schiedenen Bereichen umfasst. Denn, wie in den vorherigen Abschnitten gezeigt wurde, Datenprojekte sind meistens komplex und benötigen, um eine Wirksamkeit zu erreichen, viele Disziplinen, die zusammenspielen und die oft außerhalb des Datenbereiches liegen. Es gibt zwei systematische Ausnahmen: (1) wenn Grundlagentechnologien, Proof of Con-cepts oder Forschungsmodelle umgesetzt werden sollen, bei denen die Anwendung noch nicht im Vordergrund steht, sondern nur die datentechnische Machbarkeit geprüft werden soll, kann diese rein im Datenbereich stattfinden, oder (2) wenn reine Datenmodellierungs-tätigkeiten aus einem anderen Team ausgelagert werden sollen, ist es effektiver, diese in fokussierten Datenteams ohne andere Disziplinen umzusetzen. Eine längere Modellent-wicklungszeit verursacht so keine weiteren Personalaufwände oder blockiert Ressourcen. In das Datenteam können dann bei Bedarf andere Disziplinen temporär hinzu-gezogen werden.

Häufig benötigt das Unternehmen aus der Organisation heraus jedoch eine klar zu-geordnete Struktur mit hierarchisch gegliederten Ebenen, in denen Informationen und Ab-stimmungen auf- und abwärts kaskadiert und so zwischen den Bereichen ausgetauscht werden. Moderne Formen der Aufbauorganisation weichen jedoch immer häufiger von diesem Prinzip ab, da es zu viel Detailverlust und Distanz zu den Gegebenheiten verursacht, und tendieren mehr zu einer Netzwerkstruktur (Abschn. 3.2.1). Eine Netzwerkstruktur setzt auf einen bedarfsgerechten und informellen Austausch zwischen allen Funktionen und Ebenen, so wie es eine jeweilige Aufgabe erfordert. Sie löst damit Barrieren und Zwänge auf, die aus einer formalen Struktur entstehen. Durch interdisziplinäre Projektteams ergibt sich die Chance, für das jeweilige Projekt eine netzwerkorientierte und bedarfsgerechte Organisationsform zu schaffen, ohne die grundsätzliche (hierarchische) Organisationsstruktur anpassen zu müssen. Dieses Prinzip der Teamorganisation kann deshalb am einfachsten temporär über die klassische Struktur ausschließlich für das vorliegende Datenprojekt gelegt werden. Dabei muss allerdings darauf geachtet werden, dass das Team handlungsfähig ist und, ohne zu viele Abstimmungen durchführen zu müssen, Lösungen zügig entwickeln kann. Gleichzeitig ist also der Auftrag, dass die Abgrenzung und die Verantwortung für ein Ziel oder Ergebnis klar sind, sodass das Team auch in Wirkung tritt und treten muss und der Fortschritt überprüft werden kann (Abb. 3.20).

Wie sieht ein interdisziplinäres Projektteam aus? Es wird passend zu den für ein Datenprojekt erforderlichen Fähigkeiten ein gemischtes Team geformt, dass dann beispielsweise aus Entwicklern, Product Managern, Marketing Managern, Designern, Account Managern und Data Scientists (oder anderen Datenrollen) besteht. Ein solches Team kann eine unglaubliche Lösungskraft entwickeln, denn es kann zum einen wichtige Aspekte der verschiedenen Disziplinen direkt berücksichtigen und wertschätzen. Zum anderen kann es auf wichtige Informationen, Interfaces und Prozesse in den jeweiligen Bereichen zugreifen, sodass eine Lösung direkt in die Wirksamkeit gelangen kann. Nur so können hervorragende Lösungen entstehen. Zu beachten ist, dass nicht immer alle Disziplinen Teil des Teams sein müssen. Einzelne Fähigkeiten können auch nur in bestimmten Phasen aktiver Teil des Teams sein. Ein Team sollte außerdem nicht viel größer als eine Handvoll Personen sein, sodass es wirksam ist. Durch die Zuordnung und Benennung der Mitglieder hat das Team eine Verbindung und den Bezug als Projektteam, und es entsteht so eine

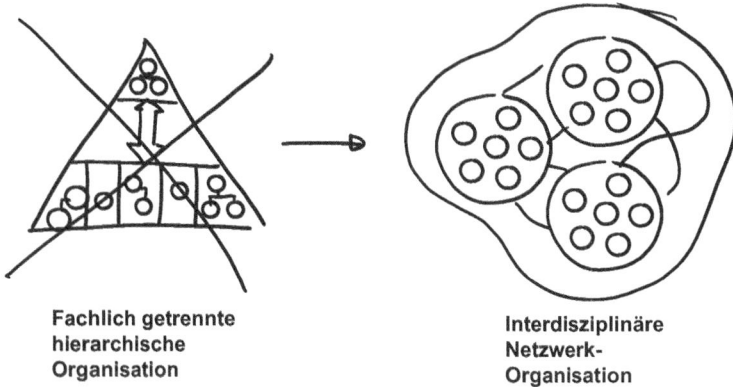

Fachlich getrennte hierarchische Organisation

Interdisziplinäre Netzwerk-Organisation

Abb. 3.20 Interdisziplinäre Teams im Netzwerk

Möglichkeit zum Austausch über Disziplinen hinweg, die eine Veränderung in den einzelnen Bereichen anstoßen können und damit ein Nährboden für die Anwendung der Ergebnisse aus dem Team.

Unabhängig davon, nach welcher Methodik Projekte im Unternehmen umgesetzt werden, können crossfunktionale Teams sehr häufig einer der wichtigsten Erfolgsfaktoren für Datenprojekte sein. Selbst wenn aus organisatorischen Gründen nur teilweise ein Weg geschaffen wird, das Projektteam interdisziplinär arbeiten zu lassen oder sich zumindest mit benannten Ansprechpartnern aus anderen Bereichen direkt und operativ auszutauschen, wird dies die Qualität, Geschwindigkeit und Verwendbarkeit von Lösungen massiv erhöhen. Doch dazu muss das Team richtig gesteuert werden. Wie genau ein solches Team erfolgreich gesteuert werden kann, wird in den nächsten Abschnitten beschrieben.

Führung durch klare Verantwortung, Rollenzuordnung und lenkende Prinzipien
Nachdem ein schlagkräftiges Projektteam für das Datenprojekt aufgesetzt wurde, ist es sehr wichtig, die Verantwortung des Teams insgesamt zu klären, aber auch das Team „in sich" gut aufzustellen. Dazu ist es sehr wichtig, am Anfang die Rollen und Verantwortungen jedes Einzelnen im Team und des gesamten Teams gemeinsam zu definieren und festzulegen. Dabei sollte auch geklärt werden, ob das Team durch einzelne Personen nach außen vertreten wird und spricht oder gesamtheitlich, wie es sich nach innen organisiert und wie Entscheidungen getroffen werden. So kann Missverständnissen und Konflikten vorgebeugt und dafür gesorgt werden, dass das Team handlungsfähig ist.

Ein wichtiger Punkt bei der Rollenzuordnung ist also, ob das Team nach innen durch eine Person gesteuert und gelenkt wird (in typischen Frameworks häufig ein Product Owner), welche Regelmeetings es gibt und wie kommuniziert wird. Solche Leitlinien sind wichtig, dass die Initiative des Teams nicht später versandet. Klar sollte auch sein, welchen Wirkungsbereich jedes einzelne Teammitglied hat, wie das Team den Auftrag jedes Einzelnen abgrenzen möchte und wie die Aufgaben klar verteilt werden. Falls diese Klärungen nicht gut durchgeführt werden, kann das im späteren Verlauf zu Konflikten führen. Doch das Team sollte am Anfang nicht nur strukturell gut aufgestellt werden.

Um das Team in sich gut zu lenken, ist es wichtig, von Anfang an leitende gemeinsame Prinzipien und Werte zu definieren. Denn dann kann das Team die beste Lösung finden, ohne dass genaue Vorgaben erforderlich sind, da es die gewünschten Prinzipien bei der Lösungsfindung selbst anwenden kann. Die Werte und Prinzipien können also einen Steuerungsrahmen bieten und werden am besten gemeinsam mit und im Team erarbeitet und als Team Charter etabliert. Als Beispiel können folgende Prinzipien und Werte gewinnbringend sein:

- Fokus auf das Ziel und Missionsgetriebenheit
- Verantwortung, Wirkungsorientierung und Eigenverantwortlichkeit: „Schnell in Eigenregie einen Durchstich schaffen", „Dinge lösen" etc.

- Kontinuierlicher Verbesserungswille, Testen und Experimentieren
- Unternehmergeist, allgemeines „Money Mindset" und Kostenbewusstsein (mit Kostenbewusstsein sind hier eher Opportunitätskosten und Komplexitätskosten gemeint, anstelle von monetären Kosten)
- Commitment und Glaube an das Team: „Be one team"
- Direktheit, Offenheit und Objektivität: „Wie ist es wirklich?"
- Dinge einfach halten und schnell sein – „Keep it simple and fast"

Insgesamt ist es sehr hilfreich (um sowohl Rollen und Prinzipien zu etablieren), zu Beginn einen Team Canvas aufzustellen, indem die hier genannten Punkte (wie Rollen und Prinzipien) gemeinschaftlich aufgestellt und festgehalten werden. Dieser Canvas kann dem Team über die Projektdauer als Leitlinie dienen und als Instrument helfen, um bei Schwierigkeiten Dinge nachzuschärfen.

Klares Ziel, Hintergründe und klarer Auftrag
Wie kann das Team am besten wirksam werden? Im ersten Teil des Kapitels wurde gezeigt, wie die Wirkungskette von Eingabe, Aktivität, Ausgabe, Ergebnis bis hin zur Wirkung verläuft (Abschn. 3.1.2). Deshalb ist es wichtig, um am Ende Wirkung zu erzielen, das Team mit Fokus auf das Ergebnis und eben diese Wirkung auszurichten. Das heißt, idealerweise findet vor dem Aufsetzen des Teams eine Auftragsklärung statt, und dabei wird bereits ein Ziel in Form eines erwünschten Ergebnisses und der Wirkung festgelegt (nicht etwa eine Aktivität, eine Methode, ein Modell, ein Feature, eine Ausgabe). Außerdem ist es nützlich, in der Auftragsklärung neben den Ergebnissen bereits No-Gos, Must-Dos, Abgrenzung, Verantwortung, Kontext, Entscheidungsfreiräume und gewünschter Mut-/Ambition-Level festzulegen. Doch trotz der Definition von Rahmenbedingungen ist es in der Klärung hauptsächlich wichtig, sich auf die gewünschten Ergebnisse zu konzentrieren und den Weg dorthin möglichst offen zu lassen (häufig wird dazu mit der Methode „Objectives and Key Results" gearbeitet, [26]). Mit ein wenig Hintergrundinformation (dem „warum" hinter dem Ziel, d. h. warum diese Ergebnisse so erzielt werden sollen) kann daraus eine Mission für das Team entstehen. Die Hintergründe können damit sehr sinnstiftend und inspirierend für das Team sein und sollten nicht vernachlässigt werden.

Um den Fortschritt beziehungsweise die Zielerreichung kontinuierlich zu messen, sollten von Anfang an ein Haupt-Key-Performance-Indikator und ggf. ein paar wenige Neben-Key-Performance-Indikatoren (häufig für Hygienefaktoren) für das Projekt festgelegt werden, durch welche die Wirksamkeit gemessen werden soll. Diese Key-Performance-Indikatoren zu finden, ist nicht immer einfach. Aber die vorherige Festlegung ist wichtig, sodass später nicht einfach jeglicher Key-Performance-Indikator auf eine Veränderung hin untersucht wird (Durch vielfältiges Überprüfen verschiedener Key-Performance-Indikatoren findet sich durch Zufall früher oder später immer eine Veränderung. Die Ursache dahinter liegt in der sogenannten „Alpha-Fehler"-Kumulierung, mit einer Vervielfältigung des Fehlers mit jeder Überprüfung einer Kennzahl, ein zufälliges falsch positives Ergebnis zu erhalten (Abschn. 4.3.2)), und dann schlussendlich einfach eine zufällige positive Veränderung in irgendeiner Kennzahl (die nicht durch das Projekt ausgelöst wurde) als Vanity-Key-Performance-Indikator nach vorn gehalten wird. Denn es geht nicht nur darum, dass sich der Key-Performance-Indikator an sich bewegt, sondern dass der Key-Performance-Indikator durch eine Handlung des Projektteams bewegt wurde. Es erfordert also einen kausalen Zusammenhang, um das Projektergebnis zu bestätigen. Ist ein solcher Haupt-Key-Performance-Indikator gefunden, wird dieser am besten als „Nordstern" über das Projekt aufgehangen, sodass jegliche Handlung darauf abzielt, diesen Key-Performance-Indikator als echte Reaktion auf eine Maßnahme zu bewegen.

Anschließend sollte das Projektteam dem Ziel (und dem Key-Performance-Indikator) klar zugeordnet werden. Denn Multitasking killt die Produktivität und Zielstrebigkeit. Mit der Zuordnung sollte ebenfalls ein Wirkungsfokus im Team ausgesprochen werden (kein Gewicht auf Aktivität und Outputs), sodass das Team möglichst früh versucht, den Wert des Projektes mit frühen Ergebnissen auf das Ziel hin zu zeigen (oder zu widerlegen), denn dann kann der Business Case nachgezogen und weiter verfeinert werden. Das bedeutet aber auch, dass erste Schritte möglichst früh in reale Anwendungsszenarien gebracht werden müssen, selbst wenn sie nur als Schattenlösung nebenher mitlaufen. Im Team muss ein Mindset etabliert werden (siehe Werte), dass der Case im Hinblick auf das Ziel und die zugeordneten Key-Performance-Indikatoren geknackt wird. Dieses Ziel wird nicht durch zu langes Nachdenken, Forschen oder Konzipieren erreicht. Oft macht das sogar die Lösung unmöglich, sondern durch einmal scharfsinniges und fokussiertes Nachdenken über eine praktikable Lösung und anschließendes zügiges Loslaufen, um die Gedanken in der Realität zu überprüfen.

Zugang zu Markt, Daten und Kunden

Damit das Team nicht durch unsichtbare Barrieren eingeschränkt wird, um an Daten und Informationen zu gelangen oder Markt- und Kundenfeedback zu erhalten, ist ein direkter Zugang zu allen benötigten Ressourcen für ein Team essenziell und muss von vornherein sichergestellt werden. Ansonsten werden Lösungen um diese Barrieren herum entwickelt, und am Ende werden Potenziale nicht gehoben oder es gehen Lösungen an den echten Bedürfnissen vorbei. Es kann von operativen Teams nicht erwartet werden, dass sie immer in der Lage sind, solche Hindernisse selbst zu durchbrechen. Deshalb muss hierfür der klare organisatorische Rahmen geschaffen werden und dem interdisziplinären Team die Macht gegeben werden, in Abstimmung in die umliegenden Disziplinen hineinzuwirken.

Insbesondere bei Datenprojekten gibt es die Besonderheit, dass im Gegensatz zu beispielsweise einem Wireframe für eine Webseite oder einem Code-Mockup für eine neue Funktionalität, erst einmal das Ausgangsmaterial (Daten) benötigt wird. Das Team kann nur dann neue und erfolgreiche Lösungen schaffen, wenn es einen einfachen Zugang zu allen Daten hat, sodass verschiedene Datenquellen im Zusammenspiel kreativ eingesetzt

werden können ohne große und mühselige politische Diskussionen. Das ist eine Grundvoraussetzung, die für das Team von außen geschaffen werden muss.

Anschließend benötigt das Team Zugang zu möglichst vielen Informationen über den
Business Kontext, bisherige Hypothesen, Erfahrungen, Tests etc., um die Lösung aus
Wirkungssicht ideal konzipieren zu können und sich nicht in einer technischen Sicht aus
interessanten Methoden, Modellen oder Vorgehensweisen verläuft. Etwas überzogen ge-
schildert, müssen die Datenexperten im Projektkontext zu einem Teil Fachexperten im
interdisziplinären Team werden, sodass sie eine gute Lösung aus Datensicht mit den anderen Rollen gemeinsam schaffen können, während die Fachexperten zu einem Teil Datenexperten werden müssen.

Doch die wichtigste Zutat für das Team ist ein Zugang zu Markt- (intern und extern)
und Kundenfeedback. Das Team muss in die Lage versetzt werden, durch Befragungen,
Interviews, Beobachtung, Experimente etc. das Problem, den Kunden, den Markt und den
Kontext objektiv und real zu verstehen – dies gerade in den frühen Phasen des Projektes.
Dafür ist ebenfalls der Zugang zu Experten im Unternehmen wichtig, aber auch zu anderen Disziplinen und Linienbereichen. Auch muss das Team in die Lage versetzt werden,
mit Teillösungen und Prototypen an den Markt und Kunden zu treten, um die Wirkung
aktueller Zwischenstände zu verstehen. Es wird möglichst direktes Feedback benötigt, um
das finale Ergebnis gut gestalten zu können. Auch hier müssen die Bereiche für solche
Vorgehensweisen vorbereitet werden, sodass sie diese unterstützen können und das Team
ermächtigt wird.

Richtiger Umgang mit dem Umfeld
Warum ist das Umfeld für ein Team so wichtig? Es gibt zwei bedeutende Effekte: Zum
einen lernt das Team von anderen Teams Best Practices und kann Erfolgsmuster übernehmen. Zum anderen beeinflusst das Umfeld – insbesondere die Stakeholder – durch
Entscheidungen und Vorgaben die Zielsetzung, den Lösungsraum und das Vorgehen. Mit
beiden Elementen sollte deshalb sicher umgegangen werden.

Gegenüber anderen Teams und Disziplinen ist der Austausch zur Lösungsfindung
wichtig. Wie wurde ein ähnliches Problem dort gelöst? Wie wurde in einer ähnlichen Situation vorgegangen? Haben andere Teams oder Disziplinen zu dieser Herausforderung
eine gute Idee? Aber auch der generelle Austausch mit den Disziplinen oder Fachbereichen
spielt eine große Rolle: Wie genau ist der weitere Kontext zu diesem Projekt? Wie werden
Datenprobleme in anderen Projekten gelöst? Über solche Fragen und einen Austausch
wird das Team mit Erfahrungen und Best Practices versorgt. Er lässt sich durch verschiedene Maßnahmen und Formate kultivieren und ist ein großartiges Werkzeug für den
langfristigen Erfolg von Unternehmen. Wichtig ist dabei darauf zu achten, dass durch den
Austausch keine zwingenden Abhängigkeiten zu anderen Teams entstehen, die das Team
langsam machen.

Aber auch konkrete Stakeholder müssen vom Team sehr gut gesteuert werden, sodass
sie ihre Informationen und Anforderungen einbringen können, einen guten Blick auf den

Stand des Projektes haben, sodass sie sich sicher fühlen und Entscheidungsgewalt an das Team abgegeben können – in Form von Auftrag und anschließender Autonomie. Deshalb sollten Stakeholder früh durch Feedbackschleifen immer wieder in den Fortschritt eingebunden werden, sodass sie nicht überrascht werden, sondern selbst ein Gefühl für den Lösungsprozess bekommen. Da dadurch mit vielen, unter Umständen gegensätzlichen oder zu detaillierten Einmischungen von Stakeholdern umgegangen werden muss, muss das Team gut darin werden, „Nein" zu sagen, ohne die Stakeholder zu verärgern. Ziel sollte es sein, in einen Modus zu gelangen, indem Stakeholdern am Anfang ihre Anforderungen und ihr Wissen in ein Projektteam mit hineingeben, eine Auftragsklärung durchführen und anschließend schrittweise über entstandene Ergebnisse und weitere getroffene Entscheidungen informiert werden bzw. bei Bedarf nach Rat und Meinung gefragt werden. Sie sollten dabei jedoch in eine passivere Rolle rutschen können und die Sicherheit haben, dass das Datenprojekt beim Projektteam in guten Händen liegt.

3.5.4   Iterieren, Experimentieren und Lernen

In den vorherigen Kapiteln wurde dargelegt, warum Datenprojekte häufig besondere Eigenschaften aufweisen: Es gibt Unsicherheit in der Datenlage bezüglich der Machbarkeit, und der Weg zum Ziel ist oft unklar. Deshalb eignen sich lineare Projektvorgehensweisen („Wasserfall") nicht, in denen saubere Definitionen und vorab geplante Schritte den weiteren Verlauf bestimmen. Es ist stattdessen besser, iterativ und in kleinen Schritten vorzugehen (Abschn. 3.4.4). Denn es darf nicht zu lange über Schritte nachgedacht werden, die sich einfach ausprobieren lassen, sondern es muss mit Versuchen an den Daten begonnen werden, um Klarheit über Hypothesen und eine mögliche Lösung zu erlangen.

Iteratives Vorgehen
Agile Methoden eignen sich deshalb gut für die Umsetzung solcher Projekte, müssen aber nicht immer die perfekte Lösung bieten. Es sollen hier deshalb methodenagnostisch Prinzipien aufgezeigt und sich nicht zu sehr an einzelne Frameworks geklammert werden. Deshalb wird im weiteren Verlauf gezeigt, wie Projekte am besten in kleine Ende-zu-Ende-Stücke zerschnitten und diese in einzelnen Iterationen nach und nach entwickelt werden können, sodass während des Projektes möglichst viel Freiraum bleibt, sich den Gegebenheiten und gewonnener Sicherheit über Sachverhalte anzupassen.

Wie bereits angedeutet, kann es in einigen Fällen hilfreich sein, die Entwicklung von Datenmodellen aus den meist kurzen Iterationen eines gemischten Teams herauszuziehen und in eigenen, langsameren Iterationen ausgekoppelt zu entwickeln. Denn manche Grundlagentechnologien oder schwierige Datenmodelle benötigen Zeit und müssen nicht größere gemischte Teams blockieren. Konkret: Einige Erfahrungen haben gezeigt, dass diese für umfangreichere Datenmodellierungstasks, die dennoch als ein Teil eines gemischten agilen Teams durchgeführt wurden, nicht gut funktioniert haben. Denn dann musste durch die Datenrolle über Iterationen hinweg reportet werden, dass an derselben Story gearbeitet wird, was sich nach wenig Fortschritt anfühlt, während die Bemühungen für die anderen Teammitglieder zwischenzeitlich wenig Bedeutung haben und im Team dennoch Kapazität und Aufmerksamkeit erfordern. In diesem Fall kann es helfen, das Modell auszukoppeln und zunächst an einen Punkt zu bringen, an dem erst Experimente durchgeführt werden können und erst dann die Lösung wieder in einem gemeinschaftlichen iterativen Verfahren markttauglich zu machen, wie beispielsweise in einer Discovery-Phase oder in einem Design-Sprint (Vgl. Dual Track Agile, [21, 30]). Denn dann müssen nicht alle im Team auf die Datenarbeit Rücksicht nehmen, sondern werden erst wieder involviert, wenn das Risiko für eine Fehlinvestition geringer geworden ist und die anderen Disziplinen erforderlich werden.

Das Prinzip des iterativen Vorgehens sieht vor, zuerst einen so einfachen Prototyp wie möglich zu entwickeln, der auf ersten Annahmen basiert, diesen in eine Nutzungsumgebung zu bringen, dort zu testen und zu validieren und erst anschließend, mit den Lernerfahrungen, den ersten Wurf weiterzuentwickeln. Denn gerade die Deutschen diskutieren und theoretisieren gerne – aber manchmal ist es besser, einfach loszulaufen und die Begebenheiten in der Realität zu überprüfen, um damit so schnell wie möglich eine Wirkung zu erzielen. Das heißt, es wird in Datenprojekten schnell versucht, einen Durchstich von Anfang bis Ende zu erzeugen, der auf alle Details verzichtet (und nicht gleich die letzten Prozentpunkte herausgekitzelt, ohne zu wissen, ob das überhaupt zielführend ist). Dann wird mehrfach iteriert, um von diesem Punkt aus Anpassungen vorzunehmen oder die Lösung zu verbessern. Der Vorteil davon ist, dass echte Learnings vom Kunden und Markt sofort in die Entwicklung zurückfließen, die Lösung bereits auf Wirkung erprobt wird und früh greifbare Ergebnisse entstehen. Das schafft Vertrauen bei den Stakeholdern und ermöglicht den Buy-In der Fachbereiche. Außerdem ermöglicht es ein frühes Abbrechen, um die Aufwände zu kontrollieren (Abschn. 3.5.5) und hilft, die Investitionen in ein Datenprojekt erst mit wachsender Sicherheit erhöhen zu können und damit die Risiken gut zu managen.

Experimentieren und Lernen
Das wichtigste Grundprinzip beim Iterieren ist es, jedes Mal die zu diesem Zeitpunkt wichtigsten Erkenntnisse für das Projekt durch Feedback, Experimente oder Tests zu validieren oder zu widerlegen [19]. Durch solche Learnings kann das Projekt von Anfang an zielführend gelenkt werden, und es stehen nicht zu viele vorherige bzw. unter Umständen falsche Annahmen im Weg. Es geht demnach darum, mit jeder Iteration das Risiko und die Unsicherheit von Ideen zu reduzieren oder so nachzujustieren, dass die Lösung das Problem am Ende wirklich löst und damit eine Wirkung entfalten wird.

Wie genau Erkenntnisse gewonnen werden können – wie schwache und starke Belege geschaffen werden können, um Hypothesen zu widerlegen oder zu bestätigen – wird im dritten Kapitel im Detail gezeigt (Abschn. 4.3.2). Der beste Weg, um starke kausale Belege zu erhalten, ist ein randomisiertes Experiment – die klassische Methode der Wissenschaft. Doch es gibt auch viele andere Möglichkeiten, nicht ganz so starke Belege zu erhalten, mit denen Hypothesen und Lösungen überprüft werden: So können beispielsweise Nutzerbefragungen durchgeführt, einzelne Fälle als Case Studies genau nachvollzogen oder Probanden mit der Lösung konfrontiert und beobachtet werden.

Doch wie läuft ein Experiment im Groben ab? Vor dem Experiment werden Annahmen getroffen. Es wird beispielsweise eine Möglichkeit zu Handeln vermutet, die einen Effekt entfalten könnte. Oder es wird ein gewisser Aufwand, ein gewisser Nutzen, eine Machbarkeit und Risiken für eine Maßnahme gesehen. Nun wird versucht, möglichst direkt in einen Test zu gehen, um damit die wahren Gegebenheiten der Situation einschätzbar zu machen; es sollen in irgendeiner Form Indizien und Beweise generiert werden, um die Annahmen zu überprüfen (Abschn. 4.3.2). Das heißt, auf Basis der ersten Annahmen wird zunächst die Lösung so schnell und minimal wie möglich umgesetzt. Wichtig ist es, für den Test nicht zu viel in Details zu investieren. Denn es besteht ja die Möglichkeit, dass die Annahmen unrichtig sind. Und je schlanker der Test gestaltet wurde, desto höher ist die Bereitschaft, mit negativen Ergebnissen den Ansatz auch zu verwerfen. Dennoch muss oft ein Mindestlösungsniveau erreicht werden, sodass der Test repräsentativ genug ist und valide Ergebnisse liefern kann.

Anschließend ist es wichtig, aus den Ergebnissen die richtigen Schlüsse zu ziehen und zu lernen. Das benötigt Zeit und generiert Aufwand. Oft wird in Projekten aus Zeitdruck schnell weitergezogen, wenn etwas erst einmal umgesetzt ist, und das ist an dieser Stelle das Schlechteste, was getan werden kann (Abschn. 4.3). Denn dann wird die Chance verpasst, nachzusteuern und besser zu werden. Am besten schließt ein klarer Schritt an ein Experiment an, indem die Learnings erarbeitet, festgehalten, reflektiert und ausgetauscht werden und anschließend bewusst über den nächsten Schritt entschieden wird. Im letzten Schritt muss der Mut und die Bereitschaft dafür bestehen, mit den Learnings auch einen Schritt zurückzugehen oder zu akzeptieren, dass der Weg nicht erfolgreich sein wird. Nur dann kann sich wirklicher Erfolg einstellen. Verletzter Stolz ist hier fehl am Platz. In der Tat müssen im Durchschnitt vermutlich fast genauso viele Ansätze verworfen, wie erfolgreiche verfolgt werden.

Abgrenzbare Phasen

Auch wenn ein iteratives Vorgehen nicht linear abläuft, haben die Ergebnisse mehrerer Iterationen meistens einen gewissen Reifegrad, der sich näher beschreiben lässt. Es ist sogar so, dass die Zyklen ein unterschiedliches Ziel verfolgen sollten, dass bei diesem Reifegrad der Lösung sinnvoll ist. In den jeweiligen Reifegraden kann so der Fokus auf die richtigen Punkte gelegt werden. Im Folgenden wird deshalb gezeigt, in welchen Phasen Datenprojekte stecken können. So könnten die Phasen besser unterschieden und die Schwerpunkte richtig gesetzt werden.

Im Grunde genommen gibt es bei Datenprojekten vier Phasen (Abb. 3.21): Proof of Concept, Pilot, Production und Harvest, die im Folgenden genauer ausgeführt werden. Die erste Phase – Proof of Concept – gibt es in vielen klassischen Projekten nicht, denn bei

Abb. 3.21 Vom Proof of
Concept zur vollen
Ausschöpfung

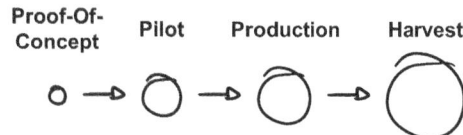

typischen Projekten ist häufig die Machbarkeit gut abschätzbar. Bei Datenlösungen ist jedoch von vornherein unklar, ob aus den vorhandenen Daten die Lösung überhaupt geformt
werden kann. Deshalb kann für diese Art von Projekten dieser Schritt eine wichtige Maßnahme sein, um die Unsicherheit zu minimieren (denn ein Proof of Concept kann außerhalb eines Full-Scale-Teams angegangen werden, um Ressourcen zu schonen). Hier nun
alle Phasen im Einzelnen – mit Empfehlungen für entsprechende Handlungsschwerpunkte:

- **Proof of Concept:** In dieser Phase geht es in erster Linie um die Machbarkeit. Ist eine
  Lösung mit den gegebenen Daten realisierbar? Bevor viel Aufwand in Datenaufbereitung und Gestaltung eines Datenproduktes gesteckt wird, muss mit möglichst mi-
  nimalen Mitteln herausgefunden werden, ob sich der Business Case mit den vorhandenen Daten überhaupt lösen lassen wird. Ein erster Versuch kann in einem kleinen
  internen Team und unabhängig von anderen Schnittstellen stattfinden, was die Aufwände reduziert. Bei diesem Schritt ist Folgendes wichtig zu verstehen: Wenn etwas
  nicht in den Daten ist, dann ist es nicht in den Daten. Dann hilft es auch nicht, noch
  viele anderen Methoden auszuprobieren, sondern es muss an den Daten an sich gearbeitet werden oder der Business Case zurückgestellt werden. Außerdem ist für diesen
  Schritt sehr wichtig, dass Infrastruktur, Performance und Stabilität außer Acht gelassen
  werden dürfen. Es geht in dieser Phase ausschließlich darum, schnell darin zu sein, die
  Unsicherheit für die Machbarkeit zu nehmen. Übrigens: Es ist äußerst hilfreich, vorweg
  genügend Indikationen dafür zu haben, dass das Modell ein echtes Kundenproblem
  befriedigen wird, bevor mit dem Proof of Concept begonnen wird. Deshalb kann dieser
  Schritt unter Umständen auch nach einer Discovery erfolgen, wenn sich die Ergebnisse
  der Lösung als Dummy „antäuschen" lassen. Dann kann mit einer günstigen Dum-
  my-Lösung in einer Discovery das Marktbedürfnis abgeprüft werden und erst anschließend die Machbarkeit der Datenlösung mit einem Proof of Concept belegt werden.
- **Pilot (= discovery):** in dieser Phase geht es darum, den Markt- und Kundenfit der Lösung „Alpha-Version" zu überprüfen, aber auch festzustellen, ob die Lösung ein
  Wachstumstreiber sein kann. Gleichzeitig muss verstanden werden, wie die Wirtschaftlichkeit aussehen wird. Gibt es eine Nachfrage? Will der Markt eine solche Lösung?
  Was ist schlecht, was ist gut? Wie muss die Lösung voraussichtlich ausgestaltet werden? Welche ersten Kennzahlen liefert eine Lösung im Einsatz? Was sagen Nutzer?
  Wie sehen im Vergleich die Kosten aus? Es geht beim Piloten also darum, herauszufinden, wie ein erfolgreicher Proof of Concept zum Kunden exponiert werden kann,
  sodass dort ein echtes Problem gelöst wird, wie das Produkt um das Datenmodell
  herum aussehen muss und wie die wichtigsten Unit-Economics für Kunden aussehen

(Kunden können häufig auch interne Abnehmer im Unternehmen sein). In dieser Phase muss darauf geachtet werden, möglichst schnell direkt mit dem Markt und Kunden zu experimentieren, um deren Feedback zu erhalten. Dafür ist es wichtig, nicht in Schönheit zu sterben. Es geht in dieser Phase lediglich darum, schnell und kompakt ein Datenprodukt am Markt zu vertesten (beispielsweise in Testmärkten oder Testgruppen), um es anschließend mit realem Feedback aus dem Einsatz auf den maximalen Nutzen bei Kunden fertig entwickeln zu können. Gegebenenfalls kann mit der Discovery gestartet und ein Datenmodell dahinter nur simuliert werden. So lässt sich zuerst testen, ob ein echtes Kundenbedürfnis befriedigt wird, bevor ein Proof of Concept für ein Modell entwickelt wird. Das ist dann praktisch, wenn der Proof of Concept bereits größere Aufwände verursachen würde.

- **Production (= delivery):** in dieser Phase wird der Pilot mit den ersten Erfahrungen und dem Kundenfeedback aus der Discovery fertiggestellt („Version 1") und anschließend als fertiges Datenprodukt an alle Kunden und Märkte ausgerollt. Oft sind eine solide Konzeption der gesamten User Experience, des Markenerlebnisses, der operativen Prozesse und der Stabilität und Performance Bestandteil dieser Phase. Anschließend ist entweder ein weiterer schrittweiser oder vollständiger Rollout Bestandteil dieser Phase. Doch auch die Vermarktung und der Absatz der Lösung müssen in dieser Phase eingeplant werden (auch intern). Es geht in dieser Phase insgesamt darum, den Business Case vollständig zu erfüllen und Märkte sowie Kunden für das Produkt zu gewinnen. Das heißt, es muss ein rundes Produkt geformt, eine stabile Basis hergestellt und das Produkt vermarktet werden. In dieser Phase ist es wichtig, die Kosten sehr bewusst zu managen, die Prozesse schlank und belastbar zu gestalten, das Kernprodukt rund zu machen und eine Skalierbarkeit sicherzustellen. Gleichzeitig darf sich weiterhin nicht in unwichtigen Details verloren werden (die auf einmal aufgrund der Skalierung sehr hohe Aufwände verursachen).

- **Harvest (= optimization):** In dieser Phase ist das Ziel, die produktive Lösung zu einer „Version 2" weiterzuentwickeln. Das vollständige Markt- und Kundenfeedback aus längerer Nutzung ist nun bekannt. Es wurde gelernt, wie das Produkt vermarktet werden kann, die Stärken und Schwächen sind deutlich geworden und es gibt ein klares Bild der wirtschaftlichen Mechaniken. In dieser Phase ist das oberste Ziel, die Qualität zu steigern, die Nutzung maximal zu erhöhen, die Kosten zu senken, die Effizienz zu steigern, Prozesse aufzuräumen, größere Fehler und Schwächen auszumerzen und die Wartbarkeit zu verbessern. Das alles, um den Wert und Nutzen der Lösung maximal abzuschöpfen. Es geht also darum, das gesamte Produkt insgesamt zu professionalisieren und die Wirtschaftlichkeit und Verbreitung zu maximieren.

3.5.5 Schneller abschließen

Eine der größten Schwierigkeiten bei Datenprojekten ist es, dass Datenmodelle nie fertig werden. Selbst wenn schon viel optimiert wurde, gibt es immer noch Dinge, die verbessert werden können. Insbesondere wenn ein Modell gar nicht gut funktioniert (beispielsweise, weil die Daten wenig hergeben), wird nicht aufgegeben, sondern es werden immer weitere Versuche gestartet, um die Nuss doch noch zu knacken. Denn darin liegt die Herausforderung, die das Team kitzelt. Aber auch ein gut funktionierendes Modell kann immer noch besser abstrahiert, die Features noch weiter verbessert, die Daten noch sauberer aufbereitet und die Infrastruktur noch besser aufgesetzt werden. Deshalb ist es wichtig, die Projektdauer richtig zu steuern und gut zu verstehen, wann ein Datenprojekt „fertig" ist. Dafür werden im Folgenden zwei gute Prinzipien vorgestellt, um Datenprojekte schneller abschließen zu können und nicht in die Falle einer zu weitreichenden Optimierung zu laufen.

Zum einen ist gerade bei Datenprojekten die Grundsatzregel: „better done than perfect" eines der wichtigsten Prinzipien. Häufig ist ein Modell erfolgreicher, das in irgendeiner Form eingesetzt wird, aber dessen Qualität nicht ganz so gut ist, als ein Modell, dass zwar richtig gut ist, aber nicht fertig ist und eingesetzt wird. Oft wird gemäß des Pareto-Prinzips mit den ersten 80 % der Lösung viel mehr Wert generiert, als in den letzten 20 % noch verborgen liegt (Abb. 3.22). Gerade weil eine häufige Eigenschaft von Datentalenten ein starker Hang zu Details ist und der Nachforschungsinstinkt stark ausgeprägt ist, gibt es fast immer eine Tendenz, mit Blick auf dieses Prinzip zu weit zu gehen. Deshalb müssen die Sinne von Mitarbeitern im Datenbereich dauerhaft darauf geschärft werden, früh genug mit der Umsetzung aufzuhören und an der Anwendung und Einbindung zu arbeiten. Am Wichtigsten ist es deshalb, das Bewusstsein bei allen Datenmitarbeitern darauf auszurichten, lieber früher mit einem Datenprojekt zu einer nutzbaren Version zu gelangen und diese in einen produktiven Test zu überführen (Durchstich) oder zu verwerfen (vermutlich nicht lösbar), als zu lange im stillen Kämmerlein daran zu arbeiten, bevor sich damit auf die Bühne des Einsatzes getraut wird.

Eine gute Methode, dieses Prinzip umzusetzen, sind gemeinsam von vornherein vereinbarte Timeboxen (Zeitfenster), die auf einen Business Case maximal investiert werden, bevor eine weitere Entscheidung getroffen wird (entweder stoppen, weiter verbessern oder nutzen). Eine andere Methode ist es, eine Stopp-Regel für das Projekt vorher festzulegen, beispielsweise ab welcher Güte oder welchem Kriterium ein Modell eingesetzt und nicht weiter verbessert wird. Diese Methode schützt jedoch nicht vor hohem Invest in nicht zufriedenstellend

Abb. 3.22 Richtig in die
Lösung investieren

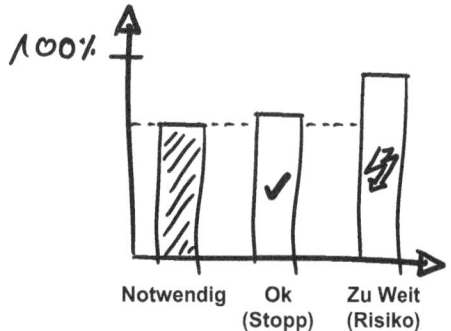

lösbaren Business Cases. In diesen Situationen ist ein Verhalten ähnlich zu Venture Capitalists erforderlich. Es darf ohne genügende Belege für eine mögliche Wirksamkeit nicht zu viel investiert werden, sonst stimmt das Verhältnis aus Unsicherheit und Budget nicht mehr überein.

Zum anderen ist bei Datenprojekten die folgende Aussage von großer Bedeutung [31]: „premature optimization is the root of all evil". Viele Menschen tragen die Eigenschaft in sich, Dinge gerne früh zu abstrahieren, von vornherein zu optimieren, sich dann dafür eine gute Struktur und Lösung zu überlegen, sich Tools zurechtzulegen und erst anschließend das Problem damit anzugehen. Im Grunde ein sehr hilfreiches und organisiertes Vorgehen; im Umgang mit neuen Datenprojekten ist es jedoch äußerst hinderlich, wenn die Unsicherheit im Projekt gut gehandhabt werden soll. Denn bei Datenprojekten ist es in den meisten Phasen besser, zuerst den spezifischen und konkreten Business Case zu lösen und eine Wirksamkeit zu beweisen. Denn fast immer gewinnen spezifische Lösungen, die im Einsatz sind, gegenüber allgemeingültigen Lösungen, die wesentlich länger benötigen, und vielleicht früh ungünstige Grundsatzentscheidungen treffen müssen.

Deshalb sollte in Datenprojekten das Ziel immer ausschließlich auf dem Kern der Sache liegen, den konkreten, detailliert vorliegenden Daten und nur auf den für diese Lösung mindestens erforderlichen Anforderungen. Denn alles andere kann später nachgezogen werden. Es sollte nicht zuerst eine starke Struktur aufgesetzt, sondern zuerst der konkrete Business Case gelöst werden und dann die Struktur und Optimierung anschließend in weiteren Iterationen nach echtem Bedarf ergänzt werden. Demzufolge ist es besser, zuerst Erfahrungen mit einer nicht optimierten Lösung zu sammeln (beispielsweise mit manuell durchgeführten Schritten oder mit längeren Laufzeiten). Dann existiert bereits viel konkretes Feedback, was wirklich wichtig ist und worauf es in diesem Fall ankommt. Und erst dann, wenn es zum Skalieren benötigt wird, und das Projekt bereits teilweise erfolgreich war, werden weitere Schritte unternommen. Es wird also erst der konkrete und einfachste Fall gelöst, und erst, wenn weitere ähnliche Anwendungsfälle gesehen werden, es langfristig höhere Anforderungen an die Performance und Stabilität gibt oder der Nutzen bereits gegeben ist und weiter ausgerollt werden soll, werden Modell, Interface, Vorgehen und Infrastruktur verbessert und auf solide Füße gestellt. Damit folgt die Struktur der Lösung, was wesentlich besser ist als eine Struktur aufzubauen, die eventuell die späteren Erkenntnisse und Anforderungen nicht vollständig trifft.

Diese Empfehlung soll nicht falsch verstanden werden: Der Schritt der Optimierung darf nicht vergessen werden! Sondern der Schritt sollte bewusst nach den ersten erfolgreichen Einsätzen geplant werden, wenn das Risiko geringer ist und mehr Erfahrung vorhanden ist. Insgesamt können Projekte so schneller abgeschlossen werden, und es kann abgesichert werden, dass nicht zu viel Aufwand in die falschen Dinge investiert wird.

3.5.6 Projekt Retrospektive

Warum ist eine Projekt-Retrospektive wichtig? Insgesamt betrachtet, kann in einem Unternehmen durch viele erfolgreiche Projekte wesentlich mehr Wert entstehen als durch ein

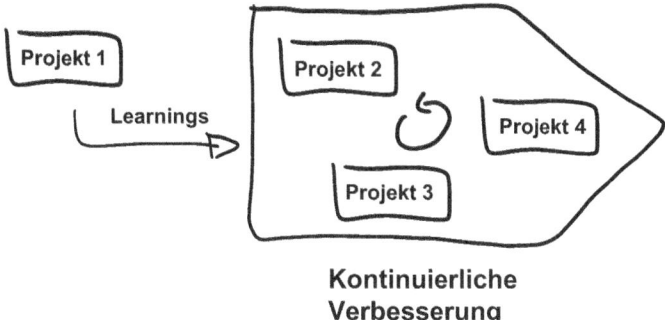

**Kontinuierliche
Verbesserung**

Abb. 3.23 Learnings aus Projekten nutzen, um weitere Projekte zu verbessern

einzelnes erfolgreiches Projekt. Deshalb ist es ein wichtiges Element, aus den ersten Datenprojekten (aber auch aus allen anderen) so viele Learnings wie möglich zu ziehen und einen Mechanismus im Unternehmen zu entwickeln, mit dem diese Learnings möglichst weitreichend geteilt und weiterverwendet werden. Der größte Wert entsteht also nicht durch ein einzelnes erstes Datenprojekt, sondern dadurch, dass gelernt wird, wie viele erfolgreiche Datenprojekte umgesetzt werden können (Abb. 3.23, siehe auch Abschn. 2.4.1). Übrigens: Wie die gesamten inhaltlichen Learnings aus Datenprojekten weiter genutzt werden können, wird im dritten Kapitel beleuchtet (Abschn. 4.3.3).

Um das zu erreichen, kann eine Projekt-Retrospektive das ideale Instrument sei. Es gibt aber auch eine Menge weiterer Wege, wie beispielsweise die Kern-Take-Aways weiter kommunizieren, Erfahrungen aus Projekten als Event zu feiern oder durch ein Wissensmanagement zu sammeln und festzuhalten. Eine Retrospektive ist im ersten Schritt jedoch eines der empfehlenswertesten Instrumente, um zum Abschluss eines Projektes aus dem Umsetzungszyklus möglichst viele Learnings strukturiert im direktem Dialog einzusammeln, zu bewerten und diese zwischen den Teilnehmern weiterzugeben. Im Rahmen einer Retrospektive wird mit den Projektbeteiligten in einem Workshop gesammelt, was im Projekt gut gelaufen ist, was nicht so gut gelaufen ist und was wirklich schlecht war (beispielsweise als „The Good, The Bad, The Ugly"). Es gibt aber auch Formate, in denen kollektiv zusammengetragen wird, was bei Datenprojekten weiterhin getan werden sollte, was geändert werden sollte und was in Zukunft neu getan werden sollte. Die Erfahrungen aus Projekten können aber auch in einem Team Meeting erfragt, durch eine Umfrage erhoben oder durch einzelne Interviews eingesammelt werden. Diese müssen dann anschließend verdichtet und verteilt werden, was eine Retrospektive in einem Wurf schaffen kann.

Egal in welcher Form eine Retrospektive durchgeführt oder der Input eingesammelt wird, mit den strukturiert eingesammelten Erkenntnissen kann eine Art Guideline entwickelt werden, die beschreibt, was gut und was schlecht laufen kann und auf was bei Projekten geachtet werden sollte. Dadurch kann ein Erfahrungsrepertoire aufgebaut werden, mit welchem das Vorgehen verbessert wird. Dafür sollten unbedingt sowohl Erfolge als auch Misserfolge genutzt werden – auch wenn es oft schwerfällt, Misserfolge zu kommunizieren und aufzuzeigen. Aber beide Elemente können taktische Vorteile aufzeigen, und gerade aus den Misserfolgen lassen sich viele wichtige Dinge ableiten. Deshalb sollten Misserfolge fast in einer Art „Fuck-Up-Nights" gefeiert werden, denn sie bieten die meisten Learnings für zukünftiges Handeln. Es ist nun mal so: Manchmal hat man Erfolg. Und manchmal lernt man. Es ist wichtig, nicht davor zurückzuschrecken, diese Erfahrungen sowohl im Team als auch im größeren Kreis zu teilen und zu kommunizieren, denn das bringt das gesamte Unternehmen wirklich voran.

3.5.7 Zusammenfassung

In diesem Unterkapitel wurde deutlich gemacht, wie Datenprojekte sorgsam angenommen werden können, indem sie auf einen Backlog gesammelt und gut geprüft werden, und wie weitere Ideen für Datenprojekte entdeckt und entwickelt werden können. Außerdem wurde gezeigt, wie wichtig der richtige Start von Datenprojekten gemeinsam mit Anforderern ist, und welche entscheidende Rolle die Priorisierung spielt. Anschließend wurde gezeigt, wie Datenprojekte mit einem genügend großen Impact, einem gesunden und mutigen Risikoprofil und kontrollierbaren Aufwänden ausgewählt werden können, und wie wichtig es ist, diese sorgfältig mit den richtigen Beteiligten zu initiieren. Daraufhin wurde auf ein wirksames Teamsetup eingegangen, welches auf ein Ziel, einem Key-Performance-Indikator hinarbeitet, Zugang zu Markt, Kunden und Daten hat, interdisziplinär aufgestellt ist und mit anderen Teams und Stakeholdern in einem gesunden Austausch steht. Im weiteren Verlauf wurde dargelegt, warum schnelle Iterationen gerade für Datenprojekte wichtig sind und wie möglichst viel experimentiert und gelernt werden kann. Daraufhin wurde gezeigt, wie wichtig es bei Datenprojekten ist, diese früh genug abzuschließen, denn Datenprojekte lassen eine große Tiefe zu, und sie werden grundsätzlich einige Zeit dauern. Abschließend wurde in diesem Unterkapitel gezeigt, warum ein Rückblick auf Projekte wichtig ist, um möglichst viel für zukünftige Projekte zu lernen und dadurch das Unternehmen insgesamt besser und schneller darin zu machen, Datenprojekte durchzuführen.

Herausforderungen für Unternehmen
In kleinen Unternehmen ist häufig die Herausforderung, dass formal keine größeren Projektteams aufgesetzt werden können, weil die Ressourcenlage nicht ausreichend groß ist. Das heißt, einzelne Personen müssen in Teams mehrere Rollen einnehmen. Glücklicherweise ist das durch kurze Wege und eine hohe Transparenz im Unternehmen oft nicht so dramatisch, da dennoch gemeinsam gewirkt werden kann und der Zugang zu Wissen, Daten und Markt noch sehr direkt ist. Deshalb sollte bei kleinen Unternehmen darauf geachtet werden, den Prozess nicht zu sehr zu formalisieren, sondern direkt in kleinerer Skala zu handeln und die Stakeholder direkt einzubinden und abzuholen. Auch müs-

sen Wissensmanagement und Erfahrungsrückführung nicht so stark organisiert werden, da Informationen und Ergebnisse typischerweise schnell fließen.

Bei großen Unternehmen fällt es oft schwer, wegen der formal erforderlichen Strukturen und Prozessvorgaben, ein interdisziplinäres Projektteam zu formen und dem Team anschließend genügend Freiraum und Entscheidungsgewalt einzuräumen. Außerdem ist es eine große Hürde, Lösungen verproben zu dürfen, da häufig viele Sicherheitsmechanismen geschaffen wurden, die versuchen, dass über viele Jahre gewachsene Geschäft um jeden Preis in seiner aktuellen Form zu behüten. Hier ist es wichtig, sich von der hierarchischen Struktur zu lösen und die Projektteams notfalls als explizites Projektsetup neben den etablierten Strukturen aufzusetzen. Anschließend ist es besonders wichtig, das Team zu ermächtigen und ihm Zugang zu allen notwendigen Informationen, Markt, Kunden und Daten zu ermöglichen. Das muss mit Nachdruck erfolgen, sodass das Team auch über die eigenen Grenzen hinaus handlungsfähig ist. Die Vorgehensweisen müssen zwar stärker formalisiert werden, aber nachdem ein gutes Vorgehen eingeführt wurde, lässt es sich aufgrund der Formalität wesentlich schneller und stabiler über ein großes Unternehmen skalieren.

In NPOs/Regierungsunternehmen ist häufig die Herausforderung, dass die richtigen Skills oder Ressourcen für interdisziplinäre Teams nicht vorhanden sind und sehr wenig Verständnis für die Denkweise, in freien Iterationen zu arbeiten, um eine Lösung zu finden. Hier kann es besonders wichtig sein, sich externes Wissen zu möglichen Vorgehensweisen ins Haus zu holen und mit Geduld an einem Umdenken zu arbeiten. Vermutlich lassen die bisherigen Vorgaben die notwendigen Strukturen nicht zu. In diesem Fall kann ein Weg sein, aus den erstrebenswerten Vorgehensweisen und den formalen Vorgaben in eine Zwischenlösung zu wechseln (beispielsweise ein agiler Wasserfall) und damit den strukturellen Erfordernissen gerecht zu werden, aber sich nach innen dennoch etwas in Richtung eines idealen Projektsetups für Datenprojekte zu bewegen (Tab. 3.5).

Checkliste

▶   Der Schlüssel für erfolgreiche Datenprojekte liegt darin, sich nicht zu sehr an klassischen Projektmethoden festzuklammern, sondern zu versuchen, Probleme mit möglichst wenig Ballast, klaren Grenzen und hoher Geschwindigkeit in einem möglichst kleinen und motivierten Team zu lösen. Gleichzeitig ein paar unsichere größere Würfe und Grundlagen, die etwas dauern, nebenher reifen zu lassen, bis sie in umsetzendes Team gegeben werden können. Zu dem Zeitpunkt der „Überführung" können diese dann bereits zielgerichtet und mit hoher Geschwindigkeit angegangen werden. Keiner der Schritte sollte durch dogmatische Vorgaben aus Methoden eingeschränkt werden, sondern die Methoden, basierend auf den eigenen Erfahrungen, so angepasst werden, wie sie für den jeweiligen Zweck, das eigene Unternehmen und die Aufgabenstellung angemessen und passend sind.

Tab. 3.5 Checkliste „Projekte durchführen"

Maßnahme	Understand	Initiate	Grow	Lead
Datenprojektanforderungen sorgfältig und empathisch, aber ohne direkte Zusage annehmen, um den Kanal zu etablieren und diese sorgfältig prüfen zu können.	(X)	X	X	(X)
Durch Brainstorming-Sessions mit Fachbereich und Datentalenten weitere Ansatzpunkte für potenzielle Datenprojekte entwickeln.	---	X	X	X
Insgesamt nur wenige, gezielt ausgewählte Projekte parallel zulassen (Fokus).	X	X	(X)	---
Datenprojekte auf einem Backlog sammeln, dort „reifen" lassen und anschließend Projekte sorgfältig auswählen und hart scopen.	X	X	(X)	(X)
Datenprojekte auswählen, die einen genügend großen Impact vermuten lassen, ein mutiges Risikoprofil besitzen, aber gleichzeitig kontrollierbare Aufwände erfordern.	X	X	(X)	---
Teams sollten interdisziplinär aufgesetzt werden, möglichst klein, aber so groß wie nötig und mit den richtigen Rollen, Führung und Prinzipien ausgestattet werden.	---	(X)	X	X
Das Team benötigt ein klares Ziel, am besten messbar in klaren Key-Performance-Indikatoren, die sich auf Outcomes und Impact beziehen.	(X)	X	X	X
Das Team muss ermächtigt werden und benötigt Zugang zu Markt, Kunden, Informationen, Daten, und Stakeholdern.	(X)	X	X	X
Anschließend muss das Datenprojekt in möglichst kleine erste Schritte zerschnitten werden, die idealerweise von Ende zu Ende wirken.	X	X	X	X
Innerhalb des Projektes sollte alles auf schnelles Experimentieren und Lernen ausgerichtet werden und nicht zu lange über Dinge diskutiert werden, die einfach ausprobiert werden können.	X	X	X	X
Durch Timeboxes und harte Mindestkriterien ein Projektende möglichst früh erkennen und ermöglichen, Optimieren und Abstrahieren in nachläufige Verbesserungszyklen verlagern.	X	X	(X)	---
Durch Datenprojekt-Retrospektiven möglichst viele Learnings und Selbstverbesserungen ins Unternehmen zurückführen, sodass weiter Projekte davon profitieren können.	X	X	X	X

Literatur

1. Kriesel, D. (2019). *Video und Folien meines 36C3-Vortrags BahnMining.* https://www.dkriesel.com/blog/2019/1229_video_und_folien_meines_36c3-vortrags_bahnmining. Zugegriffen am 05.03.2021.
2. Scherer, H. (2016). *Fokus!, Provokative Ideen für Menschen, die was erreichen wollen.* Campus.
3. W.K. Kellogg Foundation. (1998). *Logic model development guide, using logic models to bring together planning, evaluation, and action.* W.K. Kellogg Foundation.

4. Bean, R., & Davenport, T. H. (2019). *Companies are failing in their efforts to become data-driven.* https://hbr.org/2019/02/companies-are-failing-in-their-efforts-to-become-data-driven. Zugegriffen am 06.03.2021.
5. Veeramachaneni, K. (2016). *Why you're not getting value from your data science.* https://hbr.org/2016/12/why-youre-not-getting-value-from-your-data-science. Zugegriffen am 06.03.2021.
6. Berinato, S. (2019). *Data science and the art of persuasion, organizations struggle to communicate the insights in all the information they've amassed. Here's why, and how to fix it.* https://hbr.org/2019/01/data-science-and-the-art-of-persuasion. Zugegriffen am 07.03.2021.
7. Kozyrkov, C. (2018). *The first step in AI might surprise you.* https://medium.com/hackernoon/the-first-step-in-ai-might-surprise-you-cbd17a35708a. Zugegriffen am 07.03.2021.
8. Kurz, B., & Kubek, D. (2018). *Kursbuch Wirkung, Das Praxishandbuch für alle, die Gutes noch besser tun wollen.* Phineo gemeinnützige AG.
9. Lauterbach, S., & Bonime-Blanc, A. (2018). *The artificial intelligence imperative.* ABC-CLIO.
10. Ng, A. (2019). *AI transformation playbook, how to lead your company into the AI era.* Landing.ai.
11. Ransbotham, S., & Michelman, P. (2020). *Why the 'just do something' strategy for AI won't work.* https://sloanreview.mit.edu/audio/why-the-just-do-something-strategy-for-ai-wont-work/. Zugegriffen am 07.03.2021.
12. Provost, F., & Fawcett, T. (2013). *Data science for business, what you need to know about data mining and data-analytic thinking.* O'Reilly.
13. Colson, E. (2019). *Why data science teams need generalists, not specialists.* https://hbr.org/2019/03/why-data-science-teams-need-generalists-not-specialists. Zugegriffen am 03.04.2021.
14. Dueck, G. (2013). Der schöpferische Imperativ. *TEDxRheinMain.* https://www.youtube.com/watch?v=gTqjljKxTDk. Zugegriffen am 03.04.2021.
15. Rogati, M. (2017). *The AI hierarchy of needs.* https://hackernoon.com/the-ai-hierarchy-of-needs-18f111fcc007. Zugegriffen am 09.02.2020.
16. Thamm, A., Gramlich, M., & Borek, A. (2020). *The ultimate data and AI guide.* Data AI Press.
17. Kruger, J., & Dunning, D. (1999). Unskilled and unaware of it: How difficulties in recognizing one's own incompetence lead to inflated self-assessments. *Journal of Personality and Social Psychology, 77*(6), 1121.
18. Reeves, M., Levin, S., Fink, T., & Levina, A. (January–February 2020). Taming complexity, make sure the benefits of any addition to an organization's systems outweigh its costs. *Harvard Business Review.*
19. Bland, D. J., & Osterwalder, A. (2020). *Testing business ideas.* Wiley.
20. Cohn, M. (2007). *Succeeding with agile: Software development using scrum.* Addison-Wesley.
21. Sy, D. (2007). Adapting usability investigations for agile user-centered design. *Journal of Usability Studies,* archive 2.
22. Robertson, B. J. (2015). *Holacracy: The revolutionary management system that abolishes hierarchy.* Penguin Books.
23. Laloux, F. (2014). *Reinventing organizations: A guide to creating organizations inspired by the next stage in human consciousness: A guide to creating organizations inspired by the next stage of human consciousness.* Brüssel.
24. Leffingwell, D. (2017). *SAFe reference guide 4.0: Scaled agile framework for lean software and systems engineering.* Scaled Agile.
25. Anderson, D. J. (2010). *Kanban: Successful evolutionary change for your technology business.* Blue Hole Press.
26. Doerr, J. E., & Page, L. (2018). *Measure what matters: How Google, Bono, and the Gates Foundation rock the world with OKRs.* Penguin Books.
27. Ries, E. (2011). *The lean startup: How today's entrepreneurs use continuous innovation to create radically successful businesses.* Crown Business.

28. Oestereich, B., & Schröder, C. (2019). *Agile Organisationsentwicklung, Handbuch zum Aufbau anpassungsfähiger Organisationen.* Vahlen.

29. Strauß, R. E. (2019). *Digitale Transformation, Strategie, Konzeption und Implementierung in der Unternehmenspraxis.* Schäffer-Poeschel.

30. Banfield, R., Lombardo, C. T., & Wax, T. (2015), *Design sprint: A practical guidebook for building great digital products.* O'Reilly.

31. Knuth, D. (1979). *Structured programming with go to statements, classics in software engineering.* Yourdon Press.

Erfolgreich umsetzen

4

> **Zitat**
>
> „Jedes digitale Geschäftsmodell basiert auf dem Informationsdreisprung mit der Informationssammlung, -verarbeitung und -übertragung von Daten. Nur wer diesen Dreisprung beherrscht und in Zukunft die künstliche Intelligenz gerade für die Informationsverarbeitung nutzt, wird im Digital Business einen elektronischen Mehrwert für den Kunden schaffen und somit Erfolg haben."
>
> Prof. Dr. Tobias Kollmann, Lehrstuhl für Digital Business und Digital Entrepreneurship, Universität Duisburg-Essen

Dieses Kapitel widmet sich der operativen Ebene von Datenprojekten. In diesem Kapitel geht es jedoch nicht um die technischen Details konkreter Algorithmen. Zu diesen ist bereits vielfach publiziert worden. In diesem Kapitel soll stattdessen eine Anleitung geben werden, wie mit den verfügbaren Algorithmen und Methoden am besten zum erfolgreichen Abschluss eines Datenprojektes gelangt werden kann. Dabei werden drei Phasen des iterativen Vorgehens unterschieden (Abb. 4.1): zunächst das Daten beschaffen und Modellieren (1), dann das Bewerten des Modelles (2) und anschließend der Einsatz und das Testen der Ergebnisse auf Wirkung sowie das Nutzen der Ergebnisse (3) [1].

Im ersten Unterkapitel wird gezeigt, wie durch wertvollen Input aus dem Business Hypothesen entstehen, die dafür sorgen, dass auf das richtige Ziel hingearbeitet wird. Dann wird vermittelt, wie die richtige Art von Daten beschafft werden kann und wie Daten gegebenenfalls erstellt werden können. Daran anschließend wird gezeigt, wie Daten für Datenmodelle richtig aufbereitet werden können. Abschließend wird beschrieben, wie mit der richtigen Methode aus den Daten zügig Ergebnisse geschaffen werden können.

Im zweiten Unterkapitel wird verdeutlicht, wie die Performance eines Modells anhand von Daten überprüft werden kann. Es wird gezeigt, wie sich herausfinden lässt, wie gut sich aus den gegebenen Daten mit der gewählten Methode eine Schätzung vornehmen

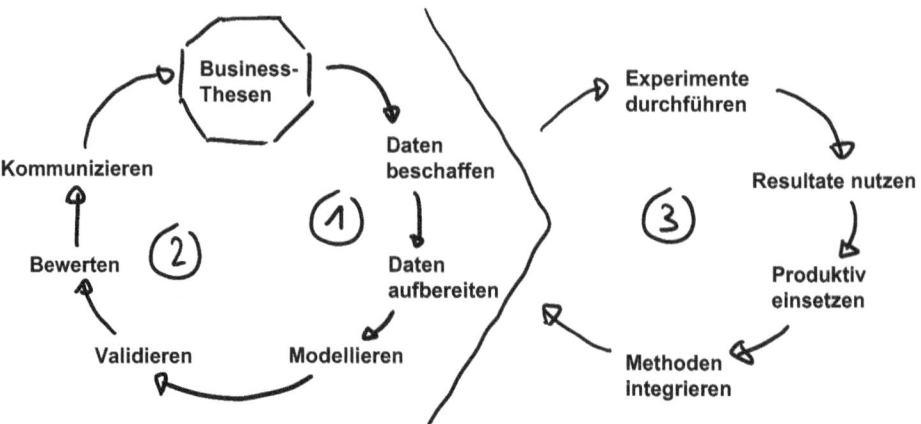

Abb. 4.1 Umsetzungszyklus von Modellen

lässt. Es wird vermittelt, wie mit den Ergebnissen die Wirksamkeit in der Realität abgeschätzt werden kann. Dann wird darauf eingegangen, wie die Qualität der Lösung hinsichtlich des Business Case eingeordnet werden kann und wann es sich lohnt, weiterzuma-
chen und wann nicht. Abschließend wird gezeigt, wie mit den Ergebnissen Stakeholder
abgeholt und in den weiteren Prozess integriert werden können, indem frühzeitig und gut
kommuniziert wird.

Im dritten Unterkapitel wird verdeutlicht, warum es essenziell ist, die Ergebnisse eines
Modells in einem Piloten real im Feld zu überprüfen. Denn nur so kann genügend Sicher-
heit gewonnen werden, dass die Annahmen auf die Realität zutreffen und nichts übersehen
wurde. Außerdem kann so festgestellt werden, dass es einen echten Hebel gibt, mit der
Lösung zu handeln und dass Nachfrage nach den Ergebnissen des Modells existiert.
Zusätzlich kann überprüft werden, dass sich kein Datenleck eingeschlichen hat. Anschließend wird aus Sicht von Experimenten darauf eingegangen, warum es wichtig ist, diese
Ergebnisse ebenfalls gut zu kommunizieren. Zum Schluss wird gezeigt, wie sich qualitative und quantitative, korrelative und kausale Methoden für wirksame Ergebnisse verbinden lassen. Mit dem produktiven Einsatz von Modellen wird anschließend das Werk abgeschlossen.

4.1   Erfolgreich Modelle entwickeln

Eine häufige Beobachtung: Jemand ist von einem neuen Werkzeug begeistert und möchte
es am liebsten sofort verwenden. Mit einem Hammer in der Hand sieht auf einmal alles
wie ein Nagel aus. Und doch ist der Hammer an vielen Stellen vermutlich nicht das beste
Werkzeug (Dieses Phänomen ist bekannt als „Law of the Instrument" oder „Maslows
Hammer" [2]). Ein solches Phänomen tritt gerade im Datenumfeld häufig auf: Es gibt
ganz viele faszinierende Tools, großartige neue Methoden und fortlaufend neue, glän-

zende Publikationen. Da fällt es schwer, sich auf die Lösung der Aufgabenstellungen auf die wirksamste Art und Weise zu konzentrieren und nachdrücklich zu überlegen, was wirklich Sinn macht. Deshalb passiert es häufig, dass lieber mit großartigen Algorithmen und Daten herumgespielt wird, bis ein Ergebnis entsteht, als dass zunächst einmal scharfsinnig über den einfachsten und schnellsten Weg zum Ziel nachgedacht wird, um dann anschließend effektiv zu experimentieren. Kurz: Es wird häufig der Maschinenraum mit Blumen dekoriert.

In diesem Abschnitt wird deshalb vermittelt, wie mit dem gesamten Spektrum an Methoden zügig und effektiv zum Ziel gelangt werden kann. Wie der Fokus auf die wichtigen Dinge – die Wirksamkeit eines Modells – gelegt werden kann, ohne wichtige Annahmen zu verletzen oder Chancen zu vergeben. Es wird gezeigt, wie sie sich ein Weg durch den Urwald bahnen lässt, aus Buzzwords, Algorithmen, Tools und Bibliotheken. Um wie am Ende an das Ziel gelangt werden kann, eine Lösung für ein Business-Problem zu kreieren, welche Wirkung entfaltet und nicht nur eine schöne, aber leblose Demonstration einer neuen Methode darstellt. Dazu wird vermittelt, wie Hypothesen aufgestellt und durch Modelle beantwortet, wie Ergebnisse validiert und getestet und wie diese anschließend produktiv eingesetzt werden können.

4.1.1   Business-Thesen

Seit einiger Zeit ist datengetriebenes Arbeiten in aller Munde. Es entsteht der Eindruck, dass reine Erkenntnisse entstehen, wenn nur tief genug in den Daten gegraben wird. Manchmal wird ein solches Vorgehen dann in Projekten eingefordert: „Prüfe doch bitte einmal [beliebig] in den Daten, was jetzt getan werden sollte!". Ein solches Denkmuster eröffnet meistens zwei Abgründe: Erstens können Daten nur Mengengerüste oder Zustände ausdrücken und geben kein Wissen über das „Warum" preis (Abb. 4.2), und zweitens zeigen solche beobachtenden Momentaufnahmen der Datenlage nur Korrelationen, aber keine Kausalitäten (d. h. die Daten zeigen nur, dass Ereignisse gleichzeitig passieren, aber nicht, wer oder was der wahre Auslöser war – es also einen echten Zusammenhang gibt) (Abb. 4.4). Beide Punkte werden in den nächsten Abschnitten verdeutlicht und mögliche Lösungen aufgezeigt.

Abb. 4.2 Quantitatives Vorgehen in Informations- und Businesskontext einbetten

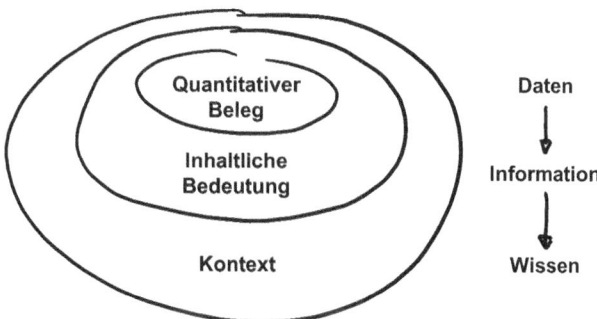

Verständnis für den Kontext

Um einen Case erfolgreich zu lösen, ist es zum einen entscheidend, zunächst den Markt, das Umfeld, den Kunden und den Business Case zu verstehen (Abb. 4.2) [3]. Es hilft, ein gutes qualitatives Grundgerüst der Wirkungsmechanismen und Sachlage zu entwickeln, das Daten in Informationen und Wissen übersetzt. Nur mit handfesten Thesen und Kontextwissen können Daten richtig bewertet und entziffert werden [4]. Diese Informationen können aus verschiedenen Richtungen kommen. Deshalb empfiehlt sich folgendes Vorgehen für Datenprojekte:

- Zum Projektstart Interviews führen (Mit Kunden, mit allen, die im Kundenkontakt stehen, mit Fachexperten, mit dem Management, mit Experten, mit Branchenkennern, mit Unwissenden – für Best Guesses …)
- Dem Projektteam unbedingt Zugang zum Markt, zu Kunden und zu Businessexperten im gesamten Modellierungsprozess ermöglichen (Abschn. 3.5.3)
- Qualitative und offene Surveys durchführen, um Antworten auf das „Warum" und weitere Impulse zu erhalten (auch zu späteren Zeitpunkten, wenn das Projekt fortschreitet)
- Best Practices und Hintergrundwissen recherchieren und mit anderen dazu austauschen
- Vorüberlegungen anstellen und daraus Thesen entwickeln: „Was könnten Zusammenhänge und Wirkungsmechanismen sein?"
- Die Vorinformationen unbedingt kritisch durchleuchten: „Sagt das der Kunde nur, weil er etwas Bestimmtes erreichen möchte, aus sozialer Erwünschtheit, oder ist das ein valider Punkt?". Oft halten sich falsche Annahmen und falsches anekdotisches Wissen beharrlich und verhindern Innovationen. Das ist insbesondere innerhalb des Unternehmens so, deshalb müssen interne Aussagen dringend mit Feedback aus dem Markt überprüft werden!
- Überlegungen früh validieren: „Es ist Folgendes geplant, es wurde Folgendes beobachtet, was ist die Meinung dazu?"

Zusammenfassend lässt sich feststellen, dass zu Anfang eines Projektes eine Intuition für den Business Case entwickelt wird und sich das Team in das Umfeld eindenken muss. Dabei können Annahmen zu den typischen Wirkungsweisen und Zusammenhängen helfen, aber auch zu der Wirkung des Projektes – den Business Value – (Abschn. 3.4.2). Direkte Fragen an Nutzer oder Kunden führen dabei meistens am schnellsten zum Erfolg und beantworten die Frage danach, was hinter den Fällen und quantitativen Daten steckt. Also beispielsweise was Nutzer denken und welche Einstellungen und Ziele sie verfolgen, aber auch welche Handlungen sie durchführen und welche Kausalketten es gibt. Doch auch Fragen an interne Wissensträger können schnell zum Ziel führen (dann ist jedoch Vorsicht gegenüber falschen Annahmen geboten). Am besten werden die gesammelten Informationen als Briefing zusammengefasst und dem gesamten Team und den Stakeholdern zur Verfügung gestellt. Damit kann dann nach der ersten Iteration ein maximaler Lerneffekt erzielt werden, indem anschließend die konkreten Ergebnisse, Aufwände und Wirkungen gegen vorherige Annahmen gehalten werden. Es ist sogar hilfreich, eine Art „Datenprojekt-

Lern-Karten" zu entwickeln, auf denen die Erkenntnisse gegen Annahmen gehalten werden und so das Ergebnis dokumentiert wird (Abschn. 4.3.3).

Arbeiten mit Hypothesen und Annahmen

Vor der Modellierung gesammelte Hypothesen und Annahmen sind als Ausgangspunkt von beispielloser Bedeutung. Leider zeigt der Alltag im Gegensatz häufig, dass an Universitäten oder in Onlineseminaren gelernte Modell- oder Feature-Selektionsmechanismen so lange mechanisch zur Lösung eines Problems eingesetzt werden, bis ein ausreichend funktionierendes Ergebnis vorliegt; oder einfach frei nach Korrelationen oder Zusammenhängen gesucht wird, ohne auf Zufallstreffer zu kontrollieren. In beiden Fällen wird der fachliche Kontext fast immer ignoriert – meist, weil es zu umständlich oder schwierig ist, an richtige und detaillierte fachliche Informationen zu gelangen.

Das führt zu Misserfolgen oder zu Modellen, die am Ende bei kritischer Prüfung doch nicht gut funktionieren. Es entstehen scheinbare Zusammenhänge durch Zufall oder durch Störfaktoren. Aus diesem Grund ist es wesentlich, durch Nachdenken und Nachfragen vorher gute Hypothesen oder Annahmen über den echten Wirkungsmechanismus zu entwickeln, um schnell zu wirksamen Ergebnissen zu gelangen (Abb. 4.3). Ein gutes Beispiel, dass die hohe Bedeutung einer vorherigen Hypothese untermauert: Annahme – „Ein Nutzer legt sich üblicherweise auf einer Plattform zunächst ein Kundenkonto durch Registrierung an. Ein solches Kundenkonto (z. B. wegen Merklisten und Newsletter) führt häufig zu einem späteren Kauf." In diesem Fall kann die Registrierung als Prädiktor für einen Kauf in einem Modell berücksichtigt werden. Ist die Annahme aber: „Nutzer legen sich erst mit ihrem Kauf ein Kundenkonto (Registrierung) an," würde so eine falsche Tautologie entstehen und das Vorhersageergebnis wäre nichts wert. Beide Annahmen können

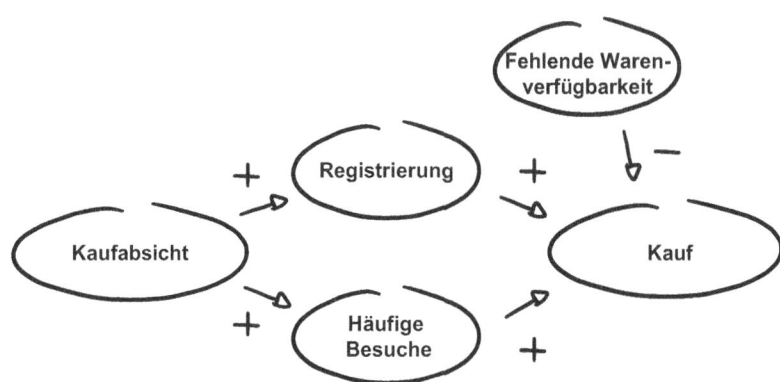

Beispiele:

H1a: Ein Kunde mit Kaufabsicht registriert sich häufig vorab.

H1b: Auf eine Registrierung folgt häufig ein Kauf.

Abb. 4.3 Hypothesen bilden

vorab analytisch überprüft werden. Es ist wichtig, von einer solchen rationalen Argumentation auszugehen (inhaltliches Modell) und erst daraus ein Datenmodell (und Features) aufzubauen sowie nicht einfach nur mit dem, was es an Daten gibt, „herumzuprobieren". Ein hypothesengetriebenes Denkmuster wird deshalb zu wesentlich besseren Ergebnissen führen. Denn dann können Störfaktoren kontrolliert, die richtigen Ausgangsdaten verwendet und ggf. sogar neue Daten für wichtige Hypothesen erhoben werden.

Auf den Punkt gebracht: Es sollte in der Realität nicht datengetrieben gearbeitet werden, sondern modellgetrieben (an dieser Stelle wird der Begriff „Modell" für ein mentales Modell verwendet). Das heißt, es werden vorab Hypothesen bzw. ein inhaltliches Modell über reale Zusammenhänge entwickelt und dieses dann mit Daten statistisch aufgesetzt und validiert. Anschließend wird durch das vorherige Wissen über Zusammenhänge und die Berücksichtigung wichtiger Einflussfaktoren mit hoher Sicherheit ein funktionierendes Ergebnis entstehen. Selbst wenn später nicht alle Mechanismen und Entscheidungen eines Black-Box-Modells erkennbar sind, werden die Vorüberlegungen dafür sorgen, dass die richtigen Ausgangsdaten und Beziehungen für den Business Case vorhanden und verwendet worden sind. So kann über Algorithmen hinweg dafür gesorgt werden, das Lösungen entwickelt werden, die durch die reale Datenlage Entscheidungen steuern und nicht durch zufällige Korrelationen [5].

Wie kann das konkret umgesetzt werden? Vor dem Modellieren und der Datenbeschaffung werden mit dem Wissen aus dem Kontext (s. o.) Modell-Hypothesen aufgestellt, und diese werden am besten niedergeschrieben (sodass diese nicht vor dem Rückblick auf reale Ergebnisse angepasst werden). Diese Annahmen können als eine Art Ablauf/Flussdiagramm dokumentiert werden (Abb. 4.3), aber auch z. B. in einer einfachen Mindmap gesammelt werden. Dokumentiert werden sollte: Was sind die Auslöser? Welche Handlungen/Ereignisse folgen? Welches sind wichtige andere Einflussfaktoren? Was wirkt positiv, was negativ? Anschließend werden diese Überlegungen als Ausgangspunkt für die weitere Datenbeschaffung und Analyse verwendet.

4.1.2 Daten beschaffen und erstellen

Nachdem Annahmen getroffen wurden und der Kontext besser verstanden wurde, ist einer der wichtigsten Punkte, die richtige Datenbasis zusammenzuführen. Denn der meiste Wert in Projekten entsteht für das Unternehmen dann, wenn die Daten hochwertig und durchgängig erfasst sind und Ergebnisse anschließend auch eingesetzt werden. Verglichen damit spielen das Modell und das gewählten Verfahren nur eine untergeordnete Rolle für den Erfolg.

In der Branche heißt es außerdem humorvoll: 80 % der Zeit wird damit verbracht, Daten zu beschaffen und aufzubereiten und 20 % damit, sich über die Datenaufbereitung zu beschweren. Doch das ist eine ungünstige Sichtweise. Denn die Daten sind der Schlüssel für ein gutes Modell, und die Daten zu beschaffen und aufzubereiten sind besonders wichtige Schritte. Denn sich mit den Daten genau auseinanderzusetzen, ist wichtig, um diese anschließend in einem Modell richtig nutzen zu können. Deshalb kann es ein smarter Zug sein, Datenbeschaffung und -modellierung in einer Rolle zu belassen (und beispielsweise nicht an Data Engineers auszulagern, sondern nur übergreifende, architektonische und besonders komplexe Themen in einer eigenen Rolle zu vergeben, siehe auch Abschn. 3.3.4). Das heißt, die Datenbeschaffung für ein Modell sollte durch dieselbe Person umgesetzt werden, die auch im Projekt mitarbeitet, den Kontext gut kennt und die Erkenntnisse aus der Datenaufbereitung im Projekt und Modell direkt umsetzen kann. Bevor sich nun der Datenbeschaffung zugewandt wird, soll zunächst geklärt werden, welche Arten von Daten es geben kann.

Welche Arten von Daten liegen vor?
Leider wird in Datenprojekten am häufigsten gedankenlos mit korrelativen Daten gearbeitet. Denn die Daten sind meistens bereits erhoben und ohne weitere Eingriffe in die Anwendungen, die die Daten generieren, lassen sich nur Gemeinsamkeiten finden. Ohne zusätzliches Wissen lassen sich keine ursächlichen Zusammenhänge, geschweige denn Wirkungsrichtungen von den Daten „ablesen": Beispielsweise kann nur beobachtet werden, dass sich zwei Kennzahlen gleichzeitig verändern und sich daraus ein Zusammenhang vermuten lässt. Es ist aber unklar, ob dieser Zusammenhang wirklich existiert, sich die andere Kennzahl also auch dann verändern würde, wenn die erste bewusst verändert werden würde. Das schafft vielfältige Probleme. Um die verschiedenen Arten von Daten zunächst besser zu verstehen, sollen nun drei Erkenntnisstufen von Datenerhebungen eingeführt werden (Abb. 4.4) (In Anlehnung an [5]; Vgl. auch [1]):

(1) Daten werden als „gegeben" genutzt und von außen betrachtet („Observe") [5]. Ein Beispiel: Zwei Eigenschaften oder Kennzahlen eines Kunden, die zufällig beide hoch oder niedrig ausgeprägt sind (Einkommen und PLZ). Fast alle Methoden (beispielsweise Machine Learning und Deep Learning) arbeiten mit solchen gegebenen Beobachtungen, also auf Basis von reinen Korrelationen, und wissen nichts über die wahren Zusammenhänge. Das heißt indem Fall, wenn nur lange genug gesucht wird (oder genügend Daten für einen Fall genutzt werden), finden sich durch Zufall immer irgendwelche Zusammenhänge. Häufig wird beim Modellieren nur bemerkt, dass die Frage nach dem „Warum" ein Erfolg

Abb. 4.4 Erkenntnisgehalt
von Daten

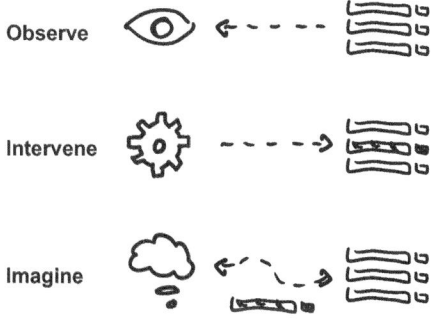

theoretisch nicht beantwortet werden kann; oder die Modelle auf Validierungsdaten (Daten, die das Modell noch nie gesehen hat) nicht gut funktionieren. Manchmal sind solche Modelle dennoch ausreichend gut, und das Ergebnis kann als Black Box eingesetzt werden. In anderen Fällen (den meisten) wird jedoch mehr Sicherheit über die Wirkung benötigt. Dann müssen solche Modelle und die darunterliegenden Daten genügend in der Anwendung validiert werden (Glücklicherweise hat das Thema Kausalität in Machine-Learning-Modellen in den letzten Jahren starke Aufmerksamkeit der Forschung erlangt, sodass in Zukunft mit besseren Möglichkeiten gerechnet werden kann, um diesen Herausforderungen zu begegnen).

(2) Es wird eine abweichende Handlung ausgeführt und die direkte Änderung in den Daten beobachtet („Intervene") [5]. Ein Beispiel: Bei zwei Verkäufen mit denselben Eigenschaften wird einmal ein Preisnachlass angeboten (Handlung) und einmal nicht (Kontrolle) sowie in beiden Fällen die Abschlussquote dokumentiert. Bei diesem Beispiel wird also in der Realität etwas verändert und anschließend beobachtet, was sich an den Daten als Folge der Handlung verändert. Denn nur dann können kausale Zusammenhänge gefunden und belegt werden. Ein solcher Zusammenhang kann in der Realität am einfachsten durch ein Experiment gezeigt werden, aber auch dadurch, dass Handlungen systematisch durch Zufall variiert werden, kann eine Möglichkeit sein, um wirksame Zusammenhänge in den Daten abzubilden und später zu verwenden. Solche Experimente und Variationen werden im Business-Kontext immer wichtiger, denn es geht fast immer darum, nachweisbare Wirkungen aus gezielten Handlungen zu erhalten (Mehr dazu in Abschn. 4.3.2).

(3) Durch vorhandenes Wissen kann mit genügender Sicherheit eine Vorstellung entwickelt (oder modelliert) werden, was im Gegenfall zu der vorgenommenen Handlung passiert wäre („Imagine") [5]. Mit Gegenfall ist gemeint, was passiert wäre, wenn die Handlung nicht oder abweichend vorgenommen worden wäre. Ein Beispiel: Bei einem Verkauf wird ein Preisnachlass angeboten und die Abschlussquote erfasst sowie gleichzeitig alle Faktoren dokumentiert, die diesen Verkauf positiv und negativ beeinflusst haben können. Gleichzeitig werden viele andere Käufe mit unterschiedlichen Ausprägungen der Daten erfasst. In diesem Fall wird kein Experiment oder Ähnliches benötigt, um zu verstehen, was im Fall ohne Preisnachlass für diesen einen Verkauf geschehen wäre. Es kann allein durch das Wissen und die Daten über alle Einflussfaktoren ein Wirkungsmodell aufgestellt werden und daraus der Gegenfall errechnet werden. Die Kehrseite eines solchen „hypothetischen" Wirkungsmodells ist, dass die Vorstellung der „was wäre, wenn"-Situation valide und in Daten abgebildet sein muss, sonst kann auf diesem Weg keine Alternative abgeschätzt werden. Existieren jedoch ein solches inhaltliches Modell und die dazugehörigen Daten, kann per Definition, indem alle anderen Faktoren kontrolliert werden, ein kausales Ergebnis ohne explizite Handlung entstehen. Dieses Verfahren wird im Folgenden unter dem Begriff „synthetische Experimente" subsumiert, da nicht wirklich eine abweichende Handlung durchgeführt und beobachtet werden muss, sondern ein angenähertes Ergebnis aus dem inhaltlichen Wissen über Einfluss- und Kontrollfaktoren synthetisch konstruiert werden kann.

Als Teil der Datenbeschaffung ist es wichtig, sich genau darüber klar zu werden, welche Arten von Daten vorliegen und welche benötigt werden, um die gewünschte Wirksamkeit der Ergebnisse zu erreichen. Liegen reine korrelative Beobachtungen vor? Liegen Daten aus Experimenten oder randomisierten Handlungen vor? Oder lässt sich ein Wirkungsmodell aus einer belastbaren inhaltlichen Theorie herstellen, und sind alle wichtigen Einflussfaktoren in den Daten erfasst? In allen diesen Fällen ist Wissen über den Kontext eine wichtige Voraussetzung, um mit scharfsinnigem Denken möglichst schnell zu einem guten Ergebnis zu gelangen.

Datenbeschaffung
Nachdem grundsätzlich gezeigt wurde, welche Arten von Daten vorliegen können, wird nun genauer darauf eingegangen, welche Schritte durchgeführt werden sollten, um die richtigen Daten für eine Datenlösung zu erhalten und anschließend wirkungsvoll nutzen zu können:

1. Zunächst hilft es, sich alle vorhandenen Daten zum Kontext und zum Business Case zu beschaffen und genauer anzusehen. Es ist wichtig, sehr früh damit zu beginnen, um die Qualität und bereits vorhandene und fehlende Inhalte zu verstehen, insbesondere in Bezug auf die bereits zuvor entwickelten Hypothesen. Es muss ein klares Bild darüber geschaffen werden, welche Informationen im gesamten Unternehmen bereits vorhanden sind, die für das Modell hilfreich sein könnten [4]. Diesen Überblick zu bekommen, kann einige Zeit dauern. Es kann noch wesentlich mehr Zeit dauern, auch Zugang zu allen Datentöpfen zu erhalten und etwaige noch fehlenden Datentransfers aufzusetzen. Deshalb ist es immanent wichtig, früh genug mit diesem Schritt zu beginnen und sofort alles Notwendige mit Nachdruck anzustoßen.
2. Anschließend ist es wichtig, anzustoßen, dass alle fehlenden Daten oder neue Daten, die aus inhaltlichen Überlegungen wichtig wären, zusätzlich erfasst oder generiert werden. Das können beispielsweise Informationen, die direkt beim Kunden abgefragt werden, wenn es sonst keine guten Daten gibt (sehr wirksam), oder aber neue Trigger in Prozessen, die relevante Daten erzeugen, oder eine Speicherung von Daten, wenn diese bereits flüchtig entstehen und nur nicht abgelegt werden, sein. Aber es kann auch bedeuten, dass beispielsweise Mitarbeiter im Vertrieb bei jedem Lead eine Klassifikation vornehmen und speichern, oder dass Mitarbeiter im Kundensupport bei jedem Problemfall eine Einstufung abspeichern. Auch das anzustoßen, erfordert einiges an Vorlauf. Die Schaffung von neuen Daten wird im nächsten Abschnitt genauer betrachtet.
3. Abschließend ist es wichtig, auf eine kreative Art und Weise indirekte oder entferntere Datenquellen zu suchen oder zu schaffen, z. B. sekundäre Indikatoren (beispielsweise jemand löscht einen Merkzetteleintrag, lässt darauf schließen, dass das Bedürfnis befriedigt wurde). In diesem Schritt können auch externe Daten herangezogen werden, wie Wetterdaten oder Wirtschaftsindikatoren, eben alles, was aus Sicht der theoretischen Vorüberlegungen einen Einfluss auf das Modell nehmen könnte, aber nicht in den direkten Daten abgebildet ist.

Nachdem alle verschiedenen Datenquellen sondiert wurden und die Schaffung von neuen Daten angestoßen wurde, geht es im nächsten Schritt daran, die Daten zu überprüfen und aufzubereiten. Außerdem gibt es zusätzlich die Alternative, Daten selbst zu generieren oder zu erstellen, wenn keine günstigen Daten vorhanden sind. Diese Möglichkeit wird im nächsten Schritt näher beleuchtet.

Daten erstellen

Eines der wichtigsten aktuellen Themen ist es, darüber nachzudenken, wie die richtigen Daten für ein Modell oder für Datenprojekte erstellt werden können. Denn gute Trainingsdaten sind oft schwer zu bekommen. Gleichzeitig sind sie der Schlüssel für den Erfolg von Projekten (Abschn. 2.4.2). In der Tat gibt es momentan ein Umdenken, dass versucht wird, in Datenprojekten mehr in gute Daten zu investieren als in das Datenmodell selbst, oder sogar das Datenmodell „aus dem Regal" zu nehmen und nur an den Daten zu arbeiten, um gute Ergebnisse zu erhalten.

Deshalb ist es wichtig, früh genug an wichtige Datenquellen zu denken, oder wichtige Datenpools selbst zu schaffen. Im Prinzip gibt es einige Wege, um an gute Daten zu gelangen oder diese zu erstellen:

1. **Vorhandene flüchtige Daten manifestieren**: Relevante Daten entstehen zwar in einem Prozess oder bei der Nutzung, werden aber nicht aufgezeichnet. Dieser Fall ist relativ einfach: Die Daten müssen in Einklang mit den Datenschutzbestimmungen gespeichert werden, und zwar so, dass sie später für Datenprojekte genutzt werden. Ein Beispiel: Der Zustand einer Rechnung ändert sich im Zeitverlauf (generiert, versendet, bezahlt, gemahnt, …), aber es wird nur der letzte Zustand erfasst und nicht historisiert. Deshalb kann mit einem Datenprojekt keine Vorhersage des Rechnungsstatus entwickelt werden. Der vorherige Status muss für die Zukunft lediglich mit einem Zeitstempel gespeichert werden. Ein wichtiger Punkt in diesem Schritt kann sein, dass nur korrelative Daten entstehen, aber kausale Daten für ein gutes Modell benötigt werden (Abb. 4.4). Dazu ein weiteres Beispiel: In einem Shop wurde ein Banner immer auf einer typischen Position ausgespielt, und jetzt soll durch ein Modell herausgefunden werden, auf welcher Position das Banner am besten funktionieren würde. Dazu müssen zunächst die Einblendung und die Performance des Banners gespeichert werden. Aber um eine Vorhersage treffen zu können, muss das Banner auch zufällig an allen Positionen ausgespielt werden, um die kausale Wirkung der Ausspielung verstehen und in einem Modell verwenden zu können. Ansonsten wird das Modell keine Erkenntnisse liefern.
2. **Zusätzliche Daten im Prozess erheben**: In gewissen Prozessen werden entweder Überlegungen angestellt oder Informationen eingeholt, die dann aber nicht strukturiert abgelegt werden; oder es könnten weitere Informationen eingeholt und Entscheidungen getroffen und dokumentiert werden. Diese können in Zukunft als weiterer Prozessschritt erfasst werden, und so entsteht im Laufe der Zeit viel nutzbares Wissen für Da-

tenprojekte. Ein Beispiel: Im Rahmen der manuellen Bearbeitung eines Problemfalls in Bestellungen können zu den Problemen bei Produkten gleichzeitig genauere Informationen des Problems erfasst und gespeichert werden, um Schwierigkeiten besser verstehen und vorhersagen zu können.

3. **Daten in einem separaten Prozess manuell erstellen**: Durch einen Redaktionsprozess können alle Arten von Fällen für ein Datenprojekt manuell klassifiziert oder bewertet werden. Das kann auch nachträglich für Fälle erfolgen, bei denen später bemerkt wird, dass eine weitere Information besser erfasst worden wäre. Ein Beispiel für diesen Fall ist die Klassifikation von Alexa-Sprachdaten über riesige Redaktionen, um die Spracherkennung zu verbessern. Hier wurden große Samples der Spracheingaben über manuelle Redaktion mit Labels für die Bedeutung der Wörter versehen, um das Produkt weiterentwickeln zu können.

4. **Daten iterativ manuell erweitern:** Eine sehr bedeutende Weiterentwicklung eines separaten manuellen Prozesses ist die modellgestützte iterative Klassifizierung von Datensätzen. Dabei wird aus wenigen redaktionell klassifizierten Datensätzen ein Modell trainiert und dieses auf die noch fehlenden Datensätze angewendet. Anschließend werden nur noch alle unsicher klassifizierten Fälle manuell überarbeitet. Es müssen also nur noch wenige schwierige Fälle angesehen werden. Mit diesen zusätzlichen Daten wird das Modell erneut trainiert und dann wieder auf die offenen Fälle angewendet usw. So können Kosten für die manuelle Arbeit reduziert werden. Um auf ähnlichem Weg das Datenveredeln zu unterstützen, wurden mittlerweile eine Menge Tools entwickelt und am Markt platziert, um genau diese Tätigkeit zu unterstützen.

5. **Daten vom Markt oder Kunde generieren lassen (Crowdsourcing)**: Eine weitere interessante Möglichkeit ist es – gerade bei digitalen Lösungen – die Daten durch den Nutzer eines Produkts labeln oder bewerten zu lassen. Das kann sehr nützlich sein, wenn die Zielinformation beim Nutzer möglicherweise sogar besser bekannt ist als im Unternehmen selbst oder eine großflächige Skalierung benötigt wird. Ein Beispiel für diesen Fall ist eine Regenvorhersage-App, bei der den Nutzern lokale Vorhersagen in einem kurzen Zeitfenster geboten werden. Zur Verbesserung der Lösung werden Nutzer regelmäßig befragt: „Stimmt es, dass an ihrem Standort gerade Regen fällt/kein Regen fällt?". So entstehen neue klassifizierte Datensätze. Häufig ist ein schlauer Ansatz, mit einer frühen, mittelguten Lösung an den Markt zu gehen („Beta-Version"), die oft mit mittelmäßig passenden Daten für den Anwendungsfall trainiert wurde und über eine solche Version durch Feedback von Kunden saubere Daten aus der realen Anwendung zu generieren. Das kann beispielsweise auch notwendig sein, wenn Bilderkennungen mit Studiobildern trainiert wurden und anschließend auf einem Smartphone eingesetzt werden, dessen Kamera eine andere Bildqualität erzeugt. Hier kann dann im produktiven Betrieb Datenmaterial gewonnen werden, mit dem anschließend das Modell verbessert wird.

6. **Ein ganzes Produkt entwickeln, durch das Daten entstehen**: Ein strategischer Ansatz, um Daten zu generieren, ist es, ein nützliches Produkt oder Feature zu entwickeln, das die Grundidee hat, dadurch wertvolle Datensätze zu generieren. Ein Beispiel hier-

für ist das Spiel „Ingress", das ursprünglich entwickelt wurde, um Daten für Google Maps zu sammeln, aus denen später Lokationen für das Spiel Pokémon Go erstellt wurden.

7. **Daten synthetisch generieren**: Ein weiterer Weg ist es, Daten selbst zu generieren. Dafür werden aus einem eigenen inhaltlichen Modell oder aus vorhandenen Teildatensätzen neue Datensätze erstellt, zu denen aus dem generierenden Prozess heraus bereits die Labels/Ergebnisse bekannt sind. Ein Beispiel hierfür ist es, 3D-Modelle zu nutzen, diese zu transformieren und anschließend daraus verschiedene Bilder künstlich zu generieren und mit zufälligen Hintergründen zu versehen. So entstehen Bildkompositionen, über die die Eingangsdaten (Winkel und Positionen) noch bekannt sind, beispielsweise für die Extraktion von Winkeln oder Positionen. Anschließend kann ein Modell trainiert werden, diese Eingangsdaten wieder zu extrahieren. Letztendlich lässt sich das auf ähnliche Art und Weise für jeden geschäftlichen Prozess simulieren und daraus eigene Datensätze generieren. Die Herausforderung bei generierten Daten ist leider, dass die Daten nah an der Realität und so zufällig verteilt entwickelt worden sein müssen, dass sie später für die reale Anwendung gute Ergebnisse erzielen; und das Modell nicht nur lernt, die sauberen und oft nicht ausreichend vielfältigen synthetischen Daten zu erkennen.

4.1.3   Daten analysieren und aufbereiten

Nachdem Daten beschafft wurden, geht es jetzt daran, die Daten für eine Nutzung in einem Modell zu überprüfen und aufzubereiten. Dafür wird im weiteren Verlauf des Kapitels zwischen klassischen Methoden und Deep Learning unterschieden. Denn bei Ersterem liegt der Schlüssel im Feature Engineering, bei letzterem darin, die Daten entsprechend vorzubereiten und zu erweitern (Data Augmentation) (Abb. 4.6). Aber auch durch Transfer-Learning kann beim Deep Learning das Wissen aus anderen Datensätzen als Basis genutzt werden, was mittlerweile eine Schlüsselrolle einnimmt, um damit ein besseres Modell entwickeln zu können. Doch zunächst wird nun auf das Überprüfen und Analysieren der Ausgangsdaten eingegangen, um ein gutes Verständnis für die Daten und Ansatzpunkte für die spätere Modellierung zu entwickeln. Erst anschließend werden das Feature-Engineering und die Data Augmentation genauer betrachtet.

Daten überprüfen, bereinigen und zusammenführen
Der erste Schritt mit neuen Daten ist es immer, zunächst einige Zeit damit zu verbringen, in die Daten einzutauchen und sich ein gutes Bild über die Inhalte, Ausprägungen, Verteilungen und Zusammenhänge zu verschaffen. Die wichtigsten Schritte lassen sich dabei in fünf Punkten zusammenfassen (Abb. 4.5):

1. Zunächst müssen Inhalte und **Ausprägungen aller Daten angesehen** werden, um die Beschaffenheit zu verstehen, aber auch, um Fehler aufzuspüren. Es geht darum zu ver-

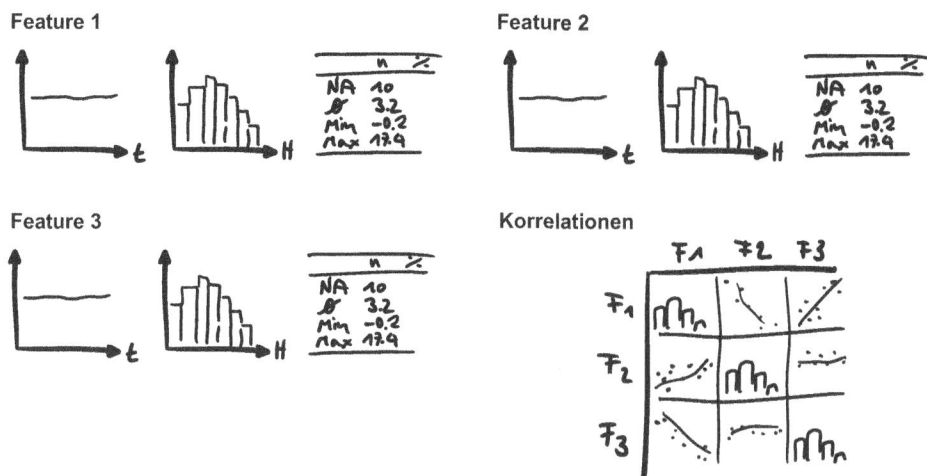

Abb. 4.5 Typische grundlegende Datenüberprüfung

stehen, welche Werte einzelne Variablen annehmen können, welche Werte sie annehmen und wie häufig fehlende oder „falsche" Werte vorkommen. Rücksprache mit den fachlichen Verantwortlichen helfen, die Daten und deren Bedeutung genau zu verstehen. Dieses Wissen ist entscheidend, um die Daten später richtig bereinigen oder auswählen zu können.

2. Anschließend ist es wichtig, **Basisraten und Häufigkeiten** in den Daten zu verstehen. Am besten eigenen sich dafür Histogramme oder Tabellen, die in den Häufigkeiten ausgezählt werden. In diesem Schritt geht es darum, zu verstehen, welche Verteilungen bei den einzelnen Variablen vorliegen und welche Schwerpunkte es gibt. Das ist wichtig, um die Daten später richtig transformieren zu können und die richtige Methode zu verwenden, die den Verteilungen gerecht wird.

3. Anschließend müssen Werte, die sehr weit aus den typischen Verteilungen oder Mustern ausbrechen (Ausreißer) unbedingt **manuell geprüft** werden. Aber auch solche Werte, die exakt an den Grenzen zwischen Zuständen liegen und unklar oder widersprüchlich sind (Beispielsweise kann ein Kunde nicht nach Vertragsende weitere Tage im Zustand „aktiv" sein). Falls es falsche Angaben sind, sollten diese herausgefiltert oder korrigiert werden. Falls notwendig, müssen Trainingsdaten manuell nachträglich klassifiziert oder bewertet werden.

4. In einem weiteren Schritt geht es darum, **erste Zusammenhänge** sowohl zwischen den Variablen als auch zwischen Variablen und Ergebnissen zu prüfen. Hierfür helfen Kreuztabellen oder Kreuzkorrelations-Charts. Dieses Verständnis zu entwickeln ist zum einen wichtig, um interessante Variablen aufzuspüren, die einen starken Vorhersage-Charakter haben, zum anderen auch, um starke Korrelationen zwischen vorhersagenden Variablen aufzudecken, die Methoden stören oder deren Annahmen verletzen könnten. Vorsicht ist bei fast hundertprozentigen Zusammenhängen zwischen

Variablen und Ergebnissen geboten. Oft verstecken sich hinter diesen Fällen leakende Variablen (Abschn. 4.2.2).

5. Im letzten Schritt werden sich in einzelne Fälle stichprobenartig (also die Konstellation aller Eingangsdaten und das Ergebnis) genau angesehen. Es ist wichtig, alle Angaben genau nachzuvollziehen und ggf. Rücksprache mit den Business Ownern zu halten. Im Detail muss verstanden werden, wie einzelne Fälle zustande gekommen sind und wie die Datenlage und die Rahmenbedingungen genau aussahen. Mit ein paar solcher **konkreten Case Studies** werden zum einen weitere Fehler aufgedeckt, aber zum anderen auch wichtige Grundgerüste über die Datenkonstellationen und Wirkungsmechanismen überprüft. Dieser Punkt wird leider häufig ausgelassen oder übersehen, unterscheidet am Ende aber sehr erfolgreiche und weniger erfolgreiche Ergebnisse.

Anschließend kann damit begonnen werden, die Eingangsdaten mit diesem Wissen besser zusammenzuführen und so anzupassen, dass in den folgenden Schritten möglichst gut damit gearbeitet werden kann. Das heißt, die Daten sollten in die richtige Struktur gebracht werden (Meistens ein Fall pro Zeile, in den Spalten die Informationen deutlich benannt und in einer Spalte das Ergebnis. Für Deep-Learning-Modelle können die Eingangsinformationen aber auch Bilder, Videos, Dokumente und zugehörige Metadaten sein.). Außerdem können mit dem gewonnen Wissen Fälle für die weitere Verarbeitung selektiert und Bereinigungen umgesetzt werden. Am Ende des Schrittes sollte ein klares deskriptives Bild zu den Daten vorhanden sein, die Daten sauber aufgeräumt, zusammengeführt und schlüssig benannt sein.

Daten aufbereiten

Nun werden die wichtigsten Schritte beim Aufbereiten der Daten angesehen. Um diesen Schritt genauer anzusehen, wird in klassische Methoden und in Deep Learning unterschieden (Abb. 4.6). Generell lässt sich Folgendes zu den beiden Vorgehensweisen feststellen:

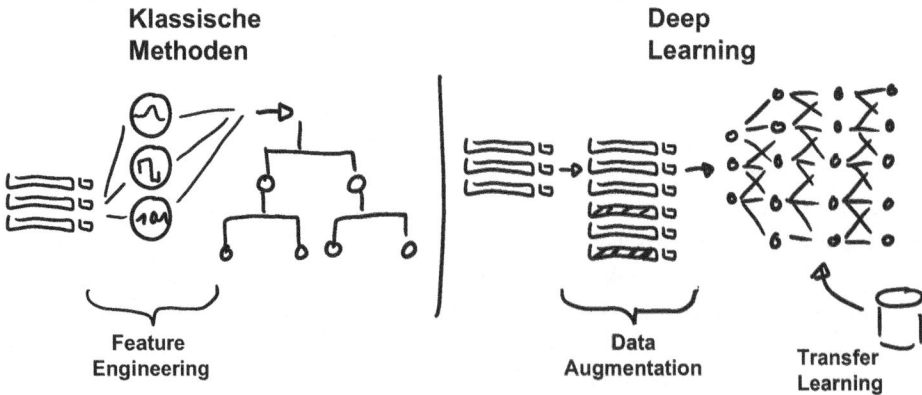

Abb. 4.6 Datenaufbereitung bei klassischen Methoden und im Deep Learning

Da in diesen Prozess viel Aufwand fließen kann, ist es wichtig, die Dinge nicht zu verkomplizieren. Falls bereits gute Hypothesen existieren (Abschn. 4.1.1), ist es ausreichend, die hinter den Hypothesen liegenden Daten zu nutzen und anschließend das Rauschen der vielen Big-Data-Möglichkeiten auszublenden. Beispiel: Wenn gut abschätzbar ist, welche Handlungen ein Kunde meistens ausführt, die sein Interesse bekunden und bevor er ein Produkt kauft, können genau diese Signale modelliert werden, und es müssen nicht alle Handlungen eines Kunden auf gut Glück in ein Modell gekippt werden.

Klassische Methoden
Für einen schnelle Einstieg in Modelle oder für frühe Prototypen eigenen sich meistens klassische Methoden am besten. Die Ausnahme sind Text, Audio und Bildverarbeitung, also die Anwendungsfälle, in denen die Daten nicht strukturiert sind. Deshalb spielen klassische Methoden immer noch eine große Rolle und der größte Hebel bei diesen Methoden (neben den richtigen Daten) liegt fast immer darin, spezielle Features zu erzeugen und zu verbessern [4].

Ein Modell lässt sich häufig dadurch besonders verbessern, indem neue Features gefunden werden oder bestehende Features besser aufbereitet werden. Jedoch ist der Einfluss des Feature Engineerings je nach gewähltem Verfahren unterschiedlich groß (beispielsweise bei einem Random Forest weniger ausgeprägt und bei einer Regression wesentlich stärker ausgeprägt). Welche Erfolgsmuster können umgesetzt werden, um hervorragende Features zu erhalten [6]?:

1. Zahlenwerte oder viele unterschiedliche Ausprägungen einer Variablen können in Gruppen „gebint" werden: Es werden Dummy-Variablen aus gruppierten Ausprägungen geschaffen, in denen ähnliche Wertebereiche oder Ausprägungen zusammengelegt werden. Die sogenannten „Bins" können entweder so gewählt werden, dass sie ähnlich groß sind – in Fallzahl oder Breite – oder sie können fachlich smart eingesetzt werden, indem versucht wird, die Grenzen der Bins an den Business-Kontext anzupassen.
2. In manchen Fällen ergibt es Sinn, wichtige Zustände aus den Daten als eigene Features zu extrahieren und aufzubereiten, beispielsweise bei einer metrischen Skala zusätzlich den Zustand „0" als Dummy-Variable zu codieren, falls sich die „0" nicht linear verhält. So kann der Wertebereich linear wirken und die „0" eine zusätzliche Abweichung im Modell abbilden.
3. Es können verschiedene selbstgenerierte Dummy-Variablen angelegt werden: Monate, Tage, Stunden, Wochen, Vormittag, Nachmittag, Wochenende oder sogar linear steigende bzw. abnehmende Dummy-Variablen, um Übergänge zu modellieren. Das kann helfen, um beispielsweise schleichende Änderungen im System zu modellieren etc.

4. Wenn durch beispielsweise Wochentag-Dummies Stufen entstehen, können diese ganz einfach geglättet werden, indem die Dummies nicht als „0"/"1" codiert werden, sondern mit einer Glockenform. So lassen sich gleitende Übergänge schaffen [7].

5. Häufig lassen sich Features durch fachliche oder andere Informationen anreichern: Beispielsweise können an Zustände Kostendaten geschrieben werden oder an Raumnummern eine Lageinformation oder aus Konstellationen von zwei Variablen ein besonderer Zustand ableiten und als Dummy codiert werden. Solch zusätzliches Wissen kann die Performance erheblich steigern, aber auch eine spätere Interpretation des Modells verbessern.

6. Features, die anderen Verteilungen als Normalverteilungen folgen, sind für viele Methoden eine Herausforderung. In vielen typischen Anwendungsfällen sind die Verteilungen von Variablen „rechtsschief", d. h. kleinere Werte kommen häufiger als größere Werte vor und der „Gipfel" eines Histogramms liegt nicht im Zentrum, sondern auf der linken Seite. Solche Verteilungen können durch „Loggen" (also den Logarithmus zu ziehen) zu einer annähernden Normalverteilung transformiert werden, mit der anschließend die meisten Methoden gut zurechtkommen. So können auch sehr hohe Werte, die selten auftauchen, in ihrer Auswirkung reduziert werden. Es gibt eine Vielzahl an Transformationen, um viele andere Verteilungen in eine annähernde Normalform zu bringen. An dieser Stelle wird allerdings nicht zu tief in die Theorie eingetaucht, denn in der Realität findet sich die Log-Transformation am häufigsten in Modellen und ist meistens eine ausreichend gute Lösung für viele Fälle.

7. Wenn Quoten, Raten oder Ähnliches als Features vorhanden sind und diese teilweise aus geringen Fallzahlen aggregiert wurden, neigen Raten dazu, stark zu schwanken. Seltene Fälle liegen fast immer an den Extremen, beispielsweise haben für einen Kunden (der nur einen Kaufversuch hat) entweder 100 % der Käufe erfolgreich funktioniert oder 0 % der Käufe. Das entspricht jedoch nicht der Realität, denn es gibt eine Annahme für eine mittlere Erfolgsquote von Kunden und wenn erst ein Kaufversuch beobachtet wurde, ist das Ergebnis reiner Zufall. Hier würden bayesianische Ansätze helfen. Eine einfache intuitive Lösung ist, bei Fällen mit einer geringen Fallzahl den Gesamtmittelwert mit einem geringen Gewicht der Rate beizumischen, sodass die Raten zum erwarteten Mittelwert hin geglättet werden und erst bei größeren Fallzahlen für den einzelnen Fall in Richtung der echten Rate für diesen Kunden ausbrechen. Dieses Vorgehen ist häufig ein sehr smarter Hebel.

8. Bei mehreren stark korrelierenden Features hilft es, aus einer modellgetriebenen Überlegung nur das originär auslösende Feature zu nutzen und das andere Feature aus theoretischen Überlegungen heraus zu eliminieren. So steigt die Interpretierbarkeit, es entstehen keine Überanpassungen des Modells und Fehler aus Verletzungen der Annahmen werden vermieden.

9. Ein weiterer Teil des Feature Engineerings kann es sein, die Daten mit weiteren Daten anzureichern. Folgende Möglichkeiten können angedacht werden: unkompliziert durch den Fachbereich selbst erstellte Einschätzungen oder Klassifikationen (z. B. ein paar Marken mit Eigenschaften versehen, wie „sportlich", „traditionell", …; Zustände

eines Prozesses auf das Risiko hin manuell einschätzen, …). Aber auch kreativ andere Daten hinzuziehen, auch wenn es sich nur um statische Momentaufnahmen handelt: Problemhäufigkeiten für Fallklassen aus Tickettools, Klickstream-Daten, Archiv-Daten, …, der Handlungsraum ist unbegrenzt. Auch externe Daten, wie z. B. Wirtschaftsdaten für Regionen, Marktdaten, sekundäre Quellen, aber auch entfernte, sich ähnlich verhaltende Indikatoren können sehr hilfreich sein.

10. Beim Feature Engineering ist es insgesamt ein Schlüssel, sich in die Thematik hinein-zudenken, den Business Case oder einzelne Fälle durchzuspielen, Customer Journeys oder Geschäftsprozesse genau durchzuspielen, um genau zu den Features und Infor-mationen zu gelangen, zu denen es eine starke Hypothese oder eine fachliche Brücke gibt. Oft ist es sogar so, dass beim Feature Engineering Ideen zu Prädiktoren entstehen, die sich neu erheben lassen und dann das Potenzial zum Killer Feature haben. Da aber oft nur innerhalb der Grenzen des Modellierens gedacht wird, und der Aufwand für neue Features groß ist, wird die Datensituation oft zu sehr als gegeben betrachtet.

Aus der Erfahrung vieler Projekte hat sich gezeigt, dass ein automatischer Feature-Generierungs- und -Auswahlprozess nicht zu ähnlich guten Ergebnissen führt, wie ein manuelles Modellieren (auch wenn das häufig abweichend vermarktet wird). Das liegt daran, dass beim Feature Engineering viel Wert nicht aus der Systematik entsteht, sondern aus Fachwissen, Absprachen mit dem Business, Änderungen an den Daten etc. Also Punk-ten, die ein Algorithmus nicht beeinflussen kann. Häufig wird aber leider die Methodik blind über scharfsinniges Denken oder ein Erfragen der Sachlage gestellt. In diesem Fall kann der Erfolg aus dem Dialog zu Features nicht manifestiert werden. Deshalb ist es im gesamten Prozess wichtig, alles, was in den Ausgangsdaten steckt oder nicht steckt, mit Business-Stakeholdern zu spiegeln, zu reflektieren, um absolute Klarheit über Zustände, Ausprägungen und Werte zu bekommen, aber auch, um neue Gedanken zu generieren und Veränderungen anzustoßen.

Deep Learning

Im Bereich des Deep Learnings spielt das Feature Engineering im Gegensatz zu klassi-schen Methoden keine so große Rolle. Hier nimmt an dessen Stelle die raffinierte Datener-weiterung im Sinne von Data-Augmentation eine wichtige Rolle ein, auf die im Folgenden gleich genauer eingegangen wird. Allerdings müssen die Daten zunächst auch für Deep Learning in die richtige Form gebracht werden.

Für Deep Learning müssen die Daten zunächst technisch aufbereitet und in die richtige Form gebracht werden. Zum Beispiel müssen metrische Daten für ein neuronales Netz normalisiert oder standardisiert werden (also auf einen Wertebereich zwischen beispiels-weise „0" und „1" gebracht werden oder auf einen Mittelwert von „0" und eine Varianz von „1"). Das ist nicht immer erforderlich, kann aber die Lerngeschwindigkeit des Netzes erhöhen. Außerdem müssen die Daten insgesamt in die richtige Struktur gebracht werden, also in Vektoren mit den richtigen Dimensionen, sodass sie vom Netz je nach dessen

Größe und in Abhängigkeit vom Trainingsprozess richtig verarbeitet werden können. Dieser Schritt ist häufig bei Bild und Sequenzverarbeitungen besonders aufwändig. Außerdem müssen bei der Textverarbeitung oder bei nominalen Daten mit mehreren Klassen die Daten Dummy-codiert werden, also die Wörter oder Buchstaben bzw. Ausprägungen von Klassen effizient in Vektoren mit binären Markierungen für das jeweilige Wort, den Buchstaben oder für die Klasse umgewandelt werden. Da die Dimensionen solcher Vektoren häufig recht groß werden können, spielen auch Verfahren eine Rolle, die die Vektoren wieder im Ausmaß komprimieren, indem die Daten auf weniger Dimensionen verdichtet werden (beispielsweise durch Embeddings). Doch bedeutender für den Erfolg ist die inhaltliche Verbesserung der Daten für neuronale Netze, was im folgenden Absatz näher betrachtet wird.

Wie lassen sich Daten raffiniert für Deep Learning erweitern? Wenn beispielsweise ein Bildklassifizierer entwickelt wird und dieser runde Gegenstände erkennen soll, dann kann es ein hilfreicher Handgriff sein, die Eingangsbilder zufällig zu rotieren, um die Gegenstände aus jeder Lage heraus erkennen zu können. Oder wenn gut ausgeleuchtete Studiofotos für das Training verwendet werden, die Anwendung später auf Mobiltelefonen auch bei schlechten Lichtverhältnissen eingesetzt werden soll, wird es relevant, die Bilder vor der Verwendung teilweise abzudunkeln und die Auflösung und Qualität entsprechend zu verringern. In ähnlicher Form muss bei der Data Augmentation über vielfältige Datenaufbereitungs- und Erweiterungsmöglichkeiten nachgedacht werden. Allerdings ist wichtig zu beachten, dass die zusätzlich erzeugten synthetischen Daten am Ende authentisch genug sind, so dass das Modell sie am Ende nicht systematisch erkennt, weil sie zu wenig Varianz haben oder an anderen Kriterien eindeutig erkennbar sind:

- Bilder erweitern: drehen, verzerren, verschieben, Vignetten auflegen, Unschärfe hinzufügen, Rauschen hinzufügen, Farbprofile anpassen, andere Bilder/Objekte hineinlegen, verdecken, abschneiden usw.
- Audio erweitern: Lautstärke anpassen, verzerren, Frequenzbänder anpassen, Rauschen hinzumischen, Störgeräusche oder Hintergrundgeräusche hinzufügen, Audio überlagern, Audiostücke verdecken oder ausfallen lassen usw.
- andere unstrukturierte Objekte: etwas hinzufügen, Daten transformieren, etwas herauslöschen usw.

Außerdem ist im Bereich des Deep Learnings auch die Nutzung von Vorwissen aus anderen Datensätzen in Form von Transfer-Learning möglich, wodurch sich die Datenbasis erweitern lässt, ohne die zusätzlichen Daten selbst besitzen zu müssen. Das ist einer der großen Vorzüge, von der eine AI Company profitiert und so mit den eigenen Daten mehr bewirken kann als andere Unternehmen, da allgemeines Vorwissen in die Lösungen mit einfließt und damit die Nutzbarkeit der eigenen Daten vergrößert wird.

Analog zur Anreicherung von Daten beim Feature Engineering durch weitere Informationen aus der Fachlichkeit können für das Transfer-Learning vortrainierte Netze eingesetzt werden. Dadurch wird auf das Basiswissen des Netzes aus Millionen von Trainingsfällen aufgesetzt, ohne dass die dafür notwendigen Daten selbst vorhanden sein müssen. So kann Vorwissen aus anderen Trainingsdaten in die eigene Anwendung einfließen. Anschließend kann das Modell für den spezifischen Anwendungsfall mit den eigenen Daten weitertrainiert werden und sich genau auf den jeweiligen Anwendungsfall anpassen, erreicht aber meistens ein Vielfaches der Qualität. Außerdem können dadurch Trainingszeiten verkürzt werden, und es werden wesentlich weniger Daten benötigt. So können für Unternehmen mit geringen Datenmengen Ergebnisse oder sogar vielfach bessere Ergebnisse erzielt werden, als es mit den eigenen Daten möglich gewesen wäre. Ein Beispiel hierfür ist ein Bildklassifizierer, der Möbel erkennen soll. Wird ein vortrainiertes neuronales Netz eingesetzt, dass bereits Tausende von Gegenständen erkennen kann und mit Millionen von Bildern trainiert wurde, besitzt dieses Netz bereits alle Informationen, um alle möglichen Strukturen in Bildern zu erkennen und zu abstrahieren. Ein solches Netz muss nur noch mit wenigen Bildern von anwendungsspezifischen Möbeln trainiert werden, um diese gut zu erkennen und von allen anderen Objekten unterscheiden zu können.

4.1.4 Modellieren

Beim Modellieren geht es darum, aus den aufbereiteten Daten mit der richtigen Methode und den richtigen Parametern ein möglichst gutes, aber auch stichhaltiges Ergebnis zu erzielen (Abb. 4.7). Das Modellieren ist aber nur einer von vielen Schritten, um ein gutes Ergebnis zu erhalten. Eine der grundsätzlichen Entscheidungen ist die Entscheidung, welche Methode verwendet werden soll. Meistens werden dazu verschiedene Methoden im Laufe des Modellierens erprobt, um die beste Lösung zu finden. Im Folgenden wird deshalb beschrieben, wie die richtige Methode gewählt werden kann, welche Methoden typischerweise Anwendung finden und wie anschließend beim Modellieren am besten konkret vorgegangen wird. Zur Einleitung soll jetzt jedoch zunächst an einem Beispiel gezeigt werden, worauf es im Kern ankommt.

Folgendes Szenario: Im Unternehmen ist ein Team beauftragt, ein automatisiertes Betrugserkennungssystem für das Geschäft zu entwickeln. Jetzt kann in verschiedene Rich-

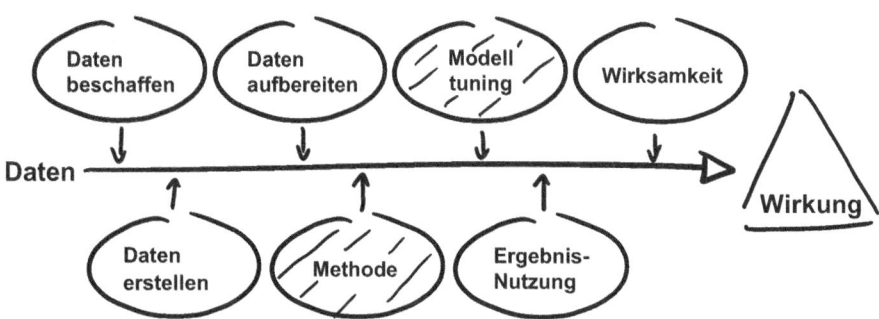

Abb. 4.7 Modellierungsvorgehen

tungen gedacht werden: a) es kann eine versierte Deep-Learning-Technologie eingesetzt werden, denn das verspricht herausragende Ergebnisse durch modernste Technologie, b) es kann ein klassisches logistisches Regressionsmodell genutzt werden, das etwas langweilig klingt und sich die Erwartungen daran nicht so berauschend anfühlen, oder c) es kann eine regelbasierte Lösung entwickelt werden, die sich etwas hemdsärmelig anfühlt. Eine solche Entscheidung ist schwer, denn selbst ein Experte mit Erfahrung im Umgang mit solchen Systemen weiß nicht immer (ohne sehr genau in die Details einzusteigen) wie sich das Business, die Daten und die Vorfälle für den konkreten Fall gestalten und welche Methode deshalb welche Ergebnisse erwarten lässt.

Oft wird deshalb ein möglichst avanciertes Modell gewählt, denn dann ist die Erwartung, dass das Ergebnis besonders gut werden wird. Auch ist das Verfahren dann eine interessantere Challenge für das Team, und später ergibt sich eine moderne Story. Deshalb werden häufig, ohne genau auf die Vor- und Nachteile zu blicken, die neuesten State-of-the-Art-Ansätze gewählt. Vielleicht benötigt es in diesem konkreten Fall aber gar kein Modell? Vielleicht müssen in diesem Fall nicht innerhalb der grundlegenden begrenzenden Faktoren – Daten und Einsatz der Lösung – die letzten 2–3 % Leistung mit viel Zeiteinsatz herausgeholt werden, sondern es reicht die 80 %-Lösung in kurzer Zeit? Aus diesen Gründen ist die richtige Methodenwahl ein außerordentlich wichtiger Schritt, auf den nun genauer eingegangen wird. Aber zuvor sollen noch zwei Rahmenbedingungen geschärft werden.

Erstens: Aus den genannten Gründen ist es oft besser, erst einmal an den Daten zu arbeiten, statt an der Methode. Denn wenn etwas nicht in den Daten ist, dann ist es einfach nicht in den Daten. Da hilft kein besseres Verfahren oder langes Optimieren, sondern die einzige Lösung ist, neue Daten zu finden oder zu erheben! Übrigens: Es ist oft ein guter Weg, fehlende Informationen direkt vom Nutzer zu erfragen oder manuell selbst einen Datensatz zu labeln, um weitere explizite Datenpunkte zu erhalten (Abschn. 4.1.2).

Zweitens: Es ist gut investierte Zeit, zu versuchen, das Richtige zu bewirken, den wahren Zusammenhang zu erkennen und die Dinge in der Realität nachzuvollziehen bzw. zu überprüfen. Oft schlagen gutes Abschätzen, qualitatives Wissen und sauber aufgestellte Hypothesen breit gefächertes mechanisches Anwenden von Methodik und Statistik. Die Methodik ist nur ein Werkzeugkoffer. Viel wichtiger ist es, das Richtige daraus zu machen. Im Business-Kontext ist deshalb manuelles, schrittweises Verbessern und anschließendes Überprüfen in der Realität einer der besten Wege zum Ziel. Denn damit werden die Ergebnisse gut auf die Anwendbarkeit abgestimmt und Thesen auf einen echten Effekt beim späteren Einsatz geprüft. Auf dieses Vorgehen wird in den folgenden Unterkapiteln genauer eingegangen.

Wahl der richtigen Methode

Wie sich in Abb. 4.8 erkennen lässt, sollte immer versucht werden, eine möglichst geringe, aber dem Fall angemessene Lösungskomplexität zu finden. Das heißt, für wenige und klar beschreibbare Entscheidungen sollten eher Heuristiken genutzt, während für mittelviele und stärker verflochtene Entscheidungen eher klassische Modelle genutzt und nur für

Abb. 4.8 Angemessene
Modell-Komplexität

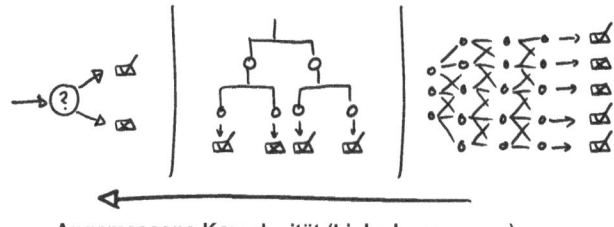

Angemessene Komplexität (Links bevorzugen)

hochkomplexe und sehr viele Entscheidungen Deep-Learning-Methoden eingesetzt werden sollten. Doch oft ist es der beste Weg, bezüglich der Modellwahl ebenfalls iterativ vorzugehen, mit der kleinstmöglichen Lösung zu starten und diese erst bei Erfolg durch komplexere Algorithmen auszubauen (siehe dazu auch Abschn. 2.2.2).

Das wird nicht gern gehört: Doch Teams sollten sich nicht vom Deep-Learning-Hype blenden lassen. Es gibt ebenso viele andere schlaue Methoden und Wege, wie Regeln (überraschend oft überraschend gut), Decision Trees, logistische Regressionen, elastische Regressionen, bayesianische Methoden usw., die in vielen Fällen wesentlich einfacher und schneller Ergebnisse liefern. Deshalb sollte immer versucht werden, möglichst das einfachste Modell zu nutzen, welches ausreichend gute Ergebnisse liefert [3]. Das soll nicht heißen, dass neuronale Netze nicht häufig besser funktionieren. Ganz im Gegenteil. Es gibt viele Anwendungsfälle, bei denen nur Deep-Learning-Modelle gute Resultate liefern werden. Aber es kommt immer auf den konkreten Fall an, welche Methode angemessen ist. Neuronale Netze haben im Vergleich zu anderen Methoden hohe Initial- und Betriebsaufwände, Datenbedarfe und hohe Komplexität. Das muss in der Kosten-Nutzen-Abwägung berücksichtigt werden.

Was bedeutet das für oben eingeführtes Beispiel zur Betrugsfallerkennung? Hier wäre ein gutes Vorgehen, sich zuerst die Betrugsfall-Beschaffenheit anzusehen. Gibt es klar herausstechende quantitative Anzeichen (beispielsweise ein Nutzer sendet sehr viele Nachrichten in kurzer Zeit, es sind immer die gleichen Nutzer)? Oder gibt es ganz unterschiedliche Merkmale aus einer Vielzahl von Kennzahlen? Müssen sogar Bilder und Texte, über das alleinige Auszählen von Schlüsselwörtern hinausgehend, im Detail analysiert werden (denn nur diese enthalten Anzeichen für Betrug)? Im ersten Fall wird eine Heuristik mit Schwellwerten für gewisse Kennzahlen die schnellsten Ergebnisse liefern. Im zweiten Fall sollten sie klassische Methoden (logistische Regressionen, Decision Trees, Random-Forest o. Ä.) nutzen. Im dritten Fall sind Deep-Learning-Verfahren angebracht, denn nur sie können Bilder, Texte und Zusammenhänge gut abbilden.

Aber auch die zur Verfügung stehende Datenmenge und die Beschaffenheit der Fälle kann als Entscheidungsregel herangezogen werden. Stehen sehr viele Daten zur Verfügung, sind die Fälle sehr unterschiedlich gestaltet und von vielen unterschiedlichen Kriterien abhängig, wird eine Methode benötigt, die weiterhin aus sehr großen Datenmengen lernen kann und diese sehr gut für jeden unterschiedlichen Fall anpasst. In diesem Fall sind ebenfalls Deep-Learning-Verfahren besser geeignet. Sind jedoch die Fälle nicht so unterschiedlich gelagert, eher repetitiv, eignen sich eher Verfahren, die sich nicht so stark den Daten anpassen, was für einfache Regeln oder klassische Methoden sprechen würde.

Übersicht typischer Methoden
Alle möglichen Verfahren aufzuführen ist eine Mammutaufgabe, denn über die Jahre hinweg wurden hunderte Algorithmen entwickelt und in gut nutzbaren Paketen zur Verfügung gestellt. Im Folgenden soll dennoch ein kleiner Überblick über einige Methoden gegeben werden, sodass ein Einstieg in weitere Fachliteratur möglich ist. Das Bild ist jedoch alles andere als vollständig. Vielmehr werden Methoden gelistet, die typischerweise häufig in Projekten anzutreffen sind, bei denen aber mit Sicherheit noch einige weitere fehlen.

Da sich die Verfahren je nach Anwendungsfall unterschiedlich gut eignen, wird die Aufstellung nach Anwendungsfällen unterteilt und anschließend die Verfahren in aufsteigender Reihenfolge hinsichtlich der Aufwände von einfach zu komplex eingeordnet. In der Anwendung sind selbstverständlich die genauen Anforderungen und Voraussetzungen der Methoden an die Beschaffenheit der Daten zu beachten (Tab. 4.1). Nicht jede Methode kann mit allen Arten von Daten und Verteilungen umgehen (Für die diversen Methoden [4, 6, 8–11]).

Modellieren
Unter „Modellieren" versteht sich das iterative Anpassen und Einsetzen von Daten in ein statistisches Verfahren sowie das Abstimmen der Parameter, um Ergebnisse zu erhalten, die dann auf die Ergebnisqualität hin überprüft werden. Nach der Überprüfung der Ergebnisse werden in der Regel weitere Anpassungen an den Daten und Parametern vorgenommen, um das Ergebnis weiter zu verbessern. Dieser Prozess wird so lange durchgeführt, bis das Ergebnis gut genug ist. Welches sind konkret die wichtigsten Grundprinzipien, die bei der Modellierung angewendet werden sollten? Genauer: Wie sollte modelliert werden, um zügig gute Ergebnisse zu erzielen und nicht „mit der Feile in der Hand" zu sterben?:

1. Ein gutes businessgetriebenes mentales Modell über Daten, Zusammenhänge und Wirkungen (Hypothesen) ist die Voraussetzung für ein erfolgreiches Ergebnis (Abschn. 4.1.1).
2. Nachdem ein klares Bild auf den Business Case existiert, zählt „einfach mal machen". Also auf direktem und möglichst schlankem Weg das Problem von Anfang bis Ende auf rudimentäre Art und Weise zu lösen, ohne zu vergessen, was statistisch oder methodisch möglich und „erlaubt" ist und was zu Problemen führt.
3. Für die erste Version des Modells: Das Verfahren sollte so einfach wie möglich sein, außer der Case erfordert bereits mehr:
   a. Eine eigene Regel (Heuristik) ist manchmal besser als ein umfangreiches Modell (Tab. 4.1).
   b. Das erste Ergebnis darf auch mal eine stark vereinfachte Formel oder Simulation in Excel sein [12], denn diesem schenken Stakeholder häufig viel Vertrauen, da sie es

Tab. 4.1 Übersicht typischer Methoden nach Anwendungsfall

Anwendungsfall	Einfach	Mittel	Komplex
Wirkungsfaktoren verstehen	Statistische Tests	Regression Decision Tree Conjoint-Analyse	---
Verdichtung	Eigene Heuristiken	Principal Component Analysis Latent Dirichlet Allocation	Autoencoder/ Embeddings
Gruppierung	Eigene Heuristiken	k-Means DBSCAN Hierarchical Clustering	
Prognose/Regression	Eigene Heuristiken Regression	Random Forest Elastische Regression XGBoost Support Vector Machine Bayesian Models Generalized Additive Models	Deep Learning (MLP, RNN)
Klassifikation	Eigene Heuristiken Logistische Regression Decision Tree Naive Bayes	Random Forest Elastische Regression XGBoost Support Vector Machine Generalized Additive Models	Deep Learning (MLP, RNN, CNN)
Bildverarbeitung	Filter Eigene Heuristiken		Deep Learning (CNN)
Textverarbeitung	Eigene Heuristiken Logistische Regression Naive Bayes	Elastische Regression Support Vector Machine	Deep Learning (RNN, CNN, Transformer)
Audioverarbeitung/ Signalverarbeitung/ Sequenzverarbeitung	Filter Eigene Heuristiken		Deep Learning (MLP, RNN, Transformer)
Generieren von künstlichen Objekten	Filter Eigene Heuristiken		Deep Learning (GAN)

   einfach nachvollziehen können. Es ist wichtig, sich dafür nicht zu stolz zu sein, denn so können schnell und einfach Beispiele geschaffen und effektiv kommuniziert werden (auch wenn das anderen Daten-Experten besser nicht erzählt wird).

c. Einfache klassische Methoden dürfen nicht vergessen werden: Diese sollten immer, falls möglich, das erste Referenz-Modell sein. Einfache klassische Modell können beispielsweise (logistische) Regressionen oder Decision Trees sein (Tab. 4.1) [1].

d. Erst nachdem einfache Methoden getestet wurden, sollten versiertere Methoden eingesetzt werden (beispielsweise elastische Regression, Bayesianische Modelle, XGBoost, Random Forest, Generalized Additive Models oder Support Vector Machines) (Tab. 4.1).

e. Erst wenn der Proof of Concept durch ein einfacheres Modell erbracht ist, oder wenn der Case es erfordert (wie beispielsweise bei Bildern, Audio, jeglichen Sequenzen, großen Entscheidungsbäumen, für Generatoren oder bei kontextbezogenem Text Mining), sollte Deep Learning eingesetzt werden (Convolutional-Neural-Networks, Recurrent-Neural-Networks, Transformer, oder Generative-Adversarial-Networks) (Tab. 4.1).

4. Beim Modellieren hat es sich oft als Erfolgsmuster gezeigt, unklare oder nicht saubere Faktoren, Datenpunkte oder Zusammenhänge besser einfach wegzulassen als etwas halbherzig zusammenzuschustern. Das, was umgesetzt wird, sollte 100 %ig scharf gelöst werden. Also besser einmal eine zweifelhafte Variable oder einen fraglichen Datensatz weglassen oder einen Grenzfall nicht lösen und dafür ein verlässliches Modell erhalten.

5. Die gesamten Bemühungen müssen auf die finale Wirkung ausgerichtet werden – d. h. das Modell muss im Ergebnis, in der Anwendung oder in dem Potenzial, welches es eröffnet, ausreichend gut sein, sodass sich die Kosten eines Prototyps lohnen. Ansonsten ist es besser, der Wahrheit ins Auge zu sehen und früh genug abzubrechen. Konkret: Wenn bei den ersten einfachen Versuchen keine richtige Wirkung absehbar ist, wird aus dem Case fast immer, selbst durch wochenlanges Parameter-Tuning und Methoden-Wechseln und -Optimieren, nicht viel mehr rauszuholen sein. In Projekten zeigt sich dann nach viel zusätzlich investierter Zeit meistens nur eine marginale Verbesserung. Fast immer ist es besser, sich früh dem nächsten Projekt zuzuwenden und den Business Case abzuschreiben oder bessere Daten zu beschaffen.

6. Ein weiteres wichtigstes Learning ist, sich die Daten zwar akribisch im Detail anzusehen, aber gleichzeitig mit der Modellierung schnell loszulegen, um zu Ergebnissen zu gelangen. Denn meistens zählt die Technologie, die Methode oder der Weg zum Ergebnis kaum, sondern dass der Anwendungsfall schnell gelöst ist und das Modell weiterverwendet wird oder zumindest Feedback und Learnings dazu entstehen. Übertrieben gesagt: Es ist also egal, ob etwas in Python, R oder Julia umgesetzt wird, oder ob die Daten aus einem MySQL, BigQuery oder Snowflake Data Warehouse stammen. Hauptsache es entsteht ein Nutzen oder eine Erfahrung im Unternehmen zum Business Case, durch die aus dem Modell entstehenden Ergebnisse wirken oder verbessert werden können. Mit diesem Mindset muss an dem Case gearbeitet und versucht werden, das sachliche Problem an sich zu lösen.

7. Deshalb ist es wichtig, sich auf dem Weg des Modellierens nicht von unwichtigen Details ablenken zu lassen und sich nicht in methodischer und struktureller Schönheit zu verlieren. Es ist besonders wichtig, zügig, iterativ (Abschn. 3.5.4), am besten mit festgelegtem Zeitfenster vorzugehen (Abschn. 3.5.5), schnell den Durchstich von den Daten zur Anwendung zu schaffen und mit vielen Experimenten das Ergebnis häufig auf den Prüfstand der Wirkung zu stellen. Denn zu viel Optimierung bringt beim Modellieren in den meisten Phasen nicht weiter, und schadet ggf. sogar der Übertragbarkeit auf die Realität. Besser ist es, zu versuchen, genügend gute Ergebnisse zu erhalten und mit diesen loszulaufen, um wertvolles echtes Feedback für eine Verbesserung zu ermöglichen.

Mit dem Anwenden dieser Prinzipien hat sich in Projekten gezeigt, dass sehr viele Anwendungsfälle auf einen vermuteten Hebel durch Datenlösungen hin überprüft werden konnten und dadurch zügig einige erfolgreiche Modelle umgesetzt wurden. Denn häufig sind nur 50–60 % der Versuche von Datenmodellen erfolgreich. Diese müssen schnell und mit möglichst geringem Aufwand aufgespürt werden. Denn am Ende zählen in der Bilanz nur grundsätzlich funktionierende Projekte, die dann anschließend immer noch ausgebaut und verbessert werden können.

Umgang mit Klassenungleichgewichten und großen Datensätzen

Eines der weiteren Herausforderungen beim Modellieren sind ungleich verteilte Klassen für Aufgabenstellungen, bei denen Klassen vorhergesagt werden sollen. So kann es beispielsweise sein, dass ein Ergebnis bei einer Klasse sehr häufig in den Daten vorkommt, ein anderes jedoch nur sehr selten (beispielsweise Nicht-Kauf häufig, Kauf selten). Das führt zu verschiedenen Problemen. Beispielsweise können einige Methoden nicht gut mit stark unterschiedlich verteilten Klassen umgehen, liefern keine gute Ergebnisqualität ab oder konvergieren nur langsam. Außerdem ist später unklar, ab welchem Schwellwert ein Klassifikator das eine oder andere Ergebnis ausgibt. Darüber hinaus werden Tausende von unwichtigen und sehr häufigen Fällen ohne zusätzlichen Informationsgewinn mittrainiert, durch welche sich die Laufzeit und Anforderungen an Datenaufbereitung massiv aufblähen.

Doch es gibt vier einfache Methoden, um mit einem Klassenungleichgewicht umzugehen [6]:

* **Downsampling**: Aus der häufigeren Klasse im Datensatz werden zufällig nur einzelne Fälle gezogen, sodass anschließend die Anzahl der häufigen und seltenen Klasse gleich groß sind. Dabei gehen Fälle aus der häufigen Klasse verloren. Das ist empfohlen, wenn in den häufigen Klassen nur ein geringer Informationsgewinn liegt. Diese Methode senkt die erforderliche Trainingszeit.
* **Upsampling**: Durch zufälliges mehrfaches Ziehen der seltenen Klasse werden die seltenen Fälle multipliziert, sodass die Anzahl der häufigen und seltenen Klasse angeglichen werden. Diese Methode empfiehlt sich, wenn in den Fällen der häufigen Klasse noch viele zusätzliche Informationen enthalten sind. Durch die Vergrößerung des Datensatzes steigt die Trainingszeit.
* **Gewichtung**: Die selten/häufigen Fällen werden mit entsprechenden Gewichten versehen, sodass die beiden Klassen durch die Gewichtung in der Bedeutung für das Modell gleichgestellt werden (seltene Fälle bekommen viel Gewicht, häufige Fälle wenig). Dadurch bleiben der Datensatz und die Trainingszeit gleich groß, aber die Algorithmen können die Fälle mit dem entsprechenden Gewicht für ein ausgeglichenes Ergebnis verwenden. Das ist eine sehr einfache und wirksame Methode ein Ungleichgewicht auszugleichen. Allerdings bieten nicht alle Methoden die Möglichkeit, mit Gewichten zu trainieren.

- **Smote:** Durch geschicktes zufälliges Ziehen aus der seltenen Klasse und durch anschließendes lineares Interpolieren zwischen den Fällen der seltenen Klasse werden neue Fälle erzeugt, die im Datenraum der seltenen Klasse liegen, aber nicht unbedingt bereits in den Daten vorkommen. So werden die häufigen und seltenen Klassen in der Anzahl aneinander angeglichen, ohne dass ein Overfitting auf die exakten Ausprägungen der seltenen Klasse auftritt, da sich die neuen Fälle von den originären Fällen leicht unterscheiden. Dies ist eine der versierteren Methoden.

Im Prinzip können (und müssen) die Eingangsdaten auch insgesamt ggf. nur teilweise gezogen werden, sodass nur jeder x-te Fall zum Training verwendet wird. Das bietet sich an, um die Laufzeit beim Training zu reduzieren, um für Prototypen schnell zu sein oder wenn die Datenmengen besonders groß sind. Häufig liegen auch einfach zu viele Datensätze vor, bei denen angenommen werden kann, dass sich viele gleichen (beispielsweise bei millionenfachen Klickstream-Daten von Webseitenbesuchern, unter denen sich sehr ähnliche Klickpfade vermuten lassen). In diesem Fall ist es generell ausreichend, nur mit einem geringen Teil der Daten ein Modell zu trainieren.

4.1.5   Zusammenfassung

In diesem Unterkapitel wurde vermittelt, wie durch fachliches Eindenken und wohlüberlegte Thesen der Rahmen für einen Erfolg mit Datenmodellen gesteckt wird. Weiter wurde gezeigt, wie anschließend durch einen Fokus auf die Beschaffung von bestmöglichen Daten eine Basis für wirksame Modelle gelegt wird. Zunächst wurde der Unterschied zwischen korrelativen und kausalen Daten verdeutlicht und anschließend dargestellt, wie wichtig es ist, die besten Daten zu erhalten, neue Daten zu erheben oder Daten selbst zu veredeln oder zu generieren. Des Weiteren wurde darauf eingegangen, wie durch die richtigen Handgriffe die Daten überprüft und aufbereitet werden können, um alles aus den Daten herauszuholen. Im letzten Schritt wurde gezeigt, wie durch die Wahl der einfachsten Methode möglichst schnell ein Durchstich zum Ergebnis mit der geringsten möglichen Komplexität erzielt werden sollte, sodass ein Modell von Ende-zu-Ende überprüft und schnell Feedback über die gesamte Strecke bis hin zur Wirkung eingeholt werden kann.

Herausforderungen für Unternehmen

Bei kleineren Unternehmen muss beachtet werden, dass für den Fall, wenn keine fertig gelabelten Datensätze auf Abruf bereitstehen, wegen hoher Kosten oder dünner Personaldecken für Prozesse kaum Daten mit viel Ressourcen selbst erstellt werden können. Deshalb müssen Daten über kreative Wege beschafft und erzeugt werden. Beispielsweise müssen aus den Lösungen am Markt und der Anwendung selbst Daten generiert werden, durch Crowdsourcing Nutzer aktiviert werden, durch Partnerschaften Daten gewonnen werden oder Lösungen gezielt am Markt platziert werden, um damit einen Datenvorsprung aufzubauen. Da kleinere Unternehmen häufig noch gut überblickt werden können, fällt es leichter, den Businesskontext zu greifen und Informationen sowie Daten zu bekommen. Deshalb kann schneller ans Modellieren gegangen werden, und es muss nicht so viel Zeit in den prozessualen Rahmen investiert werden.

In großen Unternehmen gibt es häufig viele verteilte Datenschätze, es ist aber sehr schwer an diese zu gelangen oder überhaupt zu wissen, dass sie existieren. Deshalb muss viel Zeit eingeplant werden, um Daten zu beschaffen, und es muss organisatorisch der Weg dafür bereitet werden. Außerdem ist es oft schwer, Kontextinformationen zu den Daten zu erhalten, denn diese werden oft im Fachbereich geschützt. Es ist also besonders wichtig, sich beim Modell entwickeln intensiv mit vielen anderen Abteilungen zu verbinden, partnerschaftlich zu kommunizieren und in diesen Umgebungen besonders stark zu versuchen, genügend Informationen über den Kontext zu erhalten, um anschließend funktionale Modelle abliefern zu können.

In NPOs/Regierungsunternehmen liegen oft nur wenige Daten strukturiert vor, sodass diese direkt für Modelle genutzt werden können. Außerdem spielen rechtliche Rahmenbedingungen eine große Rolle, und der Zugang zu Daten und die anschließende Nutzung werden nur nach der Überwindung von Hürden möglich sein. Auch werden verschiedene Interessengruppen auf den Modellierungsprozess wirken und die Objektivität der Ergebnisse eine große Rolle spielen. Von großer Bedeutung wird sein, von Anfang an die wesentlichen Rahmenbedingungen gut zu kennen und durch aktive Maßnahmen den Zugang zu Daten und Informationen herzustellen [13]. Beim Modellieren wird es außerdem wichtig sein, objektiv und transparent zu arbeiten, sodass später keine Fragen, wie Ergebnisse entstanden sind oder wie sie sich verhalten, offenbleiben. Da Daten oft nicht vorliegen oder nutzbar sind, wird häufig auf sekundäre Indikatoren oder externe Datenquellen ausgewichen werden müssen (Tab. 4.2).

Checkliste

▶ Das wichtigste Erfolgsgeheimnis beim Modellieren ist es, die Komplexität der Methoden und der Daten soweit wie möglich zu vereinfachen, die einfachste Lösung anzustreben und das Verhalten intuitiv für sich selbst greifbar zu machen. Dafür ist es wichtig, Mechanismen so gut wie möglich anfassbar zu machen, beispielsweise mit kleinen Simulationen durchzuspielen. Oder sich einzelne Datensätze genau anzusehen, Konstellationen durchzuspielen, Ergebnisse anzusehen und ein solides Gefühl für die Aufgabe und das Modell zu entwickeln. Ein Erfolg ist ohne Eindenken und Nachdenken unwahrscheinlich. Ein weiterer Schlüssel ist es, Methoden und Daten nur als Werkzeug zu betrachten, während die Sachlage möglichst auf kurzem Weg gelöst wird.

Tab. 4.2 Checkliste „Erfolgreich Modelle entwickeln"

Maßnahme	Understand	Initiate	Grow	Lead
Vor und während des Modellierens den Business Kontext vollständig durchdringen (durch Interviews, Umfragen, Workshops, Research, Überlegungen).	X	X	X	X
Zum Projektstart alle wichtigen Kontextinformationen für das Team zur Verfügung stellen (Steckbrief, Mindmap, …).	(X)	X	X	X
Klare Hypothesen und Annahmen aufstellen und durch scharfsinniges Denken und interdisziplinären Austausch weiterentwickeln.	X	X	X	X
Zügig einen Überblick verschaffen, welche Art von Daten und welche Daten genau vorliegen.	X	X	X	X
Möglichst früh anstoßen (wegen des Vorlaufes), dass fehlende Daten erfasst, gespeichert und aufbereitet werden.	(X)	X	X	X
Früh versuchen, sekundäre und weitere (externe) Datenquellen aufzutun oder Daten aus Umsystemen zu nutzen.				
Falls notwendig, eigene Daten erstellen, verbessern, veredeln, erfassen oder synthetisch generieren.	(X)	X	X	X
Die Daten hinsichtlich von Fehlern, Ausprägungen, Wertebereichen, Basisraten und Verteilungen akribisch prüfen.	X	X	X	X
Die Daten im Hinblick auf Zusammenhänge vorab prüfen, um einen ersten Blick auf mögliche Features zu erhalten.	X	X	X	X
In einzelne Fälle stichprobenartig einsteigen und diese genau nachvollziehen, um Ansätze für das Modell und Feature Engineering zu gewinnen.	X	X	X	X
Anschließend die Daten sorgfältig aufräumen, reinigen, benennen, filtern und aufbereiten.	X	X	X	X
Durch Feature Engineering die Daten für klassische Methoden aufbereiten.	X	X	X	X
Die Daten für Deep-Learning-Methoden richtig vorbereiten und zusätzlich erweitern (Data Augmentation).	(X)	(X)	X	X
Wenn möglich, für Deep-Learning-Verfahren Transfer-Learning einsetzen, um von dem Wissen aus großen Datensätzen zu profitieren.	(X)	(X)	X	X
Beim Modellieren am Anfang immer die Methode mit der geringstmöglichen Komplexität auswählen.	X	X	(X)	---
Möglichst schnell einen direkten Durchstich von Daten zu Ergebnissen mit einem Modell anstreben und dafür sehr schlank arbeiten.	X	X	X	X
Falls ein Modell nicht erfolgreich ist, zuerst versuchen, die Daten zu verbessern. Falls weitere Versuche nicht erfolgreich sind, früh genug abbrechen.	X	X	X	(X)

(Fortsetzung)

Tab. 4.2 (Fortsetzung)

Maßnahme	Understand	Initiate	Grow	Lead
Ein Modell erst später optimieren, wenn der Case bewiesen ist und genügend Wert aus der weiteren Optimierung geschöpft werden kann.	---	---	(X)	X
Nicht zu viel Erwartungen und Zeit in langwierige Modelloptimierung, Tuning oder Methodenwahl stecken. Diese führen meistens nur zu marginalen Verbesserungen.	X	X	(X)	---

4.2 Ergebnisse bewerten

Häufig entsteht folgende Situation: Nach Tagen des Trainings und Optimieren eines Modelles zeigt sich im Trainingsergebnis, dass das Modell nun unglaublich gute Ergebnisse erzielt und es am besten direkt in die Pilotphase gehen sollte (manchmal wird auch genau das Gegenteil passieren – es zeigt sich, dass das Modell gar nichts hergibt). Doch in beiden Fällen darf nicht der Fehler gemacht werden, mit einem solchen Ergebnis sofort großspurig loszulaufen, ohne sich die Ergebnisse genauer anzusehen. Denn sonst passiert es schnell, dass einige Tage später oder beim zweiten Blick bzw. nach den ersten weiteren Tests, das ganze Vertrauen zusammenbricht, wenn klar wird, dass etwas übersehen wurde. Gerade im Bereich von Börsenkurs-Vorhersagen werden immer wieder herausragende Modell-Ergebnisse präsentiert, deren Performance dann bei realen Tests mit ungesehenen zukünftigen Datensets komplett zusammengebricht. Es ist von hoher Bedeutung, sich nicht nur blind auf verschiede statistische Maße zu verlassen und daraus zu schließen, ob etwas gut oder schlecht ist. Denn meistens sind die Lösungen hoch komplex, und deshalb ist es wichtig, nicht überoptimistisch oder -pessimistisch zu sein, sondern mit Verstand auf die Ergebnislage zu blicken. Manchmal stecken hinter sehr erfolgreichen Modellen leakende Daten, die das Ergebnis bereits verraten oder Überoptimierung oder Tests, die nur gegen bereits gelernte Situationen durchgeführt wurden, und die real möglichen Vorkommnisse unterscheiden sich. Auf der anderen Seite stecken hinter nicht erfolgreichen Modellen oft wichtige Erkenntnisse, gute Ansatzpunkte für eine weitere Verbesserung oder versteckte Teilergebnisse, die zum Erfolg führen können.

In diesem Unterkapitel wird deshalb gezeigt, wie Ergebnisse eines Modells validiert werden können, wie sich Ergebnisse genau ansehen lassen, um wertvolle Erkenntnisse zu gewinnen, die das Unternehmen vorwärtsbringen. Außerdem, wie damit das Modell optimiert, wie aus den Erkenntnissen maximal gelernt werden kann und warum das oft wichtiger ist, als das Ergebnis selbst.

4.2.1   Validieren

Im vorherigen Unterkapitel wurde beleuchtet, wie zu einem guten Modell gelangt werden kann. Doch um zu überprüfen, wie gut ein Modell ist, um es anschließend verbessern oder verwenden zu können, muss das Modell fortlaufend mit Hilfe von Gütemaßen überprüft werden. Damit entsteht häufig die folgende Zwickmühle: Entweder passt das Modell so gut zu den momentan vorliegenden Daten, so dass es in der Realität bei einer bisher ungesehenen Situation schlecht auf diese abstrahieren kann; oder es passt eher schlecht zu den aktuellen Daten, lässt sich dafür aber mit ähnlich guter Qualität auf bisher ungesehene Daten anwenden. Diese Abwägung nennt sich „Bias-Variance-Tradeoff" [1].

Gebräuchliche Modelle geben in der Anwendung immer eine Antwort auf Eingangsdaten. Egal in welchen Extremen die Eingangsdaten liegen oder auch niemals beobachtet wurden – das Modell liefert eine Antwort. Und in diesen Fällen ist es schwierig, im Ergebnis zu erkennen, ob dem Ergebnis Glauben geschenkt werden sollte oder nicht. Denn meistens werden keine Konfidenzintervalle oder Wahrscheinlichkeitsverteilungen mit den Ergebnissen erzeugt. Das Ergebnis kann also unter Umständen vollständig falsch sein, auch wenn die Gütemaße an Testdaten in Ordnung ausgesehen haben, sich aber später die Verteilung der Daten in der Realität von den Testdaten unterscheiden. Aus diesen Gründen ist es wichtig, das Ergebnis eines Modells zunächst mit realistischen Testdaten zu validieren, um zu verstehen, wie sich die Ergebnisqualität wirklich bewerten lassen.

Im Folgenden wird deshalb gezeigt, mit welcher Methode Modelle überprüft werden können, um festzustellen, wie gut sie in der Wirklichkeit performen, wie sie auf ungesehene Daten reagieren und wie damit der Bias-Variance-Tradeoff im Modell richtig eingestellt werden kann. Außerdem wird gezeigt, wie Gütemaße adäquat gewählt werden können, um die Qualität des Modells konsistent zu optimieren, und wie – je nach Performance – das Modell anschließend verbessert werden kann.

Überprüfung an ungesehenen Datensets

Im ersten Schritt ist es wichtig, dass ein Modell, während es entwickelt wird, nur auf einem Teil der Daten trainiert wird. So bleibt ein Teil der Daten übrig, um anschließend auf einem unabhängigen Datensatz die Ergebnisse zu überprüfen [4]. Nur so kann ein objektives Bild gewonnen werden, wie gut die Vorhersagen auf unbekannten Daten wahrlich sind. Am besten werden die Daten dazu zufällig in Teilgruppen aufgeteilt, mit der Anforderung, dass die Teilgruppen unabhängig voneinander sind und jeweils möglichst repräsentativ für die spätere Anwendung des Modells [6]. Wie viele und welche solcher Teilgruppen für die Entwicklung eines Modells notwendig sind, unterscheidet sich zwischen klassischen Methoden (abhängig von der Datenmenge) und Deep Learning. Im Prinzip ergibt es über alle Verfahren hinweg Sinn, drei große Schnitte vorzunehmen: ein Trainingsdatensatz (aus dem das Modell lernt), ein Testdatensatz (über welchen das Modell und dessen Güte fortlaufend überprüft werden) und ein Validierungsdatensatz (der erst ganz am Ende eingesetzt wird, um eine finale Einschätzung der Ergebnisse zu bekommen).

Bei klassischen Methoden (mit nicht zu großen Datenmengen) dauert das Trainieren des Modells oft kurz genug, sodass die Daten mehrfach zufällig aufgeteilt werden können (Abb. 4.9). Damit kann das Modell von allen vorhandenen Datensätzen profitieren, ohne dass es zu sehr auf die einzelnen Fälle angepasst wird. Das heißt, in diesem Fall werden Trainings- und Testdatensätze mehrfach nacheinander zufällig ausgewählt und anschließend die Ergebnisse über alle Schnitte gemittelt (Die Methode nennt sich Cross-Fold-Validation; [6]. In diesem Fall lohnt es sich dennoch (wenn genügend Daten vorhanden sind), einen eigenen Validierungsdatensatz „wegzulegen", denn im Verlauf des mehrfachen Anpassens, Versuchens und unterschiedlichen Modellierens besteht sonst dennoch die Gefahr, zu sehr auf die gerade vorliegenden Daten einzugehen und kein allgemeingültiges Modell zu erhalten.

Da neuronale Netze rechenintensiver sind und oft wesentlich mehr Daten konsumieren, würde es zu lange dauern, mehrfach das Training mit unterschiedlichen Schnitten der Daten zu durchlaufen. Deshalb wird hier in der Regel der Datensatz einmalig in einen Trainings-, Test- und Validierungsdatensatz aufgeteilt. Anschließend wird kontinuierlich aus dem Trainingsdatensatz gelernt und der Fortschritt am Testdatensatz überprüft. Auch hier empfiehlt es sich, das finale Modell an einem ungesehenen Validierungsdatensatz zu überprüfen. Denn durch das längere Arbeiten mit den Daten und die große Anpassungsfähigkeit von Deep Learning, wird sonst unter Umständen trotz Testdaten zu sehr auf die vorliegen Daten optimiert (Abb. 4.9).

Zusätzlich zur Aufteilung der Daten in verschiedene Datensets gibt es ein paar weitere wesentliche Punkte beim Validieren zu beachten, um nicht auf typische Fallstricke hereinzufallen:

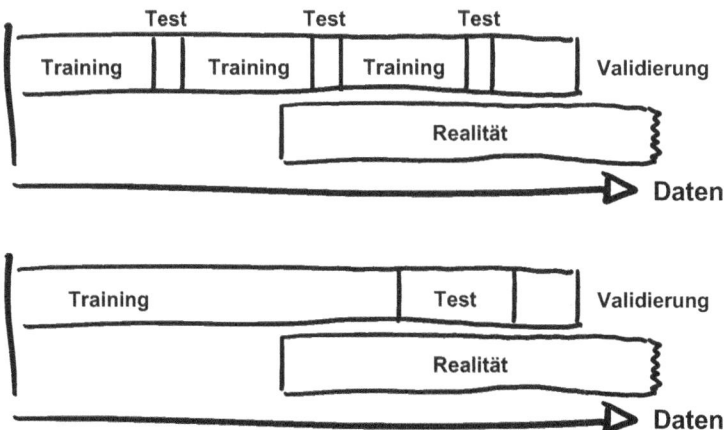

Abb. 4.9 Trainings-, Test- und Validierungsdatensatz

- Die Verteilung des Trainings-, Test- und Validierungsdatensatz sollten so nah wie möglich an den (späteren) realen Daten der Anwendung liegen (beispielsweise keine hochqualitativen Studio-Fotokamerabilder für eine Handy-Foto-App als Trainingsdaten nutzen; [14].
- Die Test- und Validierungsdaten müssen nur ein Bruchteil der Datenmenge der Trainingsdaten umfassen, allerdings sollten sie repräsentativ sein. Das heißt, die Menge der Test- und Validierungsdaten muss sich nach der Varianz in den Daten richten. Häufig wird eine Datenmenge zwischen 10–30 % für den Test- und Validierungsdatensatz gewählt. Was jedoch auch davon abhängig ist, wie groß das allgemeine Dataset ist. Bei sehr großen Datenmengen werden nicht mehr Test- oder Validierungsdaten benötigt, wenn durch einen kleinen Test- und Validierungsdatensatz bereits die Gütemaße gut genug ermittelt werden können.
- Der Validierungsdatensatz sollten von Anfang an zur Seite gelegt und nur zum Schluss der Modellentwicklung in Betracht gezogen werden.
- Wenn in den Daten Fälle existieren, die zusammengehören oder voneinander abhängig sind – beispielsweise eine Untersuchungseinheit zu verschiedenen Zeitpunkten abgebildet ist – muss dafür gesorgt werden, dass diese Gruppen vollständig in einem der Datensätze (Training, Test der Validierung) landen, denn sonst wird am Ende die Modelleistung überschätzt, weil die Grenzen zwischen den Datensätzen verschwimmen.
- Wenn beispielsweise mit zeitlichen Daten gearbeitet wird, muss dafür gesorgt werden, dass immer mehrere zusammenhängende Perioden zum Training vorhanden sind und eine sich anschließende Test- und Validierungsperiode gewählt wurde, ohne dass diese Daten bereits zum Lernen verwendet wurden. Würden hier einzelne Zeitpunkte durchgängig zufällig gezogen, würde das Modell extrem gut performen, da die Situation wenige Zeiteinheiten später bei einem Test- oder Validierungsdatenpunkt häufig noch sehr ähnlich ist.

Nachdem nun gezeigt wurde, welche Rolle das Aufteilen der Daten in verschiedene Datensätze zur Überprüfung des Modells spielt, stellt sich weiter die Frage, anhand welcher Kriterien das Modell an einem anderen Datensatz überprüft wird. Dafür werden sogenannte Gütemaße herangezogen. Wenn ein Gütemaß an einem Testdatensatz ermittelt wird, lässt sich messen, wie gut ein Modell sich an die Daten anpasst. Deshalb wird im Folgenden der Umgang mit Gütemaßen genauer betrachtet.

Primäres Gütemaß
Oft wird die Frage gestellt, welches Gütemaß verwendet werden soll. Ein Gütemaß ist eine Metrik, mit der gemessen wird, wie gut mit einem Modell aus den Variablen die Sachlage erklärt oder vorhergesagt werden kann bzw. wie sehr das Modell die bekannten Ergebnisse trifft. Da moderne Modell, wie beispielsweise Deep Learning, Daten nahezu perfekt anpassen können, ist die Überprüfung an ungesehenen Daten (siehe vorheriger Abschnitt) besonders wichtig. Es gibt viele Diskussionen in der Literatur zum Thema Gütemaße. Allein die üblichen Maße aufzuzählen, ergibt eine stattliche Liste: R^2, SSE,

RMSE, MAE, MSE, MAPE, GFI, NFI, MRR, DCG, BLEU, Precision, Recall, Sensitivity, Specificity, Accuracy, Log-Loss, F1-Score, AUC ROC, Mathew-Correlation, … Jede dieser Metriken hat ihre eigenen Vor- und Nachteile und bildet meistens nur einen Teil der gesamten Situation ab [1, 6].

Auch wenn es aus diesem Grund Sinn ergeben mag, sich mehrere Gütemaße anzusehen, ist die klare Empfehlung, sich für ein Projekt für eine (ggf. aus mehreren kombinierte) primäre Metrik als Kriterium bei der Optimierung zu entscheiden und an dieser dauerhaft festzuhalten, über den gesamten Prozess hinweg, während das Modell entwickelt wird [14]. Sonst wird es schwerfallen, Entscheidungen sauber zu treffen und weiterzuführen (Abb. 4.10).

Im gesamten Prozess des Modellierens wird demnach am besten auf ein Gütemaß hin optimiert und versucht, relativ zu vorherigen Versuchen, dieses schrittweise zu verbessern. Änderungen im Modell, in den Daten oder an Parametern, werden also immer hinsichtlich der ihrer Auswirkung auf das primäre Gütemaß bewertet. Aus der Erfahrung in vielen Projekten eignen sich AUC ROC und F1-Score bei Klassifikationen (Eigenschaftsvorhersagen) gut [1], und bei Regressionen (Wertevorhersagen) MAE, MSE oder RMSE [8].

Das häufig angetroffene Maß „Accuracy" ist meistens ungeeignet, weil sich bei typischen Datensätzen die Klassen fast immer im Ungleichgewicht befinden (also eine Klasse wesentlich häufiger als die andere auftritt) und die Zahlen dann nicht aussagekräftig sind [4]. Wenn beispielsweise binäre Klassifikationsmodelle miteinander verglichen werden sollen und sowohl der seltene als auch der häufige Fall gleich wichtig sind, ist es besser, die Fläche unter der ROC-Kurve (AUC ROC) oder den F1-Score zu nutzen. Diese ist unabhängig von Klassenverteilungen und ermöglich so, verschiedene Anwendungsfälle absolut miteinander zu vergleichen. Aus der Erfahrung in vielen Projekten sind Modelle mit einer AUC ROC bis 0,7 zu schlecht und ab ca. 0,8 ausreichend gut. Die Accuracy würde in diesem Fall die Güte im häufigen Fall wesentlich stärker abbilden und kein faires Maß erlauben. Wie mit einem solchen Ungleichgewicht umgegangen werden kann, wurde im vorherigen Unterkapitel gezeigt (Abschn. 4.1.4).

Je nach Anwendungsfall kann auch eine eigene Score-Funktion, welche die Relevanz von Fällen mitberücksichtigt (z. B. mit Blick auf Umsatz oder Verlust), die beste Zielfunktion sein. Denn häufig sind die Trainingsdaten gegenteilig zur Bedeutung für das Unter-

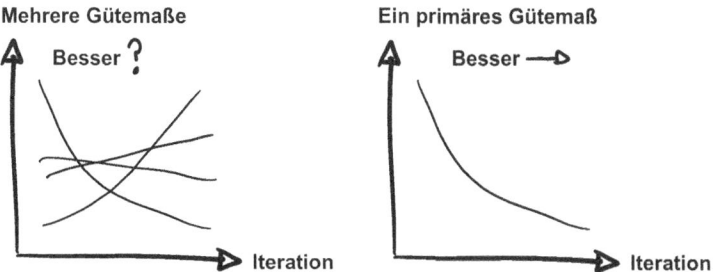

Abb. 4.10   Ein primäres Gütemaß als Zielkriterium

nehmen gewichtet. Dies beispielsweise, wenn seltene Ereignisse mit hoher Relevanz detektiert werden sollen. Deshalb muss bei der Wahl des primären Gütemaßes die Relevanz einzelner Ergebnisse für das Business mit bedacht werden, sodass die Qualität eines Modells am Ende mit Blick auf das Unternehmen richtig eingeschätzt wird.

Sekundäre Gütemaße und Konfusionsmatrix
Bei der Überprüfung eines Modells können zusätzlich zu dem primären Gütemaß auch weitere Metriken herangezogen werden, solange Entscheidungen immer auf Basis der primären Metrik getroffen werden. Sekundäre Gütemaße können als „Hygienefaktoren" betrachtet werden, die ebenfalls angesehen werden, um eine ganzheitliche Einschätzung des Modells zu bekommen oder bei denen ein Mindestwert erreicht werden soll. Als Maße kommen dieselben Maße in Frage, wie bei den primären Gütemaßen. Durch einen breiteren Blick kann so ein umfassendes Bild gewonnen werden, während weiterhin auf das primäre Maß hin optimiert wird. So können beispielsweise neben einer AUC ROC bei einem Klassifikationsproblem auch Precision und Recall angesehen werden, um einzuschätzen, wie die Performance des Modells in der Anwendung sein wird. Oder bei einer Regression neben R^2 auch RMSE, um besser zu verstehen, wie groß die Fehler sind.

Außerdem empfiehlt es sich, bei Klassifikationsproblemen die Verwechslungen von Klassen durch das Verfahren genau und eingehend zu studieren [4]. Dazu eignet sich die Konfusionsmatrix, die Verwechslungen und richtig erkannte Fälle im Original und im Modell gegenüberstellt. Damit kann genau verstanden werden, welche Fälle gut funktionieren und welche nicht bzw. welche Gruppen häufig verwechselt werden. Damit lässt sich sehr genau verstehen, welche Auswirkungen eine gewisse Güte des Modells in der Realität auf die Einteilung der Fälle hat. Beispiel: Ein Modell kann bei einem sehr seltenen positiven Ereignis leicht 99 % Accuracy erreichen, indem es immer sagt, dass kein Ereignis stattfindet. Dann werden nur sehr wenige seltene positive Fälle falsch klassifiziert und die Metriken sehen gut aus. In der Realität wurde aber kein Fall von Interesse richtig erkannt. Das ließe sich durch die Konfusionsmatrix erkennen, deshalb ist deren Überprüfung wichtig. In diesem Beispiel war entweder das Gütemaß nicht gut für die Anwendung gewählt, weil es die Fälle von Interesse nicht genügend berücksichtigt hat, oder es hätte mit dem Ungleichgewicht in den Daten besser umgegangen werden müssen (Abschn. 4.1.4).

Die Ergebnislage einschätzen
Nachdem nun betrachtet wurde, wie mit unabhängigen Test- und Validierungsdatensätzen und den richtigen Gütemaßen die Qualität von Modellen überprüft werden kann, soll nun genauer darauf eingegangen werden, was zu tun ist, um das Ergebnis zu verbessern. Zunächst ist es dazu wichtig, sich noch einmal den Bias-Variance-Tradeoff ins Gedächtnis zu rufen [1]. Denn dieser bezeichnet den Balanceakt zwischen einer perfekten Anpassung des Modells an die bekannten Daten (Overfitting) – dann funktioniert das Modell bei ungesehenen Daten oft nicht mehr richtig –, oder einer zu schlechten Anpassung an die bekannten Daten (Underfitting) – dann lässt sich das Modell zwar gut auf ungesehene Daten übertragen, funktioniert aber in beiden Fällen nicht mehr gut (Abb. 4.11).

	Train	Test	
Ergebnis			
Beispiel 1	99	84	} Overfitting (Low Bias, High Variance)
Beispiel 2	85	82	} Ok (Medium Bias, Medium Variance)
Beispiel 3	45	44	} Underfitting (High Bias, Low Variance)

Abb. 4.11 Overfitting and Underfitting

Grundsätzlich können wegen des Tradeoffs drei Situationen eintreten [1, 14]:

1. **Das Modell passt sehr gut zu den bekannten Daten, aber es ist schlecht übertragbar auf neue Daten (Low Bias, High Variance).** Dieser Fall wird Overfitting genannt. Er lässt sich daran erkennen, dass das Gütemaß in den Trainingsdaten hoch ist und im Testdatensatz stark abnimmt. In einem solchen Fall sollte versucht werden, mehr Trainingsdaten zum Lernen zu nutzen oder die Varianz der Trainingsdaten zu erhöhen. Mit Regularisierungsmethoden kann außerdem dafür gesorgt werden, dass das Modell die Daten nicht übergenau anpasst. Alternativ kann auch die Modellgröße verringern werden (beispielsweise Anzahl der Trees bei Random-Forest oder Anzahl der Layer und Neuronen bei Deep Learning verringern) [14].
2. **Das Modell passt gut zu den bekannten Daten und auch fast annähernd so gut zu neuen Daten mit einem leichten Abschlag (Medium Bias, Medium Variance).** In diesem Fall wurde ein gutes Modell erzielt. Typischerweise ist die Leistung auf dem Testdatensatz immer etwas schlechter. Da in dem in Abb. 4.11 gezeigten Beispiel bei beiden Metriken noch etwas Luft nach oben ist, könnte in diesem Fall versucht werden, die Performance weiter zu erhöhen, indem das Modell vergrößert wird oder weitere Trainingsdaten für die häufigsten Fehlerfälle hinzugefügt werden. Es wäre jedoch besser, das Modell in diesem Zustand erst einmal in der Realität zu verproben (Abschn. 4.3).
3. **Das Modell passt schlecht zu den bekannten Daten und in etwa ähnlich schlecht zu neuen Daten (High Bias, Low Variance).** Dieser Fall wird Underfitting genannt. Das bedeutet, dass das Modell die Ergebnisse aus den Daten nicht gut vorhersagen kann. In diesem Fall sollte entweder die Größe des Modelles erhöht, andere Methoden versucht oder vor andere Features und Daten gefunden werden, die das Ergebnis besser ableiten lassen [14]. Auch kann das Bereinigen der Daten und das gezielte Ergänzen der Trainingsdaten durch die häufigsten Fehlerfälle helfen.

Durch das Einschätzen der Lage aus der Performance beim Training und am Testdatensatz können die richtigen nächsten Schritte und Maßnahmen abgeleitet werden. Doch die Gütemaße verraten nicht die vollständige Sachlage. Deshalb ist es wichtig, neben den Gütemaßen das Modell sowohl manuell als auch qualitativ genauer anzusehen und zu bewerten. Diese Schritte werden im nächsten Abschnitt genauer angesehen.

4.2.2   Bewerten und Optimieren

Es ist wichtig, sich bei der Beurteilung eines Ergebnisses nicht ausschließlich auf Gütemaße zu verlassen. Denn diese können häufig über Performance oder Nichtperformance eines Modells in unterschiedlichen Bereichen hinwegtäuschen. Oft ist es in Projekten so, dass mit Hilfe der nackten Methodik und objektiver Gütemaße ein Ergebnis als herausragend oder unbrauchbar eingestuft wird; sich beim genaueren Hinsehen jedoch das Gegenteil herausstellt. Deshalb müssen beim Bewerten der Ergebnisse unbedingt Überlegungen angestellt werden, wie dieses Ergebnis zustande gekommen ist, ob sich eventuell falsche Variablen eingeschlichen haben und welche Fehler und richtigen Vorhersagen genau entstehen. Außerdem sollte eine Messlatte entwickelt werden, welche Qualität in dem jeweiligen Anwendungsfall überhaupt zu erwarten ist.

Ein Beispiel: Wenn ein Modell auffällig gute Ergebnisse liefert, können sich die Ergebnisse selbst als vorhersagende Variablen eingeschlichen haben. Beispielsweise durch indirekte Variablen, die erst nach dem Ergebnis bekannt sind, die aber mit Sicherheit auf das Ergebnis schließen lassen. Wenn ungewöhnlich gute Ergebnisse entstehen, sind häufig die Ausgangsdaten fehlerbehaftet und es wird einfach gelernt, aus einer sehr einfachen Information das Ergebnis abzulesen (beispielsweise lassen Copyrighthinweise in Bildern auf die Klassifikation des Bildes schließen, weil einzelne Copyrighthalter nur gewisse Klassen von Bildern bereitstellen).

Kurzum, es muss tiefer in die Fälle und Ergebnisse eingetaucht werden, um ein echtes Gefühl für die Resultate zu bekommen, bevor entschieden wird, was ein ausreichend gutes oder zu schlechtes Ergebnis ist [14]. Im Folgenden wird angesehen, wie die oben genannten Fehler erkannt und ihnen begegnet, wie mit den Erkenntnissen das Modell verbessert und wie anschließend final entscheiden werden kann, wann ein Modell gut genug ist.

Data Leakage
Wenn ein Modell hervorragende Ergebnisse erzeugt, kann ein sehr fatales Problem vorliegen: Data Leakage. Dies bedeutet, dass in den Ausgangsdaten das vorherzusagende Ergebnis entweder direkt oder indirekt bereits enthalten ist. Das ist beispielsweise bei einer Kaggle Competition der Santander-Bank passiert, in welcher die zukünftigen Umsätze von Kunden vorhergesagt werden sollten, diese aber in einem festen lernbaren Muster in die Ausgangsdaten hineingerutscht waren. In einem solchen Fall kann das Modell darauf trainiert werden, fast 100 % richtige Vorhersagen zu treffen. Die Performance sieht großartig aus, die Anwendung wird aber in der Realität keine Wirkung entfalten.

Wie kann Data Leakage erkannt und dagegen vorgegangen werden?:

- Wenn ein Modell unerklärlich gut performt, sollte zuerst die Wichtigkeit von einzelnen Features geprüft werden (solange die Methode das zulässt, ansonsten können Korrelationen der Features mit den Ergebnissen überprüft werden). Wenn einzelne Features einen mit Abstand ungewöhnlich großen Einfluss haben, müssen diese kritisch überprüft und durchleuchtet werden (Abb. 4.12)
- Eine weitere Möglichkeit ist es, einzelne starke Features nacheinander aus dem Modell herauszunehmen und zu überprüfen, ob die Gütemaße komplett zusammenbrechen. In der Regel sollte das Modell mit jedem Feature etwas schlechter werden, aber dennoch eine solide Vorhersage machen, sonst ist das ein Hinweis auf ein leakendes Feature.
- Falls ein Feature einen Großteil der Leistung des Modells erklärt, sollte scharfsinnig überlegt werden, wie die Ausprägungen des Features ursprünglich entstehen und ob es einen feststehenden Zusammenhang mit dem Ergebnis geben könnte, der nicht prädiktiv bzw. kausal ist (also erst im Nachhinein oder parallel feststeht und damit keine Vorhersagekraft hat).
- Beispiel: im Kaufprozess wird ein Nutzer meistens gezwungen, sich zu registrieren; bei der Vorhersage des Kaufes hat die Registrierung deshalb scheinbar eine starke Erklärungskraft für den Kauf. Im Augenblick der Registrierung steht der Kauf jedoch beim Nutzer schon fest. Das Feature hat also kaum eine vorhersagende, kausale Wirkung, sondern geht mit dem Kauf einher. Ein solches Feature sollte entfernt werden.

Fehlerdiagnose und -Analyse

Um das Modell und dessen Stärken und Fehler genau zu verstehen, ist es sehr wichtig, das Modell nicht als Black-Box zu behandeln, sondern sich die vorhergesagten Fälle genau anzusehen [14]. Auch für Deep-Learning-Methoden stehen mittlerweile vielfältige Möglichkeiten zur Verfügung, sich die einzelnen Fälle und Ergebnisse genau anzusehen (das „What-If-Tool" von Google ist beispielsweise eine großartige Möglichkeit, um einzelne

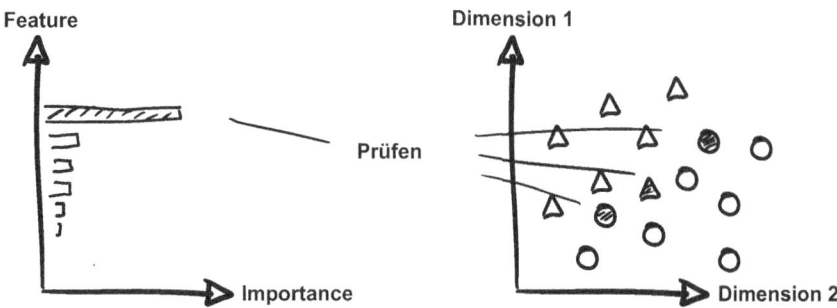

Abb. 4.12   Gezielte Fallüberprüfung

Fälle genau unter die Lupe zu nehmen [15]). Wie zu Beginn des Unterkapitels erwähnt wurde, liefert ein Modell immer eine Antwort auf einen Datensatz, auch wenn die Eingangsvariablen in Bereichen liegen, die das Modell noch nie zuvor gesehen hat. Auch hier entstehen Vorhersagen, selbst wenn sie unter Umständen in der Realität gar nicht möglich sein können. Es werden in diesem Fall einfach gelernte Muster fortgesetzt, ohne über die Unsicherheit aufzuklären. Das kann ein großes Risiko sein, deshalb ist es wichtig, sich einzelne Fälle anzusehen, um zu verstehen, was das Modell eigentlich „macht". Der beste Weg ist dafür, Fälle zuerst im Ausgangssystem zu verfolgen, diese zu verstehen, anschließend die Features der Fälle genau anzusehen und dann das ursprüngliche wahre Label sowie das vorhergesagte Label bei Klassifikationen bzw. den ursprünglichen Wert und den vorhergesagten Wert bei Regressionen, anzusehen.

Um aus den einzelnen qualitativen Untersuchungen einen Überblick über die gesamtheitliche Leistung des Modells zu erhalten, hilft es, eine Strichliste zu führen: Wie häufig tritt welcher Fehler bei falschen Fällen auf? Welche Fälle sind immer richtig? Alternativ können die Daten in verschiedene Gruppen eingeteilt und anschließend in diesen Gruppen überprüft werden, wie sie performen und welche Defizite und Stärken es gibt (Beispiel für Gruppen sind: Neu- und Bestandskunden, Fotos von Web- und App-Nutzern, verwechselte Fälle, richtige Fälle, …). Auch falsch eingeschätzte Fälle an Entscheidungsgrenzen anzusehen, ist eine wirksame Möglichkeit, um Lücken aufzuspüren. Mit Entscheidungsgrenzen sind die Fälle gemeint, die fast in eine andere Klasse fallen, aber eben nicht ganz. Diese können sehr wichtig für die Aufklärung von Verwechslungen sein und die Qualität maßgeblich beeinflussen. Mit diesen verschiedenen manuellen Überprüfungen kann ein gutes Gefühl dafür entwickelt werden, welche konkreten Schwachstellen das Modell hat und welche Leistungsbereiche es bietet. Die händische konkrete Fehleranalyse ist unerlässlich, um einzuschätzen, was genau ein Modell macht und wie sich eine Gütemaß in den einzelnen Entscheidungen wirklich darstellt, aber auch, um anschließend genau zu wissen, an welchen Stellen das Modell verbessert werden muss.

Optimierung

Im vorherigen Abschnitt wurde gezeigt, dass eine genaue Diagnose der Vorhersagen des Modells unerlässlich ist, um zu verstehen, welche Stärken und Schwächen ein Modell aufweist. Anschließend kann mit dem Wissen optimiert werden. In den Anfängen der Daten-Ära wurde dabei fast immer auf das Modell geblickt und nur dort versucht, durch Anpassungen an Parametern, Methode oder der Feature-Aufbereitung, bessere Ergebnisse zu erzielen. Doch dieser Hebel ist häufig schwach. Es ist oft weitaus zielführender, die Daten zu optimieren und anschließend durch das Modell und die Gütemaße zu überprüfen, ob eine Verbesserung erzielt werden konnte (Abb. 4.13). Wie sogar gezielt Daten für das Modell erstellt werden können, wurde bereits in Abschn. 4.1.2 dargestellt [6].

Doch welche Optimierungen können insgesamt vorgenommen werden, wenn ein gutes Bild darüber geschaffen wurde, welche Fehler ein Modell erzeugt? Im Folgenden werden mögliche Maßnahmen aufgezeigt:

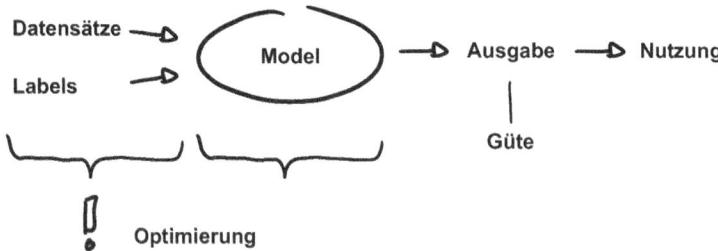

Abb. 4.13 Optimierungen vornehmen

- Wichtige Fälle, die nicht gut klassifiziert werden, können stärker gewichtet werden, sodass diese Fehler in der Optimierung eine größere Rolle spielen. Eine solche Gewichtung kann ebenfalls dabei helfen, sich dem Business Case zu nähern und die für das Unternehmen relevanten Fälle in den Fokus zu rücken (wenn es sich nicht um nebensächliche Fehler handelt).
- Fälle, die sich in der Fehleranalyse als offensichtlich falsch markiert in den Trainingsdaten herausgestellt haben, sollten nachgelabelt werden. Das ist ein großer und oft unterschätzter Hebel. Saubere Trainingsdaten spielen eine große Rolle für die Güte des Modells, oft eine wesentlich größere, als ein anderes Verfahren zu wählen oder die Architektur eines neuronalen Netzes zu ändern. Und falsch markierte Fälle verunreinigen die Trennschärfe des Modells. Deshalb können diese richtig gelabelt die Performance stark unterstützen [14].
- Alternativ können solche Fehlerfälle aussortiert werden, denn wenn Unklarheit über das richtige Ergebnis herrscht, ist es besser, diese Daten nicht an das Modell zu geben und auch nicht mit einer großen Unsicherheit zu korrigieren.
- Falls das Modell nur in Teilbereichen hochwertige Ergebnisse liefert, kann es helfen, das Modell in Teilmodelle aufzuteilen. Damit können die für einen Bereich sehr gute Ergebnisse genutzt werden und der andere Bereich mit Einschränkungen weiter optimiert werden. Denn dann ist auch klar, dass in gewissen Teilen nur eine geringere Güte erreicht werden wird. Ein Beispiel kann ein Kündigungsmodell sein, bei dem für Neukunden ein anderes Modell eingesetzt wird als für Bestandskunden. Denn hier unterscheiden sich sowohl die Ziele als auch die Variablen, die auf eine Kündigung hinweisen: Das eine Modell zielt eher auf die Optimierung des Onboardings von Kunden, und das andere Modell zielt eher auf klassisches langfristiges Kündigungsmanagement.
- Wenn das Modell typischerweise bei gewissen Arten von Fällen keine guten Ergebnisse liefert, kann es helfen, genau für diese Fälle bessere und mehr Trainingsdaten zu beschaffen. Dazu kann Kundenfeedback helfen, das für diese Fälle erfasst wird, oder es können manuell zusätzliche Datensätze für diese Arten von Fehlern erstellt werden. Das manuelle Erstellen von Daten kann auch über Crowdworking-Plattformen umgesetzt werden, wenn sich der Task genügend gut beschreiben lässt und intern keine Ressourcen vorhanden sind (Abschn. 4.1.2).

- Alternativ können Daten für gewisse Arten von Fehlern auch selbst generiert werden, um in diesen Fällen besser zu werden. Wenn beispielsweise häufig Fehler bei verrauschten Bildern auftreten, können die vorhandenen Daten mit zusätzlichem Rauschen versehen werden, um das Modell dadurch robuster gegen solche Störungen zu machen (Abschn. 4.1.2).

Erreichbare Modellgüte und Human Level Performance

Wenn verschiedene Maßnahmen ergriffen wurden, um das Modell zu verbessern, stellt sich die Frage, wann das Modell ausreichend optimiert ist. Deshalb ist es wichtig, sich anzusehen, wie eine ausreichend gute Güte festgelegt werden kann. Wann ist ein Modell gut genug? Eine natürliche Obergrenze ist 100 %ige Genauigkeit. Doch diese Grenze ist meistens nicht erreichbar, da sich das zugrunde liegende Problem vielleicht nicht immer in voller Präzision vorhersagen lässt, es eine zufällige Komponente gibt und die Daten niemals vollständig sind. Deshalb werden nun zwei Wege gezeigt, wie sich eine gute Ziel-Performance für ein Modell finden und wie sich das Modell dahingehend einordnen lässt.

Ein sinnvoller Weg, um eine Ziel-Performance für ein Modell festzulegen, ist es, zu ermitteln, wie gut eine Person diese Aufgaben mit den gegebenen Daten erfüllen kann „Human Level Performance". Daraus kann dann eine durch Menschen erreichbare Grenze abgeleitet werden (Abb. 4.14; [14]. Beispiel: Kundendaten sollen um Dubletten bereinigt werden. Es wird eine genügend große Stichprobe aus Namen und Adressdaten gebildet und anschließend manuell durch Personal überprüft, welche Fälle ein Duplikat sind und welche nicht. Anschließend wird die Erkennungsquote berechnet, die als Human Level Performance bezeichnet wird. Wird manuell so eine Genauigkeit von beispielsweise 90 % erzielt und das Modell erreicht nur 80 % Genauigkeit, ist offensichtlich, dass für das Modell noch ordentlich Luft nach oben ist, um die „Human Level Performance" zu schlagen. In den meisten Fällen kann ein Algorithmus menschliche Genauigkeit übertreffen. Doch es wird immer Fälle geben, die sich nicht eindeutig aufgrund der Daten identifizieren lassen. Deshalb können 100 % nur in Ausnahmefällen erreicht werden.

Abb. 4.14 Zielgüte eines
Modells einschätzen

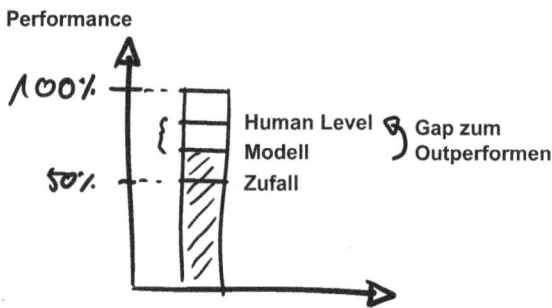

Uplift auf die Baseline berechnen

Ein anderer sinnvoller Weg, um die Performance eines Modells einzuordnen, ist, von der schlechtesten Handlungsmöglichkeit auszugehen und anschließend den Uplift durch das Modell auf die Lösung des Business Case zu berechnen. Also festzustellen, wie sehr sich die Grundsituation durch die bereits erreichte Modellleistung verbessern wird. Beispiel: Es besuchen 10 % Käufer und 90 % Nicht-Käufer eine Webseite. Jetzt könnte ein Banner zufällig für 10 % der Leute (egal ob Käufer oder Nicht-Käufer) angezeigt werden, um diese beim Kauf zu unterstützen, weil ohne Modell nicht bekannt ist, wer potenzieller Käufer ist und wer kein Käufer ist. Dann wurden im Schnitt 10 % der potenziellen Käufer adressiert, die anderen 90 % nicht. Außerdem wurden 10 % der Nicht-Käufer mit einem falschen Banner unterbrochen. Das kann nun in eine gesamte Wertabschätzung überführt werden: Zugewinn durch Banner bei 10 % der Käufer – Kosten durch falsches Banner bei 10 % der Nicht-Käufer. Anschließend kann mithilfe der Konfusionsmatrix des Modells der Uplift auf die schlechteste Möglichkeit auf demselben Weg berechnet werden. Wie viel Prozent der Käufer werden mit dem Modell richtig angesprochen und wie viel Prozent der Nicht-Käufer durch das Modell fälschlicherweise und damit „gestört". Eine Aussage, mit der sich die Leistung anschließend greifbar machen lässt, wäre: „Es können 80 % der Käufer richtig angesprochen werden, und dabei werden nur 5 % der Nicht-Käufer gestört" (es werden also 8-mal mehr Käufer erkannt und nur die Hälfte der Nicht-Käufer „gestört"). Ein Gesamtergebnis, wenn diese Überschlagsrechnung mit einer Wertabschätzung für beide Fälle kombiniert wird, könnte sein: Mit dem aktuellen Modell kann gegenüber einer zufälligen Ausspielung die Wertschöpfung um ca. +XY % gesteigert werden [4]. Gerade bei ungleich verteilten Klassen können hohe Uplifts erzeugt werden, obwohl die Performance-Daten oft nur mittelprächtig aussehen. Übrigens: Lift-Kurven können dabei helfen, den richtigen Punkt für eine spätere Aussteuerung für einen solchen Tradeoff zwischen der Erkennung positiver Fälle und Fehlerraten zu finden.

Zufriedenstellende Performance

Im vorherigen Kapitel wurde bereits erörtert, wie wichtig es ist, ein Modell bei genügender Qualität früh genug in die Anwendung zu bringen (Abschn. 3.5.5). Oft ist es jedoch gar nicht so einfach festzustellen, was eine genügende Qualität bedeutet. Wie im Laufe des Abschnittes gezeigt wurde, kann es zu einer Schein-Performance kommen – ein methodisch gutes Ergebnis, das für einen Business Case nicht hilft oder über eine schlechte Performance bei wenigen entscheidenden Fällen hinwegtäuscht. Außerdem ist es nicht so einfach, einen Zielwert für die Performance zu ermitteln.

Oft sind 80 %-Lösungen gut genug. Weitere Wochen für 2–3 % Performance zu verlieren, sind es häufig nicht wert. Deshalb empfiehlt es sich, wie gezeigt, ein gutes subjektives Gefühl für die Performance zu gewinnen, und anschließend eine Iteration früher, als gewöhnlich, mit dem Modell in die Anwendung zu gehen und erst später weiter zu optimieren. Für die Einschätzung hilft das zuvor gezeigte menschliche Maximum oder die Überschlagsrechnung eines Uplifts. An dieser Stelle lohnt sich auch noch mal ein Rückblick:

Reicht für diesen Anwendungsfall eventuell das einfachste Modell, das entwickelt wurde? War die Performance einer ersten Heuristik bereits gut genug? Wie viel wurde durch die bisher erfolgte Optimierung noch an Performance gewonnen? Für die Entscheidung, ob die Performance gut genug ist, spielen auch noch weitere Eigenschaften eine Rolle: Wie stabil ist das Modell von Training zu Training? Wie stabil sind die Daten? Wie verhält sich das Modell im Zeitverlauf? Denn das lässt auf spätere Probleme im Produktivbetrieb schließen. Diese sollten ebenfalls berücksichtigt werden.

Alles in allem hilft es jedoch nicht, zu lange zu optimieren. In der Regel sollte schnell versucht werden, mit einem Modell in einen realen Test zu gehen und die Learnings von der Wirksamkeit in den weiteren Modellierungsprozess einfließen zu lassen. Deshalb wird im nächsten Unterkapitel gezeigt, wie erste Ergebnisse frühzeitig genutzt werden können, um das Modell zügig produktiv zu bringen und am Markt auf die Wirkung hin zu überprüfen. Das empfiehlt sich, bevor zu viel Aufwand in eine weitreichende Optimierung und den Ausbau des Modells gesteckt wird. Doch bevor in einen Feldtest gegangen wird, kann auch Feedback aus dem Unternehmen helfen. Deshalb ist es wichtig, Zwischenstände und Ergebnisse der Modellbewertung zu kommunizieren und auch das Unternehmen durch Kommunikation am Prozess und den Zwischenergebnissen teilhaben zu lassen. So können weitere Einsichten zu gewonnen, Fehlinterpretationen aufgeklärt und Einschätzungen gespiegelt werden.

4.2.3   Kommunizieren

Während des Modellierens wird sich intensiv mit den Daten beschäftigt. Dabei wird zuerst Input von Stakeholdern eingesammelt, anschließend wird sich in die Materie vertieft und in die Datenlage eingetaucht. Dabei entsteht zum einen einiges an Wissen, zum anderen werden aber auch viele Annahmen getroffen. Deshalb ist der ergebnisorientierte Umgang mit dem Prozess sehr wichtig, und dazu gehört es, möglichst alle Beteiligten gut abzuholen, mit Informationen zu versorgen, aber auch Feedback einzuholen. Deshalb ist es wichtig, den Prozess des Modellierens nicht für sich allein umzusetzen, sondern transparent zu gestalten, sodass Feedback gewonnen werden kann, aber auch andere Stellen im Unternehmen aus den Erkenntnissen lernen können. Gleichzeitig kann es Sinn ergeben, auch eine externe Kommunikation entsprechend vorzubereiten und zu gestalten, sodass diese wirken kann, sobald die Ergebnisse genügend feststehen [16].

Um die wichtigsten Punkte zusammenzufassen: Warum sollte vor, während und nach dem Modellieren mit Stakeholdern ausreichend kommuniziert werden?:

- Um das Modell und das eigene Verständnis zu verbessern, denn die Stakeholder sind oft die Fachexperten und können wertvolles Feedback und Anmerkungen liefern.
- Um Vertrauen und Akzeptanz in eine etwaige Lösung aufzubauen, sodass diese später Verwendung findet und keine Angst vor Unbekanntem entsteht.

- Um Annahmen zu prüfen und notwendige Entscheidungen transparent zu machen, sodass Vertrauen zur Lösung entsteht.
- Um Erkenntnisse und Learnings direkt weiterzugeben, sodass diese zusätzlichen Nutzen stiften können.
- Um Stakeholder datenbezogenes Vorgehen näher zu bringen und sie damit hinsichtlich Daten-Themen besser aufzustellen (indirekt fördert die Mitwirkung an Projekten die Data Literacy im Unternehmen ungemein).

Ein guter Weg für die Kommunikation sind neben Terminen wie Kickoff, Schulterblick, Ergebnispräsentation und Debriefing regelmäßige Mini-Review-Meetings, geteilte Insights per Mail oder über andere Kanäle bzw. Reports oder Reporting-Meetings über den Stand und das aktuelle Vorgehen. Solche Reports sind eine prima Möglichkeit, um Stakeholder in der Loop zu halten und zu aktuellen Arbeitshypothesen weiteren Input einzuholen. So können Überlegungen und Design-Entscheidungen validiert und Einsichten sowie Gedanken aus dem Prozess weitergegeben werden. Es ist wichtig, für sich als Unternehmen und für Datenprojekte ein paar typische Wege der Kommunikation zu entwickeln, sodass sich Stakeholder auf diese Informationskanäle einstellen können.

Falls sich im Unternehmen für einen schriftlichen Weg entschieden wird, ist es wichtig, dass dieser sehr klar, prägnant und präzise genutzt wird, um Stakeholder nicht zu langweilen. Außerdem muss statistischen Fehlschlüssen vorgebeugt werden, deshalb müssen die Entscheidungen sehr gut dargestellt werden [1]. An dieser Stelle sollen ein paar grundlegende Prinzipien zur Gestaltung gezeigt werden. Wie kann eine klare Kommunikation aufgebaut sein? Das kommt zwar sehr auf den konkreten Fall an, dennoch gibt es ein paar erfolgreiche Muster, mit denen sich eine effektive Kommunikation erstellen lässt (Abb. 4.15):

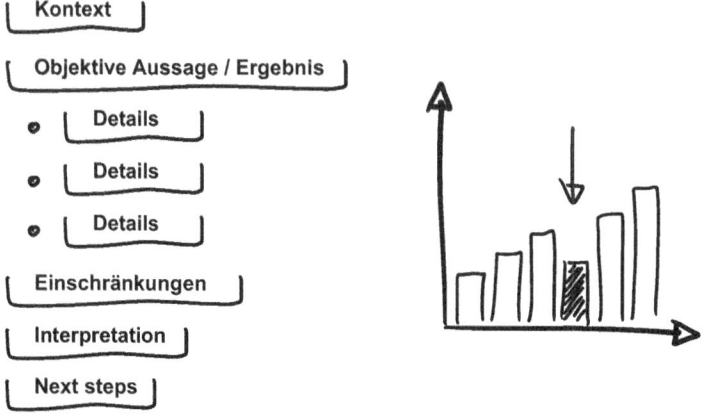

Abb. 4.15 Zielgerichtete Kommunikation

- Der Empfänger sollte knackig mit dem Kontext des Projektes abgeholt werden, damit er weiß, worum es geht und die Information einordnen kann, und auch versteht, worum es in dieser Kommunikation geht.
- Es ist wichtig, die objektive Kernaussage zügig zu treffen und zwar durch einfache Worte oder ein Beispiel, sodass sie greifbar wird, während dabei unbedingt objektiv argumentiert werden sollte.
- Es ist wichtig, die Kerninformation so einfach wie möglich und auf den Punkt anzubieten und Details nur bedarfsgerecht konsumierbar zu ergänzen, also in den Anhang zu verschieben oder in einem separaten Block nachzuschärfen (Bulletpoints sind eine gute Möglichkeit, sich knapp zu fassen und für den Rezipienten eine zügig konsumierbare Darstellung anzubieten).
- Wenn Visualisierungen hinzugefügt werden, muss dafür gesorgt werden, dass diese nur eine für jeden erkennbare Aussage treffen und nicht selbst interpretiert werden müssen. Deshalb ist es wichtig, immer den passenden Visualisierungstyp für eine Frage zu wählen [17]. Außerdem sollte der Empfänger durch die richtige Visualisierung der Aussage in den Grafiken unterstützt werden.
- Anschließend können Datenquellen, Einschränkungen und der Signifikanzlevel des Ergebnisses vermittelt werden (Was wurde angesehen, was wurde nicht angesehen, in welchem Raum kann sich das Ergebnisse durch Zufall bewegen, wurden kausale Tests durchgeführt oder handelt es sich um qualitativen Input, gibt es eher schwache oder starke Belege dafür?).
- Wichtig ist, die Interpretation, Empfehlung oder Einschätzung von den Aussagen abzutrennen und diese nur zu treffen, wenn das Fachwissen dazu abgestimmt wurde und genügend kausale Belege existieren.
- Alle weiteren Details und zusätzlichen Informationen werden in den Anhang gepackt und können so nur bei Bedarf und Interesse genauer angesehen werden.
- Zum Schluss sollte klargestellt werden, welches die nächsten Schritte sind und wie Feedback gegeben werden soll oder Fragen gestellt werden können.

Auch wenn die schriftliche Form sehr hilfreich sein kann, sollte dennoch meistens ein möglichst direkter Weg der Kommunikation gewählt werden. Denn dann kann eine Diskussion entstehen, können Fragen geklärt werden, und es kann maximal viel Wissen fließen. Doch egal welche Form gewählt wird, eine sehr prägnante, präzise, objektive, aber auch integrative Kommunikationskultur während des Validierungs- und Bewertungsprozess wird das Datenprojekt beflügeln, die Ergebnisse besser ausrichten und dafür sorgen, dass es keine unerwünschten Überraschungen gibt. Alles wichtige Voraussetzungen, dass die Lösung später Anwendung findet [16].

4.2.4 Zusammenfassung

In diesem Unterkapitel wurde vermittelt, wie die Ergebnisse eines Modells an ungesehenen Daten überprüft werden können, um eine glaubwürdige Einschätzung der Performance zu bekommen. Außerdem, dass bei der Entwicklung eines Modells die Entscheidungen für ein primäres Gütemaß getroffen werden sollten, auch wenn weitere sekundäre Metriken mit evaluiert werden. Es wurde vermittelt, wie aus den Ergebnissen in Trainings-, Test- und Validierungsdaten Entscheidungen für das weitere Vorgehen getroffen werden können. Außerdem wurde gezeigt, welches Risiko Data Leakage für ein Modell bedeutet und wie wichtig es ist, sich einzelne Fälle genau anzusehen. Durch eine konkrete Fall-bei-Fall-Fehlerdiagnose können wichtig Einsichten über die Wirkung des Modells gewonnen werden und Entscheidungen für die Optimierung abgeleitet werden. Anschließend wurde vermittelt, wie die Ergebnisse gegenüber manueller Arbeit und dem Business Case in Bezug auf ihre Leistung eingeordnet werden können. Zum Abschluss des Unterkapitels wurde gezeigt, wie Zwischenstände des Modells und Ergebnisse aus der Bewertung genutzt werden können, um ein erfolgreiches Projekt mit einem hohen Involvement von Stakeholdern und mit der Einbindung von direktem Feedback umzusetzen.

Herausforderungen für Unternehmen
Insbesondere bei kleinen Unternehmen wird oft sehr viel Aufmerksamkeit auf Details gelegt und Modelle genau angesehen, was für einen Erfolg sehr gute Voraussetzungen sind. Hier wird häufig jedoch die Kommunikation nicht genügend beachtet, da sich durch Flurfunk Informationen oft gut genug verbreiten. Dennoch ist es wichtig, darauf zu achten, dass Erkenntnisse aus dem Modellierungsprozess genügend kommuniziert werden, sodass alle von etwaigen Learnings profitieren können und implizites Wissen, das unter Umständen im Unternehmen verteilt ist, genügend in den Modellierungsprozess zurückfließt. Dazu können Teilstände und Ergebnisse bewusst weitergegeben werden und Einsichten informell geteilt werden, die beim Modellieren entstanden sind.

Bei großen Unternehmen ist es häufig der Fall, dass es relativ schwerfällt, an vollständige Informationen zu gelangen, um die Daten und Ergebnisse eines Modells richtig zu überprüfen. Oft kann auf das Ursprungssystem nicht zugegriffen werden oder fachliche Details sind zur Klärung der Sachlage nicht zu erhalten. Deshalb ist es besonders wichtig, hierfür Verständnis aufzubauen und eventuell sogar gemeinsam mit Stakeholdern in einen gemeinsamen Überprüfungsprozess einzusteigen. Außerdem ist es wichtig, die Kommunikation von Teilergebnissen ausführlich und genügend weitreichend umzusetzen. Es kann eine Herausforderung sein, dass zu hohe Erwartungen an die Performance eines Modells gestellt werden. Deshalb sind Beispielrechnungen wichtig, um Erwartungen an die Performance in den richtigen Zusammenhang zu rücken.

In NPOs/Regierungsunternehmen werden sehr hohe Anforderungen an die Qualität der Ergebnisse und auf eine Vorurteilsfreiheit gelegt werden. Außerdem haben die Entscheidungen oft eine wesentlich höhere Tragweite. Deshalb muss die Validierung und das Bewerten rigoros darauf ausgerichtet werden, im Detail zu testen, ob die richtigen und vorurteilsfreien Entscheidungen vom Modell getroffen werden. Das kann sichergestellt werden, indem z. B. bewusst konstruierte Testfälle an Modellen geprüft werden. So kann immer wieder überprüft werden, ob systematische Verzerrungen im Modell existieren oder nicht. Aber auch insgesamt wird in diesem Fall die genaue Einzelfallprüfung und das Auszählen des typischen Modellverhaltens eine große Rolle spielen, um genügend Vertrauen in ein Modellergebnis aufzubauen (Tab. 4.3).

Checkliste

▶   Der Geheimtipp für ein erfolgreiches Modell ist es, tief in die Ergebnisse
      einzutauchen, um maximales Verständnis und später Vertrauen aufzubauen. Nur
      so kann eindeutig verstanden und vermittelt werden, wie sich das Modell verhält.
      Das sollte plakativ mit Beispielen den Stakeholdern geteilt werden, um klar zu
      zeigen, was ein Modell leistet. Denn erst durch das Vertrauen in die Ergebnisse
      kann sich der Wert eines Modells wirklich entfalten. Dazu gehört ebenfalls,
      einzelne Case Studies aus den Daten durchzuspielen, Fehlerarten auszuzählen,
      aber auch das Feedback von Nutzern/Kunden zu Vorhersagen einzuholen (das
      geht ganz pragmatisch asynchron beispielsweise über einen Survey).

Tab. 4.3 Checkliste „Ergebnisse bewerten"

Maßnahme	Understand	Initiate	Grow	Lead
Daten in Trainings-, Test- und Validierungsdatensatz aufteilen.	X	X	X	X
Dafür sorgen, dass die Test- und Validierungsdaten möglichst gut der realen Anwendung entsprechen.	X	X	X	X
Für ein primäres Gütemaß entscheiden und daran festhalten.	X	X	X	X
Sekundäre Gütemaße zur weiteren Überprüfung hinzuziehen und bei Klassifikationen die Konfusionsmatrix genau überprüfen.	X	X	X	X
Anhand der Ergebnisse in Trainings-, Test- und Validierungsdaten die richtigen Verbesserungsmaßnahmen ableiten.	X	X	X	X
Data Leakage beachten und ausschließen.	X	X	X	X
Nicht nur auf Gütemaße verlassen, sondern einzelne Fälle konkret in den Ergebnissen überprüfen.	X	X	X	X
Die Art der Fehler genau diagnostizieren und auszählen, und anschließend genau das bestehende Problem versuchen zu optimieren.	X	X	X	X
Die Leistung des Modells in den Vergleich zur Human Level Performance setzen.	X	X	X	X
Den Impact des Modells auf den Business Case abschätzen.	X	X	X	X
Zwischenstände kommunizieren, um Feedback zu erhalten und eine Verbindung herzustellen.	X	X	X	X
Die Kommunikation knackig, aussagekräftig und wirksam gestalten.	X	X	X	X

4.3 Ergebnisse überprüfen und nutzen

Oft werden Neuerungen oder Anpassungen am Produkt zügig an den Markt gebracht, um an der Konkurrenz vorbeizuziehen oder Probleme so schnell wie möglich zu lösen. Und das ist gerade bei Datenprodukten wichtig, denn hier zählt es, so früh wie möglich nutzbare erste Versionen von Lösungen am Markt zum Einsatz zu bringen, um reales Feedback zu erhalten. Da das Geschäft jedoch meistens durchgängig eine große Geschwindigkeit hat, bleibt nach dem Go-live nur wenig Zeit zurückzublicken, sondern die nächsten Themen werden schnell angegangen. Doch das ist ein großer Fehler: Denn der Mensch steckt voller antrainierter Urteile, Annahmen und Filter auf die Realität. Alle Entscheidungen und Konzepte sind dadurch geprägt. Jedoch sind Unternehmen, die sich dem Markt am besten anpassen (also einer Außensicht) und nicht einer Innensicht folgen (der vorherrschenden Meinung), langfristig die erfolgreichsten. Deshalb ist es wichtig, aus dieser Falle auszubrechen und Modelle und Lösungen nicht nur schnell produktiv zu bringen, sondern anschließend auch genauer hinzusehen, welche Wirkung das hatte. Es ist wichtig, aus jeder Anpassung zu lernen und mehr zu verstehen, was die wahren Effekte sind und damit das eigene Entscheidungsverhalten und die Lösung zu optimieren, um langfristig den Nutzen aus Datenlösungen zu maximieren.

In diesem Abschnitt wird vermittelt, warum es wichtig ist, frühzeitig mit einer Lösung mit dem kleinstmöglichen Aufwand in die Anwendung zu gehen und damit direkt zu lernen, wie viele kleine Erfolge zu einer großen Erfolgssteigerung aufgestapelt werden können. Es wird vermittelt, wie mit unterschiedlicher erforderlicher Sicherheit schnell gelernt werden kann, was unwirksame Zusammenhänge und echte ursächliche Hebel sind, außerdem wie mit den Ergebnissen das gesamte Unternehmen weitergebracht werden kann und wie anschließend Modelle stabil und performant in Produktion genutzt werden können. Damit kann der finale Schulterschluss gelingen, die Möglichkeiten von Modellen, die auf Korrelationen basieren, durch weitere Methoden, wie Experimente, mit der Wirksamkeit echter Kausalität zu verbinden und mit qualitativen Erkenntnissen und inhaltlichen Hintergründen zu untermauern. Durch diesen Dreiklang kann das Unternehmen durch echtes Marktfeedback visionäre Datenlösungen entwickeln, die den Kern der Marktbedürfnisse exakt treffen.

4.3.1 Warum überprüfen?

Wenn Änderungen am Geschäft, am Produkt oder an Prozessen vorgenommen werden, wird die Intuition häufig zu den richtigen Entscheidungen führen, manchmal jedoch aber auch zu falschen. Und leider lassen sich die beiden Fälle nicht unterscheiden (Abb. 4.16). Der Knackpunkt ist, dass ohne gezielten Aufwand nicht klar ist, wann eine Lösung zu einem positiven Effekt geführt hat, und wann nicht, und deshalb lässt sich auch nichts daraus lernen. Außerdem lässt sich die gute Intuition Einzelner im Unternehmen bei starkem Wachstum oder in großen Unternehmen schlecht skalieren und erst recht nicht richtig in einem Führungssystem verankern.

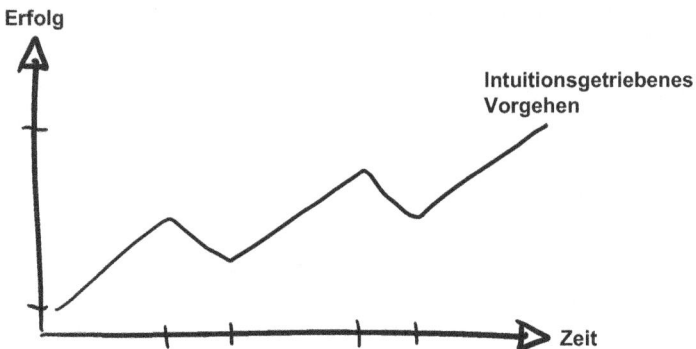

Abb. 4.16 Erfolg durch intuitionsgetriebenes Vorgehen

Durch ein rein intuitives Vorgehen wird ein Teil der positiven Effekte aus richtigen Entscheidungen durch falsche konterkariert (1), wird die Chance vergeben, die besten Lösung zu wählen oder die Lösung im Laufe der Zeit zu verbessern (2) und kann im Unternehmen insgesamt nicht sichergestellt werden, dass Lösungen an jeder Stelle die gleiche Qualität und Treffsicherheit haben (3). Deshalb ist es im Gegensatz zu allen relevanten Handlungen wichtig zu verstehen, welchen Effekt die Lösung, Maßnahme oder Optimierung bewirkt hat. Denn das endgültige Ziel muss sein, nur Lösungsvarianten und Entscheidungen mit positiver Wirkung beizubehalten und dadurch mehrere Erfolge, ohne die Misserfolge, aufzustapeln, und damit einen größeren Gesamterfolg zu erreichen (Abb. 4.17). Das ist das Grundprinzip von Value Driven Data Projects. Aber das ist nicht nur ein Grundprinzip, um maximalen Erfolg zu erzielen, sondern auch deshalb, um mit der dynamischen Unsicherheit in modernen und komplexen Märkten umzugehen und Sicherheit über Handlungen und wahre aktuelle Auswirkungen zu erlangen. Die zentrale Aussage lässt sich folgendermaßen zusammenfassen: „Don't execute without evidence!", auch wenn die notwendige Sicherheit je nach Anwendungsfall und dessen Bedeutung unterschiedlich stark ausfallen kann. Es gilt weiterhin das Prinzip der Ressourcensparsamkeit und Angemessenheit.

Allerdings ist es nicht immer einfach, genügend Sicherheit über die Wirkung von Lösungen zu erlangen. Es wird zu Recht gesagt: „It is easier to hack statistics than to find the truth!". Im vorherigen Unterkapitel wurde dargestellt, wie sich Ergebnisse aus Modellen grundsätzlich bereits mit einem ersten Blick validieren und bewerten lassen (Abschn. 4.2.1 und 4.2.2). Im folgenden Abschnitt wird nun darauf eingegangen, mit welchen Methoden eine Datenlösung verlässlich in der Realität überprüft werden kann. Dies, um die wahren Effekte festzustellen, aber auch, um die gewünschte und angenommene Wirkung sicherzustellen. Zum Glück ist es nicht für jeden Fall notwendig, harte Belege zu finden. Bei kleineren Entscheidungen und Zwischenständen reichen auch leichte Indizien aus (Einen guten Überblick über diverse Möglichkeiten von Tests gibt das Buch „Testing Business Ideas" von Bland und Osterwalder [18]).

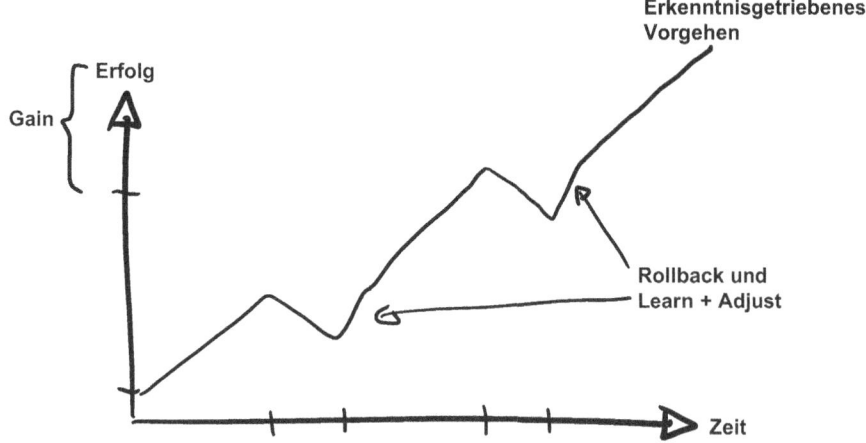

Abb. 4.17 Erfolg durch erkenntnisgetriebenes Vorgehen

4.3.2 Experimente und Tests durchführen

In diesem Buch soll vermittelt werden, wie mit Datenlösungen und -modellen eine echte Wirkung erzielt werden kann. Deshalb müssen die Ergebnisse eines Modells in reale Handlungen eingebunden werden, zusätzlich zu einer sorgfältigen Validierung. Daraus folgt, dass das Hauptziel beim Modellieren sein muss, auf dem einfachsten und günstigsten Weg schnell zu einem Feldtest zu gelangen [14]. Anschließend sollte besser mehrfach mit dem Feedback aus dem Feld iteriert werden, um damit das Handeln auf den Nordstern-Key-Performance-Indikator „Wirkung in der Realität" auszurichten. Das, um zu erfahren, welche Wirkung wirklich erzielt werden kann und nicht nur ein Ergebnis zu erhalten, das zwar viel Mühen gekostet hat und dessen Metriken hervorragend aussehen, aber schlussendlich nicht hilft. Es wird also möglichst früh Feedback aus der Anwendung benötigt, um den Blick auf das ultimative Ziel zu schärfen.

Aus diesem Grund ist es wichtig, im Prozess des Modellierens und Bewertens der Ergebnisse von Datenlösungen, möglichst früh den Durchstich von Daten zu Ergebnissen zu schaffen, und diese dann in einen realen Anwendungsversuch zu überführen. Nur damit kann die Unsicherheit über die gesamte Strecke vermindert werden (Abschn. 3.4.4 und 3.5.4). Dafür ist es hilfreich, erst ein möglichst einfaches Modell zu entwickeln (oder sogar nur eine Heuristik), gleichzeitig möglichst wenig Struktur aufzubauen oder zu abstrahieren und direkt mit diesen Ergebnissen in eine Überprüfung am Markt, am Kunden oder im internen Anwendungsfall zu gehen. Wenn der Wirkungsmechanismus von vornherein recht sicher ist und „nur noch einmal für den konkreten Fall überprüft wird", spricht man dabei von einem Test. Bestehen nur erste Hypothesen und geht es darum, dem echten Mechanismus auf die Spur zu kommen, spricht man von einem Experiment (im typischen Sprachgebrauch wird jedoch nicht so sauber zwischen den beiden Begriffen unterschieden). Sowohl mit Experimenten als auch mit Tests kann zu einer frühen oder finalen Version der Lösung Feedback zur Verbesserung gewonnen werden und auch der Effekt auf die entscheidenden Key-Performance-Indikatoren überprüft werden.

Unterschiedlich starke Sicherheit gewinnen

Es gibt unterschiedliche Möglichkeiten, Sicherheit über die Wirkung zu gewinnen. Falls harte Belege gefunden werden sollen – also echte kausale Effekte ohne die Gefahr von Beeinflussung nachgewiesen werden sollen – wird ein randomisiertes Experiment mit unabhängigen Testgruppen benötigt. Das bedeutet aber auch, nicht einfach eine Handlung durchzuführen und anschließend zu sehen, was passiert ist (Abb. 4.18), sondern es wird ein sauberes Experimental-Setup benötigt. Denn sonst ist nicht mehr klar, was ohne die Handlung zum gleichen Zeitpunkt passiert wäre, und es kann kein Effekt isoliert werden. Ein randomisiertes Experiment benötigt also zusätzliche Aufwände, liefert aber die sichersten Belege. Andere Methoden erzielen weniger sichere Belege, greifen aber weniger stark in den Roll-Out ein. Oft reichen schwächere Indizien für einen Effekt, wenn die Entscheidung für das Unternehmen nicht so bedeutsam ist, nur qualitative Hinweise ausreichend sind oder wenn schnelle, einfach Zwischenüberprüfungen durchgeführt werden sollen. Denn das Ziel sollte sein, für den jeweiligen Business Case mit dem geringstmöglichen Aufwand den Erfolg zu zeigen. Im Folgenden werden die verschiedenen Möglichkeiten genauer aufgezeigt, aber zunächst die Stärke der Belege verdeutlicht, die diese Methoden erzeugen.

Am einfachsten und schnellsten umzusetzen sind Experimente ohne Kontrollgruppe. Bei diesen wird einfach eine Handlung durchgeführt oder eine Lösung generell und ohne Vergleichsgruppe in Anwendung gebracht, und anschließend mit verschiedenen Methoden das Ergebnis qualitativ bewertet „Just execute and look back" (1) (Abb. 4.18). Dadurch entstehen weichere Indizien, wie Aussagen von Kunden zu der Lösung, eigene subjektive Beobachtungen über die Wirkung oder Veränderungen in Metriken, die nicht mit vollständiger Sicherheit auf das eigene Handeln zurückzuführen sind. Solche weichen Belege sind

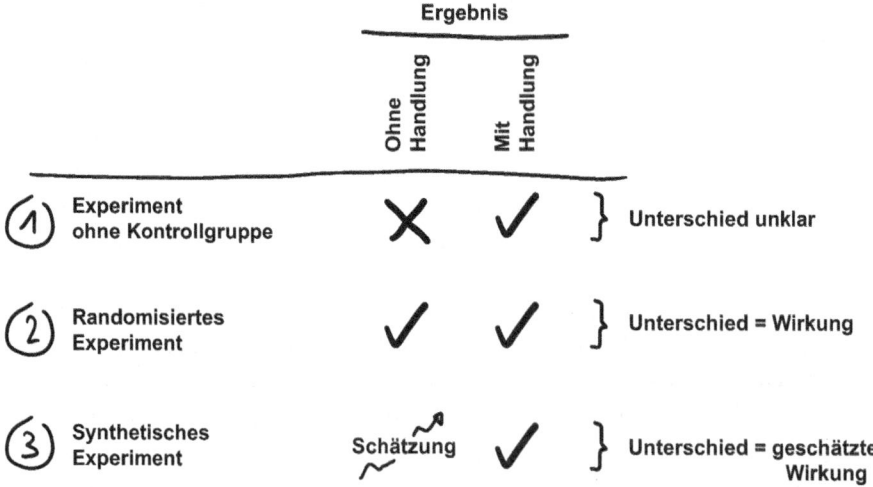

Abb. 4.18 Beobachtbare Ergebnisarten bei Experimenten

in vielen Fällen ausreichend und können schnell gewonnen werden. Jedoch bleibt einiges an Unsicherheit bestehen. Insgesamt sollte bei der Entscheidung für eine Methode wie ein Venture Capitalist gehandelt werden. In frühen Phasen ohne große Wirkung sollten kleinere Budgets in Lösungen investiert werden und lieber schnell einfache Belege ermittelt werden, die dann später mit geringerer Gesamtunsicherheit stärker belegt werden können, wenn größere Budgets investiert werden sollen.

Ganz im Gegensatz liefert ein echtes randomisiertes Experiment die stärksten Belege (2) (Abb. 4.18). Bei einem randomisierten Experiment wird die Handlung oder Lösung nur in einer möglichst repräsentativen Teilgruppe durchgeführt oder in Anwendung gebracht und kann dann mit einer anderen, sonst gleichen, unveränderten Teilgruppe verglichen werden. Bei einem solchen repräsentativen Vergleich kann der Wirkungsbeleg mit sehr hoher Sicherheit gewonnen werden. Allerdings haben solche Experimente oft eine gewisse Mindestlaufzeit. Bis genügend Daten gewonnen wurden, können diese ungünstig auf die Wahrnehmung der Kunden wirken und benötigen mehr Umsetzungs- und Auswertungskapazität.

Leider sind solche randomisierten Experimente des Öfteren im Business nicht umsetzbar (beispielsweise kann ein Zahlungsanbieter wegen eines exklusiven Vertragsschlusses nur vollständig abgelöst und nicht in einem zufälligen Experiment mit einer Alternative verglichen werden). Dann bleibt als Alternative ein Experiment mit einer künstlichen Kontrollgruppe (3) (Abb. 4.18). In einem solchen Experiment müssen alle wichtigen Variablen kontrolliert werden. Dann kann die Wirkung annähernd sicher demonstriert werden. Allerdings nur, wenn der Effekt in der künstlichen Kontrollgruppe gut genug geschätzt werden kann. Das gelingt nicht immer verlässlich, und deshalb entsteht bereits mehr Unsicherheit über die Ergebnisse. Jedoch sind die Anforderungen an die Umsetzung nicht so hoch wie bei einem randomisierten Experiment. Damit ist die Machbarkeit oft häufiger gegeben.

Experimente ohne Kontrollgruppe
Der schnellste und günstigste Weg ist, eine Handlung einfach auszuführen und anschließend die Ergebnisse entweder qualitativ zu begutachten oder einen einfachen Vorher-Nachher-Vergleich durchzuführen und mit der Unschärfe der Ergebnisse zu leben. Dennoch ist die Empfehlung, auch bei zügigem Handeln, immer in irgendeiner Form auf die Wirkung zurückzublicken, um daraus möglichst viel zu lernen. Experimente ohne Kontrollgruppe sind eine sehr günstige Möglichkeit, einen Blick auf Wirkungsweisen von Lösungen zu werfen. So können schnell erste Indizien geliefert werden, und es muss kaum Aufwand für das Experimental-Setup oder die Auswertung aufgebracht werden. Das eignet sich gerade für schnelle iterative Zwischenschritte, für qualitative Problemstellungen und für Lösungen mit einer noch nicht so großen quantitativen Bedeutung. Der Methodenbaukasten ist unbegrenzt, deshalb werden an dieser Stelle nur ein paar wichtige Impulse genannt, um Feedback aus Experimenten ohne Kontrollgruppe zu gewinnen:

- Vorher-Nachher-Vergleich der wichtigsten Key-Performance-Indikatoren (aber auch sekundärer Metriken, wie beispielsweise Aufrufzahlen, Abbruchzahlen, Zufriedenheit, Verweildauer, …)
- Durchführung eines Surveys bei den Empfängern der Lösung, durch welchen systematische Einschätzungen eingeholt werden (idealerweise wird auch vorher ein Survey ohne die Lösung durchgeführt, um eine Baseline für den Vergleich zu haben)
- User-Experience-Interviews mit Nutzern der neuen Lösung, um qualitatives exploratives Feedback aus der Anwendung zu erfragen
- Simulieren der Ergebnisse vorab durch ein UX-Labor oder in einer Sandbox (beispielsweise in einem irrelevanten Markt), um früh Kundenfeedback einzuholen
- Systematische Einschätzungen zur Lösung von Umsetzern, Lieferanten, Beteiligten, Experten, dem Netzwerk, Support oder aus dem Management
- Überprüfen und Auszählen von Reviews, Foren, Tickets oder Befragung des Customer Service zu Kundenerlebnissen
- Livegang der Lösung im Parallelbetrieb zum herkömmlichen Angebot „Shadowing". Die Lösung wird umgesetzt, läuft parallel zur bisherigen Lösung, aber ohne Einsatz der Ergebnisse. So können die Ergebnisse in Form einer Case Study selbst beobachtet und verglichen werden und vermutete Effekte aus den Ergebnissen geschätzt werden, ohne dass bereits reale Folgen eintreten. Das kann den Prozess zur Feedbackgenerierung entschärfen.

Es sei jedoch darauf hingewiesen, dass es wichtig ist, sich nicht nur direkte oder indirekte Aussagen von Nutzern anzusehen, sondern auch das reale Handeln. Denn Handlungen und Beurteilungen können sich gravierend unterscheiden. Oft haben Handlungen einen wesentlich höheren Wahrheitsgehalt (da sie echte Aktionen widerspiegeln), können aber keinen Aufschluss über das „Warum" geben.

Randomisiertes Experiment
Beim echten randomisierten Experiment (2), wird jede Untersuchungseinheit (meistens Besucher, Nutzer oder Käufer) zufällig und dauerhaft einer der verschiedenen Testgruppen zugeteilt. Eine Testgruppe erhält dann die neue Lösung bzw. die neue Handlung (Intervention). Eine andere Testgruppe erhält keine neue Lösung bzw. die Handlung wird dort nicht durchgeführt (Es können auch mehrere Lösungsarten in mehreren Gruppen verglichen werden.). Anschließend werden die Gruppen im Ergebnis gegeneinander verglichen, um festzustellen, ob es eine positive Auswirkung gab. Sobald eine ausreichend große Fallzahl pro Gruppe beobachtet wurde, kann durch die zufällige Zuordnung der Einheiten in die Gruppen sichergestellt werden, dass die Ergebnisse nicht auf Störvariablen beruhen, sondern ursächlich durch die Lösung oder Handlung ausgelöst wurden.

Ohne auf alle methodischen Details zur Auswertung von randomisierten Experimenten einzugehen, sollen hier nun einige aus der praktischen Anwendung wichtige Punkte beschrieben werden, die bei Experimenten beachtet werden müssen, um gute Ergebnisse zu erhalten:

Vor dem Experiment

- Der richtige primäre Key-Performance-Indikator muss definiert werden, auf den eine Wirkung erzielt werden soll (beispielsweise kann es besser sein, auf den Umsatz zu zielen und nicht auf die Anzahl der Verkäufe, wenn der Umsatz die für das Unternehmen bedeutendere Kennzahl ist). Bei der Wahl des primären Key-Performance-Indikators geht es um Validität: Das Experiment und der Key-Performance-Indikator sollen das zeigen und messen, was schlussendlich mit der Handlung bewirkt werden soll, damit das Ergebnis später eine übertragbare Aussage mit Blick auf die gewünschte Absicht geben kann.
- Die Hypothesen müssen vor dem Experiment sauber und eindeutig formuliert werden bzw. mit der Schätzung einer erwarteten Wirkung auf den Key-Performance-Indikator versehen werden. Die Hypothesen sollten messerscharf formuliert und niedergeschrieben werden. Das schafft Klarheit und hält den Kern des Experiments unveränderlich fest [1].
- Es sollten gegebenenfalls weitere sekundäre Key-Performance-Indikatoren definiert werden, die zusätzlich überprüft werden sollen (Häufig sind das defensive Hygienefaktoren, die beispielsweise nicht negativ beeinträchtigt werden sollen oder positive Seiteneffekte haben könnten, wie beim obigen Umsatzbeispiel die Kundenzufriedenheit ein sekundärer sein könnte.).
- Es muss entschieden werden, welche statistischen Tests für die Ergebnisüberprüfung verwendet werden sollen. Die statistischen Tests dienen dazu, nach Abschluss des Experiments zu überprüfen, ob das beobachtete Ergebnis durch Zufall entstanden ist, oder ob es wirklich einen signifikanten Unterschied zwischen den Gruppen gibt. So können die Hypothesen bestätigt oder widerlegt werden.
- Bei der Wahl der statistischen Verfahren ist zu beachten, dass diese von der Verteilung bzw. Art des Key-Performance-Indikators abhängig sein können. So lassen sich gewisse Testverfahren nur für gewisse Datenarten verwenden. Alternativ können Methoden eingesetzt werden, die keine Verteilungsannahme treffen (beispielsweise Bootstrapping – oft empfehlenswert). Achtung: Viele klassische Methoden sind nur für Normalverteilungen geeignet, viele Key-Performance-Indikatoren (wie beispielsweise Konversionen, Umsatz) folgen jedoch anderen Verteilungen.
- Anschließend kann durch das gewählte statistische Verfahren und die Schätzung für den Effekt auf den Key-Performance-Indikator sowie die Hypothesen durch eine Power-Analyse bestimmt werden, wie viele Datenpunkte benötigt werden, um einen Effekt in der erwarteten Größenordnung nachzuweisen. Aus der Anzahl der benötigten Datenpunkte und der Rate, wie die Fälle typischerweise anfallen, ergibt sich die Laufzeit für den Test (Beispiel: Es wird eine 20 % Verbesserung der Bestellrate von 6 % erwartet; es treten 1000 Bestellungen pro Tag auf; mit einer Power-Analyse für 95 % Signifikanz-Niveau wird für das Experiment eine Laufzeit von ca. einer Woche ermittelt).

- Die ermittelte Laufzeit wird dann vorab festgelegt und darf anschließend während des Experiments nicht mehr angepasst werden. Das Experiment muss für ein valides Ergebnis in diesem Zeitraum durchgeführt werden und darf vorher nur unter ganz besonderen Umständen abgebrochen werden (beispielsweise, wenn sich ein Schaden durch das Experiment ergibt, aber nicht, wenn die Ergebnisse gerade „gut aussehen").

Während und nach dem Experiment
- Eine wichtige Regel sagt aus, dass während der Laufzeit kein Blick auf die Testergebnisse geworfen werden darf „don't peak". Denn ansonsten besteht die Gefahr, dass eine kurzfristige Entwicklung (eine kurzer zufälliger Aufwärts-/Abwärtstrend) die Entscheidung über das Experiment beeinflusst, beispielsweise, dass der Test abgebrochen oder die Laufzeit verlängert wird oder sonst abweichend mit den Ergebnissen umgegangen wird. In der Realität muss ab und zu überprüft werden, ob die Testgruppen richtig ausgespielt werden, die Daten richtig einlaufen, und dass kein extremer negativer Effekt auftritt. Deshalb wird diese Empfehlung nicht immer haltbar sein. In einem solchen Ausnahmefall muss das Experiment ggf. beendet und korrigiert neugestartet werden.
- Um dennoch die Sicherheit zu haben, dass die Ergebnisse des Experiments nicht das Experimental-Setup beeinflussen, ist es wichtig, an allen vor dem Start festgelegten Kriterien (Primäre Key-Performance-Indikatoren, Hypothesen und Laufzeit) festzuhalten.
- Nachdem das Experiment abgeschlossen ist, können die Daten ausgewertet werden. Es sollte das vorab festgelegte Verfahren und die gewählten Key-Performance-Indikatoren verwendet werden.
- Auf keinen Fall darf nach oder während des Experiments „alles durchanalysiert werden". Dieser Fehler lässt sich bei Einsteigern beobachten, häufig als Reaktion darauf, dass in den primären und sekundären Metriken kein oder ein ungewünschtes Ergebnis gefunden wird. Ein beliebiges „Durchanalysieren" führt dazu, dass aufgrund des Zufalls mit Sicherheit irgendetwas entdeckt wird, das aber keinen realen Zusammenhang darstellt, sondern meistens einen Ausreißer. Deshalb ist es wichtig, immer mit den vorab festgelegten Hypothesen und Vorüberlegungen zu arbeiten und diese Top-Down zu überprüfen.
- Wichtig ist, rigoros mit Signifikanzen umzugehen. Es muss darauf geachtet werden, ob etwas wirklich eingetroffen ist oder das Ergebnis nur Zufall ist. So wurde das 95 %-Signifikanz-Niveau in der Wissenschaft vor einigen Dekaden recht willkürlich festgelegt. Es geht aber prinzipiell darum, ein hartes Kriterium vorab zu definieren und an diesem festzuhalten.
- Es muss klar sein, dass mit jeder Analyse oder jedem Test, der durchgeführt wird, die Wahrscheinlichkeit steigt, ein zufällig positives oder negatives Ergebnis zu finden. Dieser Effekt wird Alpha-Fehler-Kumulierung genannt (Abb. 4.19) [1], und lässt sich auch

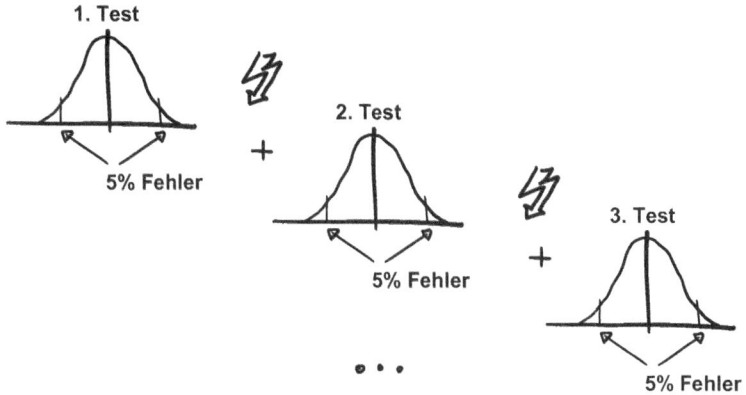

Abb. 4.19 Beispiel für Alpha-Fehler-Kumulierung

nicht mit anderen Methoden umgehen. Falls doch viele zusätzliche Vergleiche durchgeführt werden müssen, ist es wichtig, die Signifikanzniveaus mit einem Korrekturfaktor zu korrigieren, und damit härtere Ansprüche an die einzelnen Signifikanzen zu stellen [1].

* Um sich vor Zufallstreffern zu schützen, sollten die Daten auch nicht in weitere beliebig kleine Teilgruppen zerlegt oder die Zeiträume verschoben oder eingegrenzt werden, um etwas zu finden. Entscheidend bei einem Test ist, auf möglichst grober Ebene zu analysieren und die gesamte Laufzeit zu betrachten. Falls Teilzeiträume angesehen werden, muss das Ergebnis stabil bleiben (Das kann ein guter Check für die Belastbarkeit des Ergebnisses sein.).
* Wenn mehr Sicherheit oder ein anderer Blickwinkel benötigt wird, dann sollte besser das Experiment noch einmal wiederholt werden. Denn, falls sich das dasselbe Ergebnis bei Testwiederholung nachweisen lässt, ist dies ein Hinweis auf einen sicheren Effekt (Reliabilität). Das gleiche Prinzip gilt für die Bestätigung mit anderen Methoden (siehe oben).

Synthetisches Experiment
In vielen Fällen können die Untersuchungseinheiten nicht zufällig und dauerhaft in verschiedene Gruppen eingeteilt werden. Damit können Lösungen nicht mehr nur einem Teil zur Verfügung gestellt werden und einem Teil nicht (Das kann beispielsweise bei Tests mit einem Preismodell der Fall sein, wenn Nutzer keine individuell unterschiedlichen Preise bekommen sollen oder die Gefahr besteht, dass die Gruppenzuteilung nicht fehlerfrei ist.). In diesen Fällen kann versucht werden, ein synthetisches Experiment zu gestalten (3).

In einem synthetischen Experiment wird eine valide Vergleichsgruppe künstlich konstruiert (Abb. 4.20). Das kann beispielsweise aus der Vergangenheit sein, wenn eine geschäftliche Entwicklung sehr stabil ist. Es können andere Märkte, Regionen oder Kategorien als Vergleich herangezogen und zusätzlich können über das richtige statistische

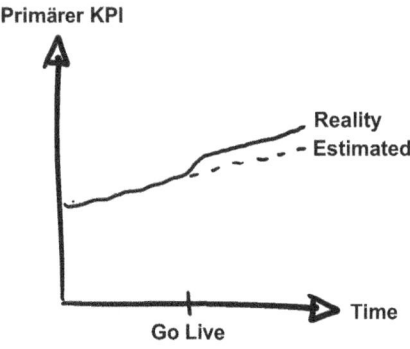

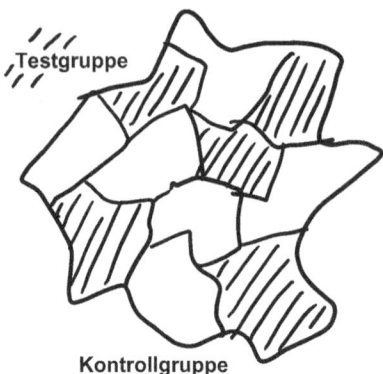

Abb. 4.20 Synthetische Kontrollgruppe

Modell alle anderen relevanten Einflussfaktoren kontrolliert werden, sodass der Effekt aus dem Ergebnis der Handlung im Gesamten herausgerechnet werden kann. Dennoch werden dann in der Realität meistens doch nicht alle wichtigen Variablen kontrolliert, was zu einer Restunsicherheit über die Ergebnisse führt. Folgende naheliegende Möglichkeiten gibt es, synthetische Experimente zu konstruieren:

- Aus der Vergangenheit kann für die Zukunft eine stabile und verlässliche Vorhersage der Entwicklung eines Key-Performance-Indikators geschätzt werden. Aus der Abweichung, zwischen der Schätzung und der in der Realität beobachteten Entwicklung, kann der durch die Lösung ausgelöste Effekt rekonstruiert werden. (Ein Tool zur Unterstützung bei zeitlichen synthetischen Experimenten ist Google Causal Impact [19]). Das funktioniert nur gut, wenn die Effekte eine relativ steile Flanke haben, und sich nicht nur langsam schrittweise positiv entwickeln. Außerdem funktioniert das auch nur dann, wenn sich eine stabile und verlässliche Vorhersage für die Entwicklung aus der Vergangenheit oder einer Kontrollvariable konstruieren lässt.
- Eine Lösung wird nur in einzelnen Märkten oder Regionen ausgerollt und in anderen nicht. Anschließend kann über den Vergleich der Entwicklung mit den anderen Regionen und Märkten die hypothetische Entwicklung für die Testmärkte- oder Regionen ohne Handlung abgeleitet werden. Aus dem Vergleich zur realen Beobachtung der Testmärkte- und Regionen kann dann die Effektgröße geschätzt werden. Voraussetzung dafür ist, dass sich die Märkte und Regionen stark ähneln und in der Summe für die Gruppen eine vergleichbare Entwicklung aufweisen.
- Der gleiche Mechanismus kann auf alle Arten von kategorisierenden Faktoren angewandt werden, wie beispielsweise Warengruppen, Inhaltsbereiche, zeitliche Muster etc. Ein schönes Beispiel ist die Ausspielung einer neuen Testlösung an gewissen Wochentagen, wobei das Wochentagsmuster pro Woche alterniert, sodass in Summe die Effekte von einzelnen Tagen ausgeglichen werden. Der Testzeitraum muss in diesem Fall ein Vielfaches von zwei Wochen betragen (beispielsweise Woche 1: Test an Mo, Mi, Fr, So; Woche 2: Test an Di, Do, Sa).

- Bei dem Entwickeln von synthetischen Kontrollgruppen aus der Vergangenheit, aus verschiedenen Märkten oder Regionen oder einem sonstigen kategorisierenden Faktor ist es wichtig, darauf zu achten, dass die Gruppen vergleichbar sind. Ein häufiger Fehler ist, hier beliebige korrelierende Vergleichsgruppen heranzuziehen, die aber theoretisch dann doch in keinem Zusammenhang stehen und sich unabhängig entwickeln können oder aber durch andere Faktoren zusätzlich beeinflusst werden. Anschließend entstehen unschöne Überraschungen, wenn die Ergebnisse unbrauchbar sind. Um die Vergleichbarkeit sicherzustellen, ist es der empfohlene Weg, alle wichtigen kausalen Einflussfaktoren mit zu erheben und bei der Auswertung zu berücksichtigen bzw. als Kontrollvariablen aufzunehmen (so z. B. unterschiedliche Einkommen in Märkten oder die zeitliche Entwicklung der Kaufkraft). Im Vergleich zu den Daten aus Kontroll-Vorzeitraum, -Märkten, -Regionen, -Warengruppen kann so besser geschätzt werden, welches Ergebnis für die Testgruppe ohne Intervention erwartet werden würde. Mit dem Vergleich zum beobachteten Ergebnis kann anschließend die Wirkung genauer bestimmt werden.

4.3.3 Resultate teilen und nutzen

Mit Ergebnissen aus Experimenten und Tests, aber auch allen anderen Erkenntnissen, die im Verlauf der Entwicklung von Datenlösungen entstanden sind, können das Vorgehen verbessert und die Erfahrung des Unternehmens ausgebaut werden. Diese Verbesserung ist häufig wesentlich besser als eine Datenlösung bzw. ein Experiment und Test an sich. Denn dadurch steigt langfristig der Unternehmenswert (Abschn. 2.4) und das Unternehmen baut strategische Wettbewerbsvorteile auf. Um diese Werte zu heben, müssen die Erkenntnisse der Projekte systematisch genutzt und in den Erfahrungsschatz des Unternehmens zurückgeführt werden (Abb. 4.21). Das kann durch ein ausgeklügeltes Knowledge

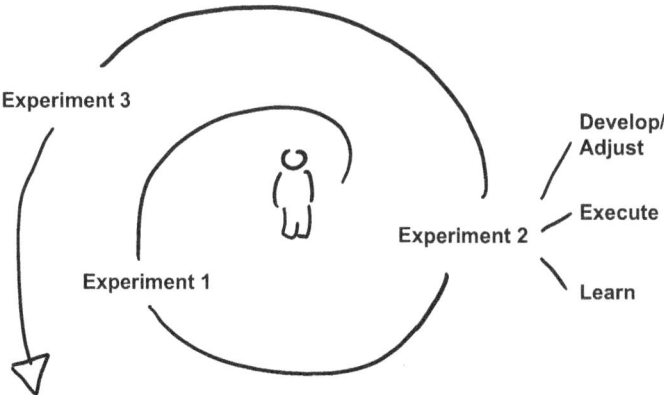

Abb. 4.21 Erfolgszyklus durch kontinuierliches Lernen und Verbessern

Management erfolgen. Doch dadurch entstehen häufig eher „Wissenshalden", in denen Ergebnisse niedergelegt werden, aber meistens wenig Wirkung entfalten. Denn das Wissen ist dort nicht aktiv, und es erfordert Aufwand, es aufzusuchen und zu konsumieren.

Selbstverbesserung anstoßen

Ein alternativer dynamischer Weg ist es, dass das Wissen aus den Ergebnissen der Experimente und Tests – ob positiv oder negativ – im Unternehmen möglichst zeitnah und mit direktem Bezug zu verteilen (Abschn. 4.2.3). Bei überraschend großen Verbesserungen wird das Ergebnis fast von allein seine Kreise ziehen. Aber auch nicht erfolgreiche Test und negative Ergebnisse können als Erfolge gefeiert werden und ebenso viel Wert für andere bieten. So kann zum einen die Kultur gefördert werden, Fehler/Misserfolge als Chancen zu sehen. Außerdem kann so vermieden werden, doppelte Versuche in diese Richtung zu unternehmen. Aus all den genannten Gründen sollte ein Unternehmen ein systematisches Kommunikationskonzept für Ergebnisse aus Datenlösungen entwickeln und wie ein Ritual leben, auch wenn es nur ein ganz rudimentäres ist:

- Beispielsweise für jedes Experiment oder Test eine vorherige Ankündigungsinformation versenden oder teilen, mit den festgelegten Rahmendaten (das schützt auch vor nachträglicher Reformulierung), wie den Zielen und Hypothesen, Laufzeit, bisheriger Wissensstand und ggf. einer Hintergrund-Story zu dem Case und zum Kontext.
- Nach Abschluss des Experiments ein Feedback mit den objektiven Ergebnissen, der Sicherheit, die gewonnen wurde, einer qualitativen Einschätzung und Interpretation sowie Folgen und Fazit („was wurde herausgefunden") verteilen.
- Kommuniziert werden können die Informationen über E-Mail-Verteilerlisten, soziale Unternehmens-Channels und das Intranet. Auch wenn es sich unüblich anfühlt, hilft es, dafür einen weiten Verteilerkreis zu wählen. Das schafft Nachfrage und Sichtbarkeit für Experimente, lebt das Vorgehen vor und liefert häufig noch wertvolles Feedback als Rückmeldung.
- Für die Kommunikation hilft es, eine Vorlage für die Formulierung der Eckdaten und Kriterien zu entwickeln, sodass die Empfänger sich an eine konsistente Darstellung und Qualität gewöhnen können und ein Wiedererkennbarkeit sichergestellt wird (beispielsweise durch Präsentationsvorlage, Factsheet, Notebook-Template, Text-Bausteine, …).
- Die Kommunikationen (idealerweise als Push, s. o.) kann in der gleichen oder ähnlichen Form für spätere Abrufe dauerhaft abgelegt und in ein Wissensmanagement überführt werden.

Zusammenfassend können die Erkenntnisse aus allen Schritten (Projektvorgehen Abschn. 3.5.6, Modellbewertung Abschn. 4.2.2 und Überprüfung Abschn. 4.3.2) in einer Art Datenprojekt-Lern-Karte zusammengeführt werden, die beschreibt, was die ursprünglichen Ziele, Ideen und Annahmen waren, was herausgefunden wurde, was der Wert der Ergebnisse ist, was dafür investiert wurde, was gut und was schlecht gelaufen ist, was beim nächsten Mal angepasst werden sollte. Die Informationen können in einem Stakeholder und Team Meeting gesammelt oder durch eine Umfrage erhoben werden bzw. asynchron aus dem Projekt zusammengetragen werden. Dadurch kann ein Erfahrungsrepertoire aufgebaut werden, mit welchem das Vorgehen, das inhaltliche Wirken und die Intuition verbessert werden können. Auch ein solches Resümee sollte anschließend geteilt und kommuniziert werden, um es maximale Wirkung entfalten zu lassen. Das kann im Rahmen einer inhaltlichen Retrospektive erfolgen, aber auch eine asynchrone Kommunikation sein. Letztendlich kann das weitergegebene Wissen langfristig dazu führen, dass bessere Grundlagen gelegt werden, Datenpools aufgebaut werden, Methodik-Wissen erweitert wird und Projektwissen und Erfahrung entsteht und aus dem Unternehmen so eine echte AI Company wird [16].

Nutzung der Ergebnisse
Im Kern ist es jedoch wichtig, das Wissen aus Experimenten und Tests auch zu nutzen und darauf aufbauend Entscheidungen zu treffen und Veränderungen anzustreben. Sonst hilft das Experimentieren und Testen zwar, um Erkenntnisse zu gewinnen, verändert aber nichts an den entwickelten Lösungen und dem Handeln. Das klingt zwar selbstverständlich, aber zu oft verschwinden Ergebnisse in der Schublade, werden als nichtzutreffend abgetan (gerade ungewünschte Ergebnisse) oder in die gewünschte Ergebnisrichtung gebeugt. In diesem Augenblick wurde der Pfad zur echten Wirksamkeit verlassen und durch ein Wunschdenken ersetzt. Außerdem wird ein nicht-objektives Handeln bestärkt und vorgelebt.

Das heißt, am Ende muss die Datenlösung, das Modell, das Vorgehen oder die Anwendung aufgrund der gewonnenen Erkenntnisse angepasst oder im schlimmsten Fall die Datenlösung sogar bewusst verworfen werden (Es gibt keinen Uplift und keinen gangbaren Ansatz, wie sich noch eine Wirkung entfalten würde.). Dazu gehört Größe, aber genau diese ist es, die langfristig für Erfolg sorgen wird. Konkret bedeutet das, wenn quantitative oder qualitative Belege mit genügend Sicherheit entstehen, die keine, andere oder neue kausale Zusammenhänge und Wirkungsweisen belegen, dass diese anerkannt und anschließend das Projekt flexibel, zügig und unkompliziert darauf ausgerichtet werden muss. Es sollte idealerweise sogar ein Hunger auf solche kontraintuitiven Erkenntnisse im Projekt bestehen, denn diese haben das Potenzial, echten Einfluss und hilfreiche Veränderungen zu erzielen.

Aber auch positive und bestärkende Erkenntnisse können genutzt werden, um beispielsweise mehr in eine Produktionsstabilisierung des Modells zu investieren, eine verbesserte Version in dieselbe Richtung mit mehr Investitionssicherheit zu entwickeln (beispielsweise von einer einfachen Regression zu Deep Learning zu wechseln) oder den Anwendungsfall zu erweitern. Aber auch das Modell großflächig auszurollen oder weiter zu automatisieren, kann im Erfolgsfall eine gute Entscheidung sein, die auf den richtigen Belegen fußen sollte. Die erfolgreiche Produktivnutzung wird im nächsten Abschnitt genauer betrachtet. Es ist insgesamt wichtig, zu lernen, was allgemein und konkret für das Unternehmen funktioniert und was nicht, und anschließend zu versuchen, dieses Wissen in laufende und zukünftige Projekte einfließen zu lassen (Abschn. 3.5.6).

4.3.4   Modelle produktiv einsetzen

In den ersten Iterationen einer Datenlösung muss die Zeit zur Produktivsetzung minimiert werden. Viele Unternehmen benötigen ca. 6 Monate [20], um ein Modell überhaupt in die Nähe eines ersten Produktiveinsatzes zu bekommen. Idealerweise sollte das Ziel jedoch wesentlich kleiner sein, beispielsweise maximal etwas zwischen 2–3 Monaten für ein Inkrement, das in ein echtes Feldexperiment geführt werden kann. Besser wird ein erster Pilot aber schon nach ein paar Wochen oder maximal einem Monat in irgendeiner Form ersten Anwendungsfeedbacks ausgesetzt. Deshalb ist es wichtig, am Anfang des Modellierens den Fokus auf das Ziel eines ersten Produktivtests zu legen und damit früh einen Durchstich von den Daten bis hin zur Anwendung zu erzeugen. Erst wenn erste Indizien für die Wirksamkeit eines Modells sprechen (siehe starke und schwache Belege am Anfang des Unterkapitels Abschn. 4.3.2), sollte auf alle weiteren Anforderungen an eine langfristige Produktivnutzung eingegangen werden.

So kann vermieden werden, viel Aufwand in eine Optimierung gesteckt zu haben, die später nicht auf den Erfolg zielt und im Gegenteil sogar langsamer machen kann. Denn eine produktive Nutzung bringt eine ganze Menge neuer Anforderungen mit sich, die mit den Inkrementen mitgetragen und bedient werden müssen: Die Performance muss hoch sein, die Latenz möglichst gering, das Modell muss wartbar und skalierbar sein und die Stabilität spielt eine große Rolle. Durch die zusätzlichen Anforderungen entstehen weitere Aufwände, das Modell in einen ausgereiften Zustand zu bringen, die erst nach dem Beweis der Wirksamkeit investiert werden sollten. Doch was ist für eine Produktivnutzung im Gegensatz zu ersten Experimenten mit einer Datenlösung notwendig?

API First
Obwohl am Anfang ohne vorherige Sicherheit über den Erfolg eines Modells wichtig ist, so wenig Struktur wie möglich aufzubauen, kann es aus Projektsicht an einem gegebenen Punkt richtig sein, zuerst eine API zu Umsystemen zu definieren und aufzubauen. Denn dann kann das Modell unabhängig von den restlichen Systemen entwickelt werden. Das kann helfen, um eine hohe Geschwindigkeit zu erreichen und nach Bedarf Iterationen des Modells umzusetzen, ohne das Team des umgebenden Produktes zu belasten. So können Ergebnisse schnell in eine Produktivumgebung eingebracht werden und Engineering- und Datenwelt entkoppelt sowie mit einer klaren Schnittstelle versehen werden. Dadurch wird kein Monolith mit vielen Abhängigkeiten erzeugt, und es kann agil und unabhängig gehandelt werden. Die beiden Teilbereiche können dann nach Bedarf die eigene Geschwindigkeit steuern. Sollte es aber einen einfacheren Weg geben, um ein Modell produktiv für erste Experimente zu nutzen, muss nicht zwingend zuerst eine API geschaffen werden, um die Datenlösung zu testen.

Automatisieren und Skalieren
Wenn der Beweis erbracht wurde, dass ein Modell nützlich ist und verwendet wird – und erst zu diesem Zeitpunkt – ist es Zeit, viele Dinge zu automatisieren und robust zu gestal-

ten. Denn nun ist bekannt, welche Werte geschaffen werden können und es wurden die Risiken minimiert, überhaupt einen Nutzen zu erhalten. Der häufigste Fehler ist, diese Struktur von Anfang an zu entwickeln. Denn das macht langsam. Gerade Entwickler und Datenexperten tendieren dazu, frühzeitig zu abstrahieren und zu generalisieren, was jedoch zu hohen Sunk Costs führen kann, wenn vorher keine Klarheit über den Nutzen besteht (Abschn. 3.5.5). Wenn ein Punkt im Projekt mit genügend starken Belegen für den Nutzen erreicht wurde, kann jetzt für die folgenden Punkte gesorgt werden:

- Der Prozess von Datenimport und Datenaufbereitung wird möglichst robust gestaltet und optimiert.
- Das Modell-Training wird (teil-)automatisiert, sodass in regelmäßigen Zyklen ohne viel Aufwand eine verbesserte Version des Modells trainiert werden kann [6].
- Es wird ein Modellkonfigurations- und Versionsmanagement eingeführt, sodass über Parameter des Modells und Versionen Überblick behalten und ggf. zu einer alten Version zurückgesprungen werden kann.
- Das Modell-Deployment kann (teil-)automatisiert werden, sodass neue Versionen einfach in Produktion gebracht werden können.
- Es wird ein Modelltesting eingeführt, über das wichtige Fallkonstellationen und deren Ergebnisse automatisiert geprüft werden. Bei relevantem Effekt von Modellen muss Sicherheit darüber behalten werden, dass das Modell bei wichtigen und häufigen Fällen richtig reagiert (sehr wichtig beispielsweise im Umgang mit ethischen Entscheidungen).
- Die Performance kann optimiert werden, sodass das Modell bei höherem Anfragevolumen mit geringerem Ressourceneinsatz reagieren kann.
- Die Skalierbarkeit des Modells wird verbessert, beispielsweise durch die richtige Infrastruktur, sodass mit Wachstum in Anfragen gut und schnell umgegangen werden kann.
- Technische Schuld wird durch einen sauberen Technologie-Stack abgebaut.

Monitoring
Wurden die Wirksamkeit gezeigt und ein Modell dauerhaft produktiv eingesetzt werden, ergibt sich eine wichtige neue Herausforderung: Es soll früh bemerkt werden, wenn die Modellperformance nicht mehr stimmt oder, allgemeiner gesagt, etwas schiefläuft. Das heißt, es muss feststellbar sein, wenn sich die Qualität der Vorhersagen ändert, wenn die Wirksamkeit des Modells nicht mehr stimmt oder sich etwas verändert. Denn sonst verlieren die Anwender das Vertrauen in das Modell, oder das Unternehmen verliert Business Value aus der Anwendung des Modells. Um dem vorzugreifen, sollten Datenlösungen mit einem Monitoring der wichtigsten Faktoren ausgestattet werden (Abb. 4.22). Dabei geht es darum, die wichtigsten Key-Performance-Indikatoren des Modells regelmäßig zu überwachen. Diese können beispielsweise täglich gespeichert und überwacht werden. Doch was sind typische Key-Performance-Indikatoren für ein Modell, die im Zeitverlauf überwacht werden sollten?

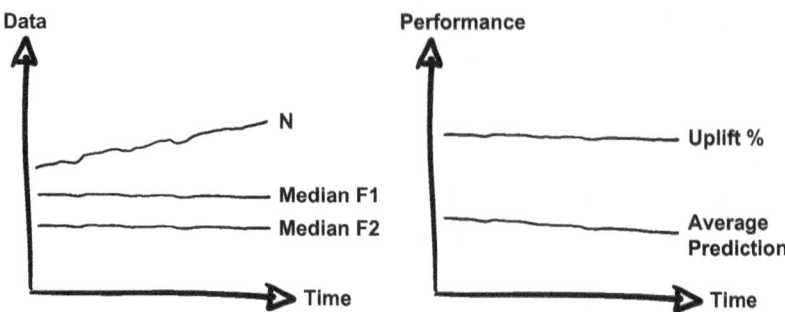

Abb. 4.22 Monitoring der Modellperformance

- Datenqualität: Sind die Datensammlung und -Bereitstellung in Ordnung? Das lässt sich beispielsweise daran messen, wie viele neue Datenpunkte das Modell im Zeitverlauf erhält (N)? Ist die Verteilung der Eingangsdaten stabil oder ändert sich etwas in deren Struktur? Das lässt sich anhand der relativen Häufigkeit von Werten in einzelnen Wertebereichen messen, oder anhand von zentralen Maßen.
- Modell-Qualität und -Stabilität: Wie verhält sich die Güte des Modells im Zeitverlauf (beispielsweise AUC ROC, F1-Score, Error-Rate, Accurracy …), Stichwort Model-Drift?
- Modell-Performance (inhaltlich): Wie viele Predictions werden ausgeliefert? Wie verteilen sich diese im Zeitverlauf über die möglichen Ergebnisse? Wo liegt die Durchschnittsvorhersage? Wie viel Uplift und Gegenwert erzeugt das Modell im Zeitverlauf? Dafür lässt sich entweder einfach die Uplift-Metrik aus einer Validierung an einem ungesehenen Datensatz nutzen und mit den aktuellen Vorhersagen hochrechnen. Alternativ wird der Gegenwert durch eine Berechnung (Abschn. 4.2.2) des geschätzten oder durch Experimente belegten realen Wertes ermitteln oder durch eine dauerhafte Inkrementalitätsmessung kontinuierlich überwacht (Abschn. 0).
- Modell-Performance (technisch): Wie sind die rechenzeitliche Performance, Latency und Ressourcennutzung des Modells?

Wenn ein Modell mit einer sauberen Schnittstelle versehen ist, stabil in Produktion läuft und mit einem Monitoring dauerhaft überwacht wird, können die nächsten inhaltlich weitergedachten Schritte angegangen werden. Dazu kann gehören, das Modell dauerhaft auf das inhaltliche Fundament und die Wirksamkeit hin zu überprüfen oder sogar das inhaltliche Konzept weiter zu automatisieren. Diese Schritte werden im nächsten Abschnitt betrachtet.

4.3.5 Methoden integrieren

Idealerweise werden die verschiedenen Möglichkeiten, den Hebeln für das Unternehmen schnell auf die Spur zu kommen, als ein zusammenhängendes Instrumentarium im Unternehmen verankert: Das heißt, es werden alle Wege genutzt und versucht, in mehreren

Zyklen die Ausgangslage qualitativ gut zu durchdringen, daraus Heuristiken oder Modelle zu entwickeln, mit denen die qualitativen Erkenntnisse validiert werden können, und anschließend die Wirksamkeit durch Experimente zu bestätigen oder zu verwerfen. Die Erkenntnisse aus Anwendungstests können dann zur weiteren Verbesserung der Modelle eingesetzt werden und vermehren den Wissensschatz des Unternehmens über wirksame und unwirksame Ansätze. Im Folgenden wird nun betrachtet, wie verschiedene Methoden im Zusammenspiel genutzt, wie die Wirksamkeit von Datenlösungen dauerhaft überprüft und wie der gesamte Zyklus perspektivisch automatisiert werden kann.

Intermethodische Überprüfung

In der Wissenschaft gilt etwas als sicher belegt, wenn es mit mehreren Methoden und in mehreren Studien hinreichend gezeigt wurde. Und auch im unternehmerischen Kontext kann es für gewisse Anwendungsfälle von Bedeutung sein, genau zu wissen, dass eine Wirkung von einer getroffenen Maßnahme abhängt. Doch umso mehr ist es im unternehmerischen Kontext wichtig, dass die Wirkung überhaupt erzielt wurde. Dafür müssen viele Facetten von Anwendungsfällen beleuchtet werden: Was empfinden/denken Kunden dabei? Wie handeln sie? Hätten sie abweichend gehandelt, wenn die Situation eine andere gewesen wäre? Mit diesen Fragen wird bereits die Notwendigkeit verschiedener Methoden sichtbar.

Qualitative Methoden beantworten die Frage danach, was in Kunden vorgeht („empfinden/denken"), während Datenmodelle und -Heuristiken quantitativ messbare Dinge beeinflussen oder abbilden können (i. d. R. Handlungen). Experimente können Aufschluss über kausale Wirkungsweisen („was wäre, wenn") geben (Abb. 4.23). Es ist deshalb von Bedeutung, das Instrumentarium in ein Zusammenspiel zu bringen, um sinnvolle Lösungen gestalten zu können (beispielsweise Pricing: Kunden werden meistens sagen, dass Preise zu hoch sind (denken), diese aber dennoch bezahlen (handeln).). Um zu verstehen, wie Kunden auf einen anderen Preispunkt reagieren, muss ein Experiment durchgeführt werden, um über wahre Handlungen Aufschluss zu bekommen (was wäre, wenn)). So können sowohl die psychologische Wahrnehmung, die Handlung, aber auch Alternativen ergründet werden.

Abb. 4.23 Zusammenspiel von qualitativen Methoden, quantitativen Datenmodellen und Experimenten

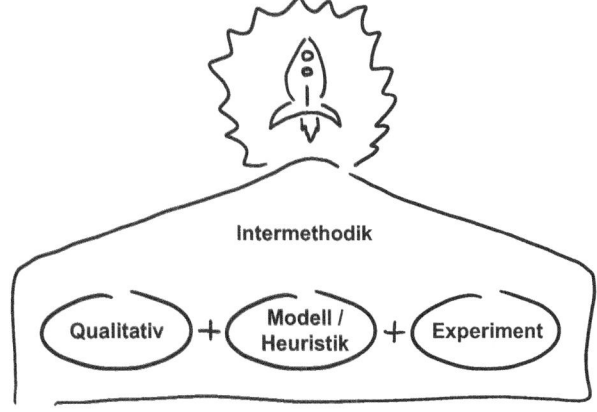

Da sich die Marktbedingungen verschieben können, kann es notwendig sein, eine solche Überprüfung in regelmäßigen Abständen durchzuführen, um festzustellen, ob Annahmen weiterhin Bestand haben. Das heißt beispielsweise, dass zyklisch Datenmodelle mit kausalen Ergebnissen aus regelmäßigen Experimenten nachjustiert und zusätzlich mit Kundeninterviews untermauert werden. Mit diesem Vorgehen kann echte Wirkung erzielt und belegt werden.

Dauerhaft Wirksamkeit überprüfen
Sollten Datenlösungen in einem Dauerbetrieb gebracht worden sein und kein Projektfokus mehr darauf liegen, benötigt es, wie oben skizziert, manchmal kontinuierliche Sicherheit, dass die Wirksamkeit bestehen bleibt. Für diesen Fall gibt es eine Lösung: Für jede Nutzergruppe wird ein kleiner Prozentsatz der Nutzer „zur Seite gelegt" und von der Lösung ausgeschlossen. Anschließend kann der Uplift von den aktiven Lösungsnutzern gegen den kleinen Teil ausgeschlossener Nutzer kontinuierlich gemessen werden. Das geht zwar mit einem kleinen Preis einher (dem Verlust eines kleinen Teils der Nutzer), kann es jedoch wert sein, dauerhaft Sicherheit über die wahren Effekte zu erhalten. Ein Beispiel hierfür ist die Werbewirksamkeitsmessung. Hier stellt sich meistens die Frage nach der Inkrementalität, also danach, wie viel zusätzlichen Umsatz eine Kampagne im Zusammenspiel mit vielen anderen Maßnahmen stiftet. Über einen Ausschluss von einzelnen Nutzern von der Maßnahme kann diese Inkrementalität dauerhaft bestimmt werden. Doch ein solcher Ansatz lässt sich noch weiterdenken, bis hin zu einer Datenlösung, die sich auf Basis solcher Kontrollgruppen selbst optimiert.

Kausale Methoden automatisieren
Wenn sich ein Anwendungsfall bewährt hat und klar wird, dass eine Datenlösung vermutlich häufig auf Basis von Kontrolldaten nachjustiert werden muss, gibt es dafür ebenfalls Methoden, wie zum Beispiel Reinforcement Learning. Doch diese Methoden benötigen Unmengen an Daten (ein Vielfaches mehr als Deep Learning), außerdem sind sie hoch komplex. Deshalb werden sie zurzeit meistens nur im wissenschaftlichen Kontext eingesetzt. Doch abgesehen davon, gibt es auch einfachere Methoden, die ähnliche Prinzipien anwenden. Moderne Strömungen setzen die Optimierung auf kausale Wirksamkeit direkt in den Schätzmethoden um, sodass sich der Prozess automatisieren lässt. Damit können Modelle direkt auf Vorhersagen des realen Effektes durch eine Handlung trainiert werden. Diese Lösungen sind häufig unter dem Begriff „Einarmige Banditen" bekannt [5].

Das Grundprinzip ist das Folgende (Abb. 4.24): Neben dem Kerngeschäft wird ein kleiner Teil der Fälle als Testgruppe zur Justierung des Modelles explorativ behandelt und mit einer „zufälligen" Handlung beglückt. Aus diesen Fällen kann dann gelernt werden, wie die beste Maßnahme ausgesehen hätte. Diese explorativen Fälle werden dann beim Trainieren des Modelles umgekehrt zu ihrer Ausspielungswahrscheinlichkeit gewichtet (Inverse Propensity Weighting genannt – die Methode findet vielfach in der Medizin Anwendung, da dort große, vollständig zufällige Testgruppen schwierig umzusetzen sind. Vgl. Cassel et al.

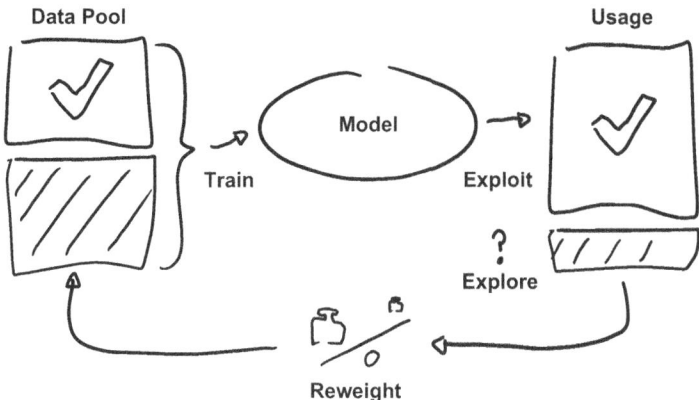

Abb. 4.24 Optimierung auf Wirkung direkt in der Anwendung

[21] zur Methode und beispielsweise [22] als ein Anwendungsbeispiel). Denn es existieren nur wenige solcher explorativen Fälle im Vergleich zu den mit den typischen Maßnahmen behandelten Fällen. Durch die starke Gewichtung stehen sie damit gleichauf mit den häufigen Fällen des Kerngeschäfts. Durch das neu trainierte Modell aus beiden Datentöpfen entsteht eine kausale Schätzung der Effekte. Wird ein solches Modell zyklisch immer wieder trainiert, entsteht ein Modell, dass sich im Verlauf der Zeit der Realität anpasst, während die Ergebnisse für den Großteil der Fälle richtig eingesetzt werden und ein paar wenige Fälle zum Lernen für zukünftige Iterationen genutzt werden. Dieses Feld der „kausalen Modelle" und Integration der Methoden wird in den nächsten Jahren massiv an Bedeutung gewinnen. Es werden weitere Methoden entwickelt, die diesen Mix aus Explore/Exploit automatisieren und in integrativen Modellen umsetzen werden.

4.3.6 Zusammenfassung

In diesem Unterkapitel wurde vermittelt, warum es wichtig ist, Datenlösungen frühzeitig in einen Feldtest zu überführen und deren Wirkung und Effekte durch Experimente besser zu verstehen. Dies, um die Lösungen verbessern zu können und von Anfang an auf den Markt und Anwendungsfall auszurichten. Es wurde gezeigt, warum es wichtig ist, die Datenlösung zu überprüfen, um an Maßnahmen mit einem positiven Effekt festzuhalten, und unwirksame oder negative auszusortieren. Anschließend wurde verdeutlicht, wie Experimente durchgeführt werden müssen, um unverzerrte Ergebnisse zu erhalten, indem die richtigen Schritte rigoros hintereinander durchgeführt werden. Frühzeitige wohlwollende Deutung hilft für ein objektives und klares Ergebnis, das die eigene Intuition unter Umständen widerlegt, nicht. Weiter wurde vermittelt, dass die Ergebnisse aus Experimenten oder Testphasen im Unternehmen geteilt werden sollten, um das Unternehmen und dessen Erfahrungsschatz kontinuierlich zu verbessern. Anschließend wurde darauf eingegangen, wie Datenlösungen frühzeitig in den Einsatz genommen werden können, und worauf es bei der produktiven Nutzung ankommt. Weiter wurde gezeigt, wie Modelle automatisiert und skaliert, wie Datenlösungen durch APIs entkoppelt und ein gutes Monitoring zur frühzeitigen Fehlererkennung eingesetzt werden können. Abschließend wurde darauf eingegangen, wie qualitative Methoden, Datenmodelle und -Heuristiken mit Experimenten kombiniert werden können, um dauerhaft die für ein Geschäft notwendige Sicherheit und das Verständnis über Wirkungsmechanismen zu erlangen. Außerdem wurde ausgeführt, wie diese Schritte zu einer dauerhaften und automatischen Kausalitätsüberprüfung zusammengeführt werden können.

Herausforderungen für Unternehmen
In kleinen Unternehmen lässt sich das frühzeitige Experimentieren mit Datenlösungen häufig einfach etablieren, da das Umfeld dynamisch und die Abstimmungswege kurz sind. Die Herausforderung liegt meistens darin, dass diese Aufgaben von Mitarbeitern als zusätzliche Aufgabe mit übernommen werden und kein tiefes fachliches Wissen vorliegt. Gerade bei Experimenten, insbesondere beim sauberen Aufsetzen und Auswerten, gibt es jedoch eine Vielzahl an Fallstricken. Deshalb muss darauf geachtet werden, die Expertise ins Haus zu holen oder den Mitarbeitern genügend Freiraum und Möglichkeiten zur Ausbildung in diesem Thema an die Hand zu geben. Es muss bei kleinen Unternehmen außerdem darauf geachtet werden, erst möglichst spät viel Struktur und Prozesse für Datenlösungen aufzubauen. Dadurch werden viele Ressourcen verschlungen, und diese sind häufig nicht vorhanden.

In größeren Unternehmen wird die Herausforderung sein, eine Experimentierkultur zu etablieren, das Verständnis dafür zu schaffen und dieses möglichst weit zu verbreiten. Dazu gehört es, den Mitarbeitern ein experimentierfreudiges Mindset näherzubringen, aber auch die notwendige Methodik zu vermitteln. Ein solches Mindset konkurriert häufig mit den langwierigen Prozessvorgaben, notwendigen Abstimmungsprozessen und geteilten Verantwortlichkeiten in Fachbereiche. Deshalb wird häufig ein Experiment umgangen, weil dazu meistens Fachbereichsgrenzen überschritten werden müssen. Außerdem ist ein schnelles, zyklisches Vorgehen nicht gut dokumentierbar und lässt sich nur schwer durch lineare Prozesse und Schnittstellen schieben. Deshalb ist es besonders wichtig, eine Transformation in diese Richtung von der Unternehmensspitze aus zu initiieren, diese stark vorzuleben und sichtbar zu machen und genügend Wert auf die Ausübung zu legen sowie Resultate zu teilen, um Nachahmer zu gewinnen.

In NPOs/Regierungsunternehmen müssen für eine echte Experimentierkultur große Hürde überwunden werden. Denn mit Experimenten besteht die Befürchtung, falsche Signale an Nutzer zu senden oder Gruppen zu benachteiligen. Die richtige Kommunikation von Tests und der Absicht des Erkenntnisgewinns wird dort zu einer der größten Herausforderungen. Außerdem müssen Regulierungen und rechtliche Rahmenbedingungen sehr genau beachtet werden. Das wirkt sich darauf aus, wie schnell zu umsetzbaren Experimenten gelangt werden kann, aber auch, wie Modelle produktiv eingesetzt werden können. Es werden größere Anforderungen an Dokumentation, Stabilität und Nachvollzieh-

Tab. 4.4 Checkliste „Ergebnisse überprüfen und nutzen"

Maßnahme	Understand	Initiate	Grow	Lead
Frühzeitig die Ergebnisse des Modellierens in einen Feldtest überführen, um Sicherheit bezüglich der Effekte zu erlangen.	X	X	X	X
Die typische Methode zur Überprüfung der Wirksamkeit ist ein Experiment. Dies erfordert jedoch Testgruppen.	X	X	X	X
Falls Testgruppen nicht möglich sind, lassen sich häufig synthetische Experimente konstruieren.	X	X	X	X
Alternativ, falls nicht so viel Sicherheit benötigt wird, reichen schlankere Experimente und Indizien, wie Surveys auf die Ergebnisse, Mock-Ups, Landingpages etc.	(X)	X	X	X
Das gewonnene Wissen aus Experimenten sollte weiter geteilt werden, um einen Erfolgszyklus im Unternehmen anzukurbeln.	X	X	X	X
Zu Beginn sollten Modelle möglichst schlank produktiv eingesetzt werden, gerade ausreichend gut, um die notwendigen Experimente durchzuführen.	X	X	X	(X)
Sollte sich eine Wirkung abzeichnen, müssen die Modelle skalierungsfähig aufgesetzt und Teilschritte automatisiert werden.	---	(X)	X	X
Es ist sinnvoll, Modelle eigenständig über eine API zu kapseln, damit die Entwicklung losgelöst von den abhängigen Komponenten erfolgen kann (und die Entwicklungsteams mehr Freiheitsgrade haben).	---	(X)	X	X
Modelle sollten einem sauberen Monitoring unterzogen werden, sodass etwaige Veränderungen in den Daten oder der Modellperformance frühzeitig erkannt werden können.	---	(X)	X	X
Die Königsdisziplin ist es, das Wissen aus qualitativen Methoden sowie aus quantitativen Modellen und Heuristiken mit kausalen Belegen aus Experimenten zu stützen, sodass ein maximaler Effekt und Treffsicherheit des Unternehmens entwickelt werden kann.	---	(X)	X	X
Durch einen automatisierten Mechanismus, der beim Großteil der Anwendungsfälle anhand eines Modells für das Business positiv wirkt und an einem kleinen Teil der Anwendungsfälle die Kausalität überprüft sowie das eigene Modell optimiert, kann der komplette Erfolgszyklus automatisiert werden.	---	---	---	X

barkeit von Experimenten gestellt, und diese müssen sorgfältig geprüft werden. Außerdem wird eine zusätzlich notwendige Arbeit an der Kultur eine große Rolle spielen, wie sie im vorherigen Abschnitt für große Unternehmen skizziert wurde (Tab. 4.4).

Checkliste

▶   Um zum Erfolg zu gelangen, empfiehlt es sich, dauerhaft mit einer großen Experimentierfreude an den Anwendungsfall und den Markt heranzutreten sowie sich außerdem zu trauen, frühzeitig eine noch nicht ganz ausgegorene

Variante der Lösung zu exponieren und dazu Feedback durch Experimente zu erhalten. Der Wissensgewinn, um den Anwendungsfall zu verbessern, ist immens. Nur so kann die Lösung richtig auf Markt und Anwendungsfall ausgerichtet und eine echte Wirkung erzielt werden.

Literatur

1. Spiegelhalter, D. (2019). *The art of statistics, learning from data.* Pelican an imprint of Penguin Books.
2. Maslow, A. H. (1966). *The psychology of science: A reconnaissance.* Harper & Row.
3. Lauterbach, S., & Bonime-Blanc, A. (2018). *The artificial intelligence imperative.* ABC-CLIO.
4. Provost, F., & Fawcett, T. (2013). *Data science for business, what you need to know about data mining and data-analytic thinking.* O'Reilly.
5. Pearl, J., & Mackenzie, D. (2019). *The book of why, the new science of cause and effect.* Penguin Books.
6. Kuhn, M., & Johnson, K. (2013). *Applied predictive modeling.* Springer.
7. Warmerdam, V. (2018). Winning with simple, even linear, models, PyData London 2018. https://www.youtube.com/watch?v=68ABAU_V8qI. Zugegriffen am 13.06.2021.
8. Davidson, R., & Mackinnon, J. G. (2009). *Econometric theory and methods.* Oxford.
9. Backhaus, K., Erichson, B., & Weiber, R. (2013). *Fortgeschrittene Multivariate Analysemethoden, Eine Anwendungsorientierte Einführung.* Springer.
10. Backhaus, K., Erichson, B., Plinke, X., & Weiber, R. (2011). *Multivariate Analysemethoden, Eine anwendungsorientierte Einführung.* Springer.
11. Hastie, T., Tibshirani, R., & Friedman, R. (2017). *The elements of statistical learning, data mining, inference, and prediction.* Springer.
12. Foreman, J. W. (2015). *Big Data smart mit Excel analysieren.* Sybex.
13. Correlaid. (2015). *Correlaid.* https://correlaid.org/about. Zugegriffen am 30.01.2021.
14. Ng, A. (2018). *Machine learning yearning, technical strategy for AI engineers, In the era of deep learning.* Deeplearning.ai.
15. Google. (2021). *What if tool.* https://pair-code.github.io/what-if-tool/. Zugegriffen am 10.07.2021.
16. Ng, A. (2019). *AI transformation playbook, how to lead your company into the AI era.* Landing.ai.
17. Loth, A. (2018). *Datenvisualisierung mit Tableau.* mitp.
18. Bland, D. J., & Osterwalder, A. (2020). *Testing business ideas.* Wiley.
19. Brodersen, K. H., Gallusser, F., Koehler, J., Remy, N., & Scott, S. L. (2014). *Inferring causal impact using Bayesian structural time-series models.* https://static.googleusercontent.com/media/research.google.com/de//pubs/archive/41854.pdf. Zugegriffen am 08.07.2021.
20. Venturebeat. (2019). *Companies spend upwards of three month deploying a single AI model.* https://venturebeat.com/2019/12/11/algorithmia-50-of-companies-spend-upwards-of-three-months-deploying-a-single-ai-model/. Zugegriffen am 11.12.2019.
21. Cassel, C. M., Sarndal, C. E., & Wretman, J. H. (1983). Some uses of statistical models in connection with the nonresponse problem. In W. G. Madow & I. Olkin (Hrsg.), *Incomplete data in sample surveys, vol 3: Symposium on incomplete data.* Academic Press.
22. Hirano, K., & Imbens, G. W. (2001). Estimation of causal effects using propensity score weighting: An application to data on right heart catheterization. *Health Services & Outcomes Research Methodology, 2,* 259.

The manufacturer's authorised representative in the EU is Springer
Nature Customer Service Centre GmbH, Europaplatz 3, 69115 Heidelberg,
Germany. If you have any concerns regarding our products, please
contact ProductSafety@springernature.com

Printed and bound by CPI Group (UK) Ltd, Croydon, CR0 4YY
24/04/2026
02096345-0010